Weihnachten 78

Bevor Du, eigene
Abenteuer suchst,
lies lieber erst
einmal, wie es
einem dabei er-
gehen kann.

Das ist nur ein
wohlgemeinter Rat-
schlag von der
Wallis,

Sitte – Abenteuer in unserer Zeit

Fritz Sitte

ABENTEUER IN UNSERER ZEIT

Ein Reporter riskiert Kopf und Kragen

Econon Verlag
Düsseldorf – Wien

Fotonachweis:
Sämtliche Fotos stammen aus dem Besitz des Autors
(Aufgenommen mit der LEICA auf AGFA-Filmmaterial)

1. Auflage 1978

Gesetzt aus der Garamond der Linotype GmbH
Satz: Dörlemann-Satz, Lemförde
Druck und Bindearbeiten: Salzer-Ueberreuter, Wien
Printed in Austria
ISBN 343018544-0

Inhaltsverzeichnis

Vorbemerkung des Autors

Ich habe in meinem bisherigen Leben eigentlich nie das »Abenteuer« gesucht, sondern ich bin entweder ungewollt in abenteuerliche Situationen hineingeschlittert, oder das Abenteuer stand als Hindernis zwischen mir und meinen angepeilten Zielen, und ich mußte es darum bewältigen. Allerdings gebe ich zu, daß ich abenteuerlichen Schwierigkeiten oder Komplikationen – sofern sie unvermeidbar sind – grundsätzlich nicht aus dem Wege gegangen bin. Stets hatte und habe ich mir bestimmte, abseits liegende Problemthemen als journalistische Aufgabe gestellt, die ich mir zwar selbst auswähle und suche, die aber mitunter schwierig zu bearbeiten sind. Inhalt oder Ziel ist aber das Abenteuer als solches für mich nie gewesen und könnte es auch nie sein, weil es in meinen Augen allein kein Risiko und keinen gefahrvollen Einsatz wert ist. Es rankt sich aber immer wie eine Schlingpflanze um meine Themen und Wege, und ich muß damit irgendwie zu Rande kommen.

Um aus riskanten und brenzligen Abenteuern mit einigermaßen heiler Haut immer wieder herauszufinden, muß man natürlich eine große Portion Glück – ein unkalkulierbarer und unbeeinflußbarer Faktor – sowie einen »Riecher« haben. Man soll aber auch durch böse Erfahrungen gewonnene Tricks und Einfälle routinemäßig bereithalten; man muß ständig scharf beobachten, schnell reagieren und immer mißtrauisch auf der Hut sein, aber notfalls auch einen kaltschnäuzigen Fatalismus bewahren, wenn man einmal mitten in einer Gefahr steckt.

Ich werde oftmals gefragt, ob ich denn bei all meinen turbulenten Reisen, die ich immer allein unternehme, nie Angst habe. Mit der Angst ist das so eine Sache. Natürlich habe ich oft Angst, die manchmal sogar ganz mächtig in mir aufstieg und mich fast lähmte. Ich versuche aber immer, mit der Angst, diesem »Schweinehund« in mir, fertig zu werden; ich krieche förmlich in meine eigene Seele und versuche das »Biest« entweder mit Energie oder mit Logik bittend, fluchend, meuternd oder betend abzutöten oder zumindest niederzuhalten. Für Heldentum habe ich nie viel übrig gehabt und vertraute im entscheidenden Moment lieber auf meine langen Beine, um noch rechtzeitig davonzukommen. Menschen, die forsch behaupten, daß sie nie Angst hätten, sind entweder Idioten, alberne Prahlhänse oder überhebliche Lügner.

Was mir aber zeitweise am schwersten zu schaffen macht, das ist die unsagbare Einsamkeit, der psychische Druck, der auf einem lastet. Wenn man in einem Haufen von Arabern, Indianern oder Negern lebt, oft Wochen oder Monate in entlegenen Gebieten von der ganzen Zivilisation abgeschnitten, und wenn man dann hoch droben am Himmel den Kondensstreifen einer Verkehrsmaschine sieht, dann packt es einen gewaltig, dann ziehen einen diese weißen Streifen am Himmel förmlich nach Hause, dann fühlt man sich elend und einsam und bezweifelt, daß man den Rückweg überhaupt noch schafft.

Andererseits haben es diese Kondensstreifen an sich, mich auch daheim zu quälen, wenn ich das Material der letzten Reise schon verdaut und verarbeitet habe und neue Themen und Aufgaben locken. In diesem Dilemma hilft nur eines: die richtige Ehefrau zu finden, die ihrem Mann und seiner schablonenfernen Arbeit Verständnis entgegenbringt. Ich habe dieses Glück. Meine Frau mußte oft lange um mich zittern, wenn ich Monate hindurch keine Nachricht und kein Lebenszeichen geben konnte. Aber durch sie habe ich die Kraft gefunden, diesen schwierigen beruflichen Weg zu gehen.

Der brennende Sarg

Im südlichen Rußland war es bereits unmerklich Herbst geworden, und die Sonne hatte ihre sengende Kraft verloren, als sich unsere »Tiger«-Panzerkompanie bei Saporoschje am Dnjepr in unendlich weiten Melonenfeldern in Bereitstellung begab. Da es besonders nachts empfindlich kalt war, schaufelten wir uns Schlafmulden in die Erde, legten sie mit Zeltplanen und Stroh aus und fuhren mit den riesigen Kettenfahrzeugen darüber, so daß jede Besatzung ihr »Nest« für die Nacht hatte, was immerhin etwas Wärme, ein paradoxes Gefühl der Geborgenheit sowie Schutz gegen Splitter von gelegentlich oder versehentlich einschlagenden Granaten gewährte. Tagsüber überholten und reinigten wir die Waffen, gurteten die MG-Munition und achteten darauf, daß jede vierte Patrone die farbige Leuchtspurspitze hatte. Daß wir nebenbei mit wahrem Vitaminhunger über die reifen Melonen herfielen, mußten wir einige Stunden später fluchend und stöhnend in der Hocke büßen, als unsere Därme zu rebellieren begannen und wir weit verstreut im Gelände damit fertig zu werden versuchten.

Die deutsche Front befand sich bereits im Rückzug, langsam, aber stetig wurde »begradigt«, und aus dem Kaukasus und von der Krim strömten die letzten Divisionen zu uns, um diesen besonders gefährdeten Abschnitt zu halten, denn der Dnjeprstrom war ein lohnendes strategisches Ziel.

Es war gerade vor meinem 18. Geburtstag, und wir hatten bereits ein paar Flaschen eines undefinierbaren ukrainischen Schnapsfusels für die Geburtstagsfeier organisiert, da man mich als den Jüngsten der Kompanie nicht einfach so in das nächste Lebensjahr hinüberschlittern lassen wollte. Zu dieser Feier kam es aber nicht mehr, denn gegen Mitternacht rasselte das Feldtelefon, und ein Kradmelder holte unseren Kompaniechef zu einer Lage- und Einsatzbesprechung ab, während wir in der Dunkelheit alles zusammenpackten und die Panzer klar zum Einsatz machten. Eilig und mühselig wurden die »Tiger« aufgetankt, indem wir die Kanisterbatterien nacheinander hochschwangen. Die Munition für die Kanonen, unterteilt in Spreng- und Panzergranaten, wurde ergänzt und in den komplizierten Halterungen verstaut, während die Besatzungen noch schnell den Inhalt von einigen Konservendosen verschlangen, weil bei solchen Einsätzen erfahrungsgemäß für die Verpflegung späterhin keine Zeit mehr blieb.

Dumpfe Detonationen in der Ferne, grell aufzuckende Blitze von Explosionen, die wie harmloses Wetterleuchten aussahen, vereinzelte Leuchtkugeln, das ferne Gerassel von Panzerketten in großer Anzahl sowie das monotone Gebrumm einer startenden Bomberstaffel ließen den Verlauf der Front ahnen. Im Halbkreis drängten wir uns um unseren Kompaniechef, Oberleutnant Brand, der uns bei Taschenlampenbeleuchtung auf einer Karte den uns gestellten Auftrag schilderte: In einem etwa zehn Kilometer vor uns liegenden Wald hatten unsere Aufklärungsflugzeuge eine starke Konzentration von russischen Panzerverbänden festgestellt, die sich zweifellos für einen Angriff formieren wollten. Unsere Aufgabe war es, gemeinsam mit einem Infanteriebataillon diese sowjetische Panzeransammlung mit einem Überraschungsangriff zu zerschlagen, um so den Russen zuvorzukommen.

Wir kletterten auf unsere Panzer, indem wir uns an der Kanone mit beiden Händen auf das Fahrgestell hinaufzogen, und verschwanden in den Luken. Die Maybach-Motoren wurden angeworfen, und über Sprechfunk kamen dann die Befehle. Die stählernen Ungetüme setzten sich zuerst schwerfällig und dann immer schneller in Bewegung. Bald darauf begannen die Auspufftöpfe zu glühen und gaben so den nachfolgenden Fahrzeugen einen optischen Anhalt, wie die Fahrtrichtung verlief, weil man sich in der Dunkelheit kaum anders zurechtfinden konnte, obwohl die Panzerkommandanten aus den Turmluken heraus die Fahrer durch Funk einwiesen. Erst allmählich ließ die fahle Morgendämmerung sowohl die Umrisse der scheunengroßen »Tiger« mit ihren Staubfontänen als auch die Umgebung deutlicher erkennen. Eine weite Ebene mit endlosen Sonnenblumenfeldern, einem Karrenweg und einer trostlosen Telegraphenleitung mit verkrüppelten Masten, von denen die zerrissenen Drähte nutzlos herunterhingen, lag vor uns.

Wir verteilten unsere Panzer in einer weit auseinandergezogenen Kette in Abständen von 150 bis 200 Metern, wobei sich die dort auf uns bereits wartenden Infanteristen um und hinter den Panzern gruppierten, damit sie unter unserem Schutz vorgehen konnten. Als es dann endlich hell wurde, konnten wir auch den in einer Entfernung von fünf Kilometern vor uns liegenden dunklen Wald deutlich ausmachen – unser Angriffsziel.

Nach einer halben Stunde war es soweit. Einige Instandsetzungsfahrzeuge und Lastwagen mit Benzinkanistern samt der Küche und dem Spieß blieben bei den letzten Häusern einer winzigen Ortschaft zurück, als der Angriff startete. Die Besatzung eines »Tigers« bestand aus fünf Mann, die meist für alle Funktionen ausgebildet waren (Kommandant, Fahrer, Funker, Richtschütze, Ladeschütze). Als Benjamin der Kompanie war ich als Ladeschütze eingeteilt, und zwar im Panzer des Kompaniechefs. Die zwei ersten Kilometer ging alles glatt, wir rasselten durch die Sonnenblumenfelder und passierten noch einige unserer Vorposten, bis wir dann in das schweigende Niemandsland hineinfuhren. Bald darauf waren vereinzelt Schüsse zu hören. Durch die schmalen, durch dicke Sicherheitsglasblöcke gesicherten Sehschlitze konnten wir vereinzelt Russen sehen, die sich entweder in ihre Erdlöcher verkrochen oder geduckt hinter den Sonnenblumen in Richtung Wald verschwanden. Die ersten Geschosse trafen unsere Panzerung, und wenn darunter größere Kaliber waren, so dröhnte das ohrenbetäubend, so stark war die Resonanz im Innern dieser fahrbaren Särge. Das Abwehrfeuer prasselte immer heftiger unserer Angriffswelle entgegen, die Infanteristen wurden immer seltener hinter den Panzern, bis wir schließlich ganz ohne sie weiter dem verdammten Wald entgegenfuhren. Vereinzelt sprangen Russen auf unsere Panzer und versuchten Haftladungen anzubringen oder in offene Luken und Schlitze hineinzuschießen. Diese Kampfesweise war aber schon bekannt, und so beschossen sich unsere Panzer gegenseitig mit den Maschinengewehren, deren Geschosse der starken Panzerung nichts ausmachten, aber die russischen Panzerknacker vertrieben. Immer mehr Russen rannten zum schützenden Wald zurück, bis dann unsere Panzer noch etwa 800 Meter vom Waldrand entfernt waren. Jetzt brach schlagartig die Hölle los, und das Verderben begann über uns hereinzubrechen. Russische Artillerie nahm unsere »Tiger« unter direkten Beschuß, und bei der geringen Entfernung war die Wirkung sehr bald verheerend. Am rechten Flügel explodierte der erste Panzer mit einer Stichflamme und einem Rauchpilz, wobei der zehn Tonnen schwere Turm abgehoben und durch die Luft gewirbelt wurde.

Wir schossen mit unseren 8,8-cm-Kanonen wie besessen in Richtung auf den Waldrand. Wenn die langen Kartuschen ausgeworfen wurden, gab es immer noch Nachflammer, wobei die letzten Pulverreste verbrannten und den Kampfraum im Panzer mit beißendem Qualm erfüllten. Wenn auch zwei kleine Ventilatoren für Frischluft sorgten, so reichte das bei der rasenden Feuerfolge nicht mehr aus. Hustend, keuchend, nach Atem ringend holte ich immer neue Granaten aus den Halterungen und schob sie in das gefräßige Maul der Kanone, legte neue MG-Gurte ein und öffnete heimlich – obwohl das wegen der Splittergefahr streng verboten war – die über mir befindliche Luke um einen schmalen Spalt, was mir später das Leben retten sollte. So bekam ich in dem Pulverqualm zumindest etwas frische Atemluft. Bereits nach zehn Minuten fielen zwei weitere Panzer durch Volltreffer aus, und pechschwarze Rauchpilze zeigten an, wo zehn Kameraden gräßlich umkamen, ohne daß man helfen konnte. Unser Angriff stockte, dafür schossen wir um so heftiger. Als der Befehl durchkam, weiter auf den Wald zuzufahren, wurde einem Panzer die linke Kette abgeschossen, und fast gleichzeitig traf genau neben der Kanone unseres »Tigers« ein klemmendes Panzerbüchsengeschoß den kaum sichtbaren Schlitz, durch den der Rohrrücklauf erfolgte. So konnten wir nicht mehr schießen, und Oberleutnant Brand gab den Befehl, zu dem Panzer eines Leutnants hinüberzufahren, von dem aus er den weiteren Angriff führen wollte. Die Umsteigerei der zwei Offiziere klappte, und der Leutnant erhielt den Auftrag, mit unserem schießunfähigen Panzer einen anderen, mit nur mehr einer Kette manövrierunfähigen »Tiger« abzuschleppen, der 300 Meter von uns entfernt lag.

In voller Fahrt preschten wir zu dem havarierten Kampffahrzeug hinüber, dessen Besatzung bereits von einem anderen Panzer übernommen worden war, und wendeten, um die Abschleppseile anbringen zu können. Aber kaum hatten wir dem Waldrand den Rücken gezeigt, als ein Inferno losbrach. Ein Artilleriegeschoß traf uns und brachte den mit knapp 500 Litern gefüllten Bezintank zur Explosion. Mit ungeheurer Wucht schlug die Stichflamme ins Innere und schleuderte mich gegen das Maschinengewehr. Instinktiv hielt ich mir in dieser Schweißbrennerhitze beide Hände blitzschnell vor die Augen. Die Hitze war so unbeschreiblich, daß alle Gliedmaßen außer Kontrolle gerieten und sich in krampfartigen Zuckungen zusammenbogen. Hinzu kam noch, daß man in dieser Flammenhölle keine Atemluft mehr fand und zu ersticken drohte. Noch viele Jahre danach hatte ich die Todesschreie meiner vier Kameraden im Ohr. Es roch widerlich nach verbranntem Fleisch, und ich sehe noch heute die verkohlte Leiche des jungen Leutnants, die so zusammengeschrumpft war, als wäre er ein Kind gewesen. »Das ist das Ende«, schoß es mir durch den Kopf, und in diesen Sekundenbruchteilen rollte wie ein Zeitrafferfilm mein achtzehnjähriges Leben vor mir ab bis zu der verpatzten Geburtstagsfeier am vergangenen Abend. Es ist unmöglich, in solchen Situationen überhaupt noch zu denken, zu handeln oder zu überlegen. Das kümmerliche, gequälte Stückchen Mensch ist dann nur mehr ein Bündel von Reflexen und Instinkten, aber in unserem Hirn muß auch dann noch eine Zentrale sein, die aktiv ist.

Ich sank in dieser Gluthitze schon zusammen und hatte halb erstickt die Besinnung fast verloren, als ich zwischen meinen vor die Augen gehaltenen Fingern undeutlich und schemenhaft einen hellen Fleck sah. Durch die Explosionswucht war die nicht verriegelte Luke aufgerissen worden. In der Todesangst brachte ich die Kraft auf, mich auf den Panzerturm hinaufzuschwingen. Wie das überhaupt möglich war, ist mir bis heute ein Rätsel geblieben. Einer lebenden Fackel gleich, von Kopf bis Fuß lodernd brennend, lohnende Zielscheibe für die russischen Schützen am Waldrand, ließ ich mich ganz einfach die etwa drei Meter vom Panzerturm auf die Erde fallen, wo ich mich, vor Schmerzen wie von Sinnen, im Staub und Dreck wälzte, um die Flammen zu löschen. Unsere Panzeruniformen waren zwar aus feuerfesten Asbeststoffen, aber das brennende Benzin war überall eingedrungen. Ich weiß nicht, wie lange ich mich so neben dem Panzer verzweifelt gewälzt habe, ehe endlich die Flammen erloschen waren. Ich hatte keine Haare mehr am Kopf, sie waren ebenso verbrannt wie mein Uhrenarmband, die schwarzverkohlten Fingernägel, das Fleisch an den Händen und im Gesicht – aber ich vermochte wenigstens noch zu sehen. Und was ich sah, war nicht gerade erfreulich. Unser Panzerangriff war zurückgeschlagen worden, und unsere restlichen »Tiger«-Panzer rollten bereits wieder auf die eigene Frontlinie zurück. Nachdenken konnte ich allerdings über meine Lage nicht allzulange, denn am nahen Waldrand hatte man erkannt, daß aus diesem brennenden und pechschwarz qualmenden Panzer doch noch einer entkommen war, und man machte sich daran, ein Zielschießen auf das angekohlte Häufchen Mensch zu veranstalten. Als würde die Erde neben mir zu kochen beginnen, so fetzten die Einschläge rund um mich kleine Staubfontänen hoch, und es wurde mir klar, daß noch lange keine Rede davon sein konnte, »überstanden« zu haben. Ich raffte mich auf und begann, um mein Leben zu laufen. Mit rasselndem, keuchendem Atem und blutunterlaufenen Augen, geduckt und im Zickzack, hastete ich unseren »Tigern« nach, wobei ich mich an den breitgewalzten Kettenspuren in den Sonnenblumenfeldern orientierte.

Als hätte ich in dieser Stunde nicht schon Angst genug gehabt, wurde am Waldrand das Kettengerassel der russischen T-34-Panzer laut. Mit weitaufgerissenen Augen sah ich die Ungetüme aus dem Wald kommen. Die Russen versuchten unseren zurückweichenden Panzern schnell nachzustoßen, während ich weiter um mein Leben hastete und dabei immer wieder mit den total verschmorten Händen die Stirnhaut hochschieben mußte, die in dem verbrannten Gesicht über die Augen rutschte und mir die Sicht nahm. Ich konnte nach einer Weile nicht mehr; ich befand mich im Kreuzfeuer der eigenen und russischen Panzer und ließ mich einfach zu Boden fallen. Während ich völlig erschöpft und wimmernd vor Schmerzen dalag, sah ich zum zweitenmal mein Ende vor Augen. Dreißig Meter neben mir pflügte sich ein T 34 durch das Sonnenblumenfeld, immer wieder für einige

Schüsse kurz anhaltend. Entweder sah mich der Panzerkommandant nicht, oder er glaubte, ich sei tot – bei meinem halbverkohlten Aussehen kein Wunder. Es lohnte sich anscheinend nicht, auf mich, den wie leblos Daliegenden, zu schießen oder mit den Ketten darüberzufahren und dann über brechenden Knochen auf der Stelle zu drehen, so wie es in allen Ländern die Panzerfahrer lernen und üben.

In einem weiten Bogen kehrten die russischen Panzer wieder in ihren Wald zurück. Allmählich wurden die Schmerzen in meinen Händen und im Gesicht schier unerträglich, ich stöhnte und sah verzerrte Bilder vor mir, aber ich rappelte mich wieder vom Boden auf und torkelte den ausgefahrenen Kettenspuren unserer »Tiger« nach, schleppte mich an den zersplitterten Telefonmasten mit den herunterbaumelnden Drähten vorbei, stolperte über Melonen und schlug ein paarmal der Länge nach auf die Erde. Ich hatte Angst, eine unsagbare Todesangst. In diesem Niemandsland zwischen den Fronten glotzten mich die knallgelben Sonnenblumen auf ihren hohen Stengeln wie die Gesichter von Menschen an; sie alle schienen mich zu belauern – neugierig, wie lange es wohl noch dauern würde, bis ich endgültig zwischen ihnen liegenbleiben würde. Ich wollte aber leben, jung wie ich war, ich wollte überleben und nicht in dieser fremden Erde vermodern. Ich stöhnte verzweifelt und hob dabei die Hände hoch, weil mir die Schmerzen so etwas erträglicher erschienen, und schob immer wieder die herabrutschende Stirnhaut von den Augen weg.

Die Panzerspur, der ich folgte, machte eine scharfe Kurve, die Ketten hatten sich durch das Lenkmanöver tiefer in den Boden gefressen und kleine Erdwälle aufgeworfen. Da sah ich vor mir plötzlich einen verwundeten russischen Kommissar knien. Er verband sich seinen durchschossenen Oberschenkel und hielt dann plötzlich erschrocken inne, als er mich heranwanken sah. Angstverzerrt starrten wir uns gegenseitig an, bis der Russe plötzlich die blutige Mullbinde fallen ließ und nach der unweit vor ihm liegenden Maschinenpistole griff.

Panzerbesatzungen trugen die Pistole nicht am Koppel, weil das beim Ein- und Ausstieg im Panzer hinderlich gewesen wäre, sondern in der Hosentasche. So schnell es mein Zustand erlaubte, fuhr ich mit meiner verbrannten Hand in die rechte Hosentasche; das verschmorte Fleisch meines Handrückens blieb am Taschenrand kleben, und die blanken Sehnen und Knochen wurden sichtbar. Trotzdem packte ich die Waffe und war um eine Kleinigkeit schneller als mein Gegenüber. Ich drückte einfach ab, schoß das ganze Magazin leer, warf die leergeschossene Waffe zu Boden und eilte weiter, das Gespenst dieses Toten immer vor Augen. Warum, warum war das alles nötig? Warum mußten sich da zwei ohnehin schwerverwundete Männer noch gegenseitig umbringen? Wahrscheinlich habe ich in dieser Stunde erfaßt, daß in meinem Leben ein wesentlicher Leitstern das »Überleben« war, dem sich alle anderen Faktoren unterordnen mußten.

Ich weiß nicht mehr, wie lange ich brauchte, um zu den kleinen Bauernkaten zu gelangen. Für mich war es jedenfalls die endlose Strecke eines ganzen Lebens – oder waren es in diesen Stunden schon mehrere Leben gewesen, die ich durchstolpern mußte?

Verschwommen sah ich noch unseren Hauptfeldwebel vor mir stehen, und etliche andere Kameraden der Kompanie rannten herbei. Ihre entsetzten Augen verrieten mir, wie ich ausgesehen haben mag. Sie sahen mich an, als wäre ich ein längst Verstorbener, der aus einer anderen Welt zurückkam, oder ein erbärmlich zugerichtetes Lebewesen, dem man ohnehin keine Chance mehr einräumte. Als ich bemerkte, daß ich wieder bei unseren Leuten war, zwischen unseren lädierten und angeschossenen »Tigern«, an denen die Kameraden Schäden ausbesserten und die sie mit Benzin und neuer Munition versahen, da war der letzte Funke meiner Kraft und Energie erloschen, und ich sank bewußtlos zusammen.

Man hatte mir gleich eine Morphiumspritze gegeben, und erst nach einigen Stunden wachte ich in einem provisorischen Feldlazarett auf, das in einer leeren Fabrikhalle untergebracht war. Meine beiden Arme waren bis zu den Ellenbogen geschient und dick zugebunden, mein Kopf war eine einzige Verbandskugel, in der man nur in der Mundgegend ein kleines Loch für einen zentimeterdicken Gummischlauch gelassen hatte, durch den ich flüssige Nahrung zu mir nehmen konnte; die Zähne hatte man an einer Stelle ausbrechen müssen, weil ich in den ersten Tagen die Kiefer nicht auseinander bekam.

Ich wußte nie, wann Tag und Nacht war, denn durch die Verbände konnte ich nichts sehen. Verbrennungen dritten Grades zählen zu den schwersten Verwundungen und sind mit den erbarmungslosesten Schmerzen verbunden. Das alte, verbrannte Gewebe hatte man im Operationssaal zwar notdürftig abgeschält, aber der Rest mußte buchstäblich absterben und eiternd verfaulen, ehe sich darunter wieder das neue, junge Gewebe bilden konnte. Bereits nach den ersten Tagen setzten die Eiterströme ein, die durch die Verbände am Hals und an den Ellenbogen in daruntergestellte Schalen tropften. Ich stank wie ein Aussätziger, ich roch es selbst, ich war in der ersten Zeit völlig blind und zugebunden, ich konnte mit meinen geschienten Händen keinen Handgriff selbst machen. Da ich in der Fabrikhalle neben anderen Schwerverwundeten lag, die durch den bestialischen Gestank meiner Brandwunden und mein pausenloses Gebrüll nicht schlafen konnten, verlegte man mich in einen kleinen Abstellraum, wo normalerweise die Toten des Lazaretts bis zum Abtransport ins »Heldengrab« aufbewahrt wurden. Man gab mir immer wieder Morphium, und wenn die Wirkung der Spritzen vorbei war und die Schmerzen wieder einsetzten, bettelte ich wimmernd um die nächste Spritze, um nur ja ein paar Stunden aus der grausamen Wirklichkeit in den erlösenden Schlaf zu fallen, um nichts mehr zu hören, keinen Gestank mehr zu riechen und nicht mehr an mein erbärmliches Elend denken zu müssen. Qualvoll waren auch die vielen Fliegen, die ihre Eier in die eitrigen Verbände legten, so daß bald darauf die Maden unter den Verbandstoffen zu krabbeln begannen, was mich mitunter schier zur Verzweiflung brachte. Mein Gesicht war eine einzige offene, eitrige Wunde, auf die sich die Biester mit Vorliebe stürzten, namentlich auf die Augen, in die Nasenlöcher, Mundwinkel und Ohren. Ein Berliner Arzt erklärte mir allerdings sachkundig, daß die Maden den Eiter wegfressen und deshalb absolut unschädlich seien. Früher hätte man Maden absichtlich an Eiterwunden angesetzt. Für mich war das allerdings nur ein schwacher Trost.

Die Frontlinie wurde wieder einmal »begradigt«, also zurückgenommen; und auch das Lazarett in der Fabrikhalle sollte geräumt werden, um nicht den Russen in die Hände zu fallen. Ich hatte noch immer den ganzen Kopf zugebunden, überall tropfte der Eiter hervor, und mit dem Schlauch saugte ich Tag für Tag Kakao und Kompotte gierig in mich hinein, denn ich konnte nur flüssige oder breiartige Speisen zu mir nehmen. Die Schmerzen ließen nicht nach, sondern wurden immer ärger, und auch der Gestank nahm zu, zumal dann, wenn ich zwischen immer neuen Toten in meinem Bett lag. All das Elend ringsherum sah ich nicht, weil meine Augen verbunden waren, aber ein Sanitäter aus Tirol erzählte mir jede Einzelheit, sobald er Zeit fand.

Als ich wieder einmal nach einer Spritze einige Stunden Schlaf gefunden hatte, wachte ich unruhig auf. Ringsherum herrschte tiefste Stille. Ich begriff anfangs nicht, was geschehen war. Ich begann mit aller Kraft durch das Mundloch in meinem Verband zu schreien – aber niemand antwortete. Schließlich erhob ich mich, tastete mich blind mit den vorgestreckten verbundenen Händen durch die offene Tür und brüllte nochmals in die große

Fabrikhalle. Auch dort kein Laut, fast höhnisch schallte das Echo zurück, und nun wurde mir klar, daß man in den letzten Stunden – wie angekündigt – das Lazarett hastig geräumt hatte. Ich war in der kleinen Totenkammer in der Eile vergessen worden, weil ich schlief oder man mich für einen Toten hielt.

Es war schon kalt geworden, und ich spürte die ersten Schneeflocken auf der Haut, als ich mich barfuß ins Freie tastete. Mein erneutes Geschrei hatte zur Folge, daß nach einer geraumen Weile ein Wehrmachtbus mit quietschenden Bremsen neben mir hielt. Der Fahrer holte aus dem Lazarett einen Strohsack und bettete mich neben dem Fahrersitz auf den Boden, während er mit herzerfrischendem bayerischen Dialekt auf die Sanitäter schimpfte. Nach drei Stunden Fahrt lieferte er mich in einem Lazarett ab, von dem aus ich weiter nach Odessa gebracht wurde. Nach einigen Wochen bekam ich augenfreie Verbände und konnte nun endlich wieder sehen. Ungläubig blinzelte ich in den beginnenden russischen Winter und hielt es für das höchste Glück, in einem weißen Bett und in einem geheizten Raum liegen zu dürfen.

Mit administrativer Gründlichkeit hatte man die eleganten Lazarettzüge eiligst nach Deutschland zurückgeschickt, damit sie dem Feind nicht in die Hände fielen. Uns 600 Schwerstverwundete verfrachtete man dafür in Viehwaggons, je Mann mit einem Kilo Stroh und einer Decke, auf den Weg nach Tarnopol. Wenn der Zug des Jammers aus irgendwelchen Gründen auf freier Strecke anhalten mußte, wurden die inzwischen gestorbenen Verwundeten neben den Bahndamm gelegt, weil man sie aus Zeitmangel nicht in den gefrorenen Boden einscharren konnte. Einen Tag später hängte der rumänische Lokomotivführer während eines russischen Fliegerangriffs seine Lok einfach ab und fuhr allein auf und davon in die Sicherheit, die zwar nicht sehr lange dauerte, weil man ihn im nächsten Bahnhof einfach an die Wand stellte und erschoß. Zwei Bomben hatten aber die beiden letzten Waggons getroffen, von denen nicht mehr viel zum Abkuppeln übrigblieb. Ich lag im drittletzten Waggon, in den man auch die drei blutüberströmten einzigen Überlebenden hineinschob.

Nach acht Monaten hatten mich die Ärzte wieder einigermaßen zusammengeflickt. Es war dies meine erste, aber nicht letzte Kriegsverwundung, denn ich bekam später noch einen Bombensplitter sowie einen Durchschuß durch das Fersenbein ab – aber ich lebte, ich überlebte, wenn auch reichlich zerschunden und mit zahlreichen Narben bedeckt.

Ich stelle absichtlich dieses Kapitel an den Beginn meines Buches, weil ich der Meinung bin, daß gravierende Erlebnisse auf die Formung eines Menschen einen ganz entscheidenden Einfluß haben können. Vielleicht ist ein erwachsener Mensch in solchen Bereichen weit immuner, aber als Achtzehnjähriger habe ich durch dieses schmerzliche Kriegserlebnis in so mancher Beziehung geradezu eine Weichenstellung für meinen ferneren Lebensweg erfahren. Ich gewann eine weit bewußtere Einstellung zum Leben, und wenn man schon einmal fast »drüben« war, vermag man viele Dinge im Leben weit besser einzuschätzen und vielleicht auch zu schätzen.

In mir hat der hier geschilderte »Panzer-Grill« mit allen Folgen auch einen abgrundtiefen Haß gegen jeden Krieg ausgelöst – bis zum heutigen Tage. Andererseits habe ich aber erkennen müssen, daß man zwar sein Schicksal zu tragen hat, aber dennoch viel dazu beitragen kann, daß die dünnen Seidenfäden nicht reißen, an denen bekanntlich unser Leben oft hängt. Ich glaubte nie, daß mir ganz einfach nichts passieren könne, aber ich habe die Überzeugung gewonnen, daß ich irgendwie einen guten Stern besitze, der mir in brenzligen Situationen irgendeinen Ausweg offenläßt, wenn ich auch vielleicht nur mit einem mehr oder minder blauen Auge davonkomme.

Als »Kärntner Bua« im britischen Geheimdienst

Die ersten Jahre nach dem Ende des zweiten Weltkrieges waren wohl überall in Europa trostlos, aber wahrscheinlich in den unter ausländische Besatzungsmächte gestellten Ländern noch um eine Spur schmerzhafter, demütigender und möglicherweise auch zorniger. Im österreichischen Bundesland Kärnten »regierten« die englischen Militärs, die ihr bewährtes Kolonialsystem praktizierten und dabei oftmals vergaßen, daß sie sich nicht in Afrika oder Indien, sondern in Europa befanden. Auch die Postzensur oblag der Besatzungsmacht, die gewissenhaft alle Briefe und sonstigen Poststücke öffnete. Da ich damals Berichte für eine schweizerische Tageszeitung schrieb, dauerte es nicht allzulange, bis ich eines Tages zum mysteriösen »FSS 68« (Field Security Section) vorgeladen wurde. Dieser militärische Sicherheits- und Geheimdienst, der auch normale Abwehragenten wahrnehmen mußte, stürzte sich nach dem Krieg auf alle möglichen politischen und militärischen Probleme. In der Peraustraße in Villach hatten diese englischen Sicherheitsfanatiker eine Privatvilla requiriert und die Bewohner ausquartiert, und dort amtierten sie nun, von dort aus fahndeten sie emsig nach Kommunisten und SS-Angehörigen und vergatterten auch Briefsünder, die in ihren Episteln etwas geschrieben hatten, das den Briten nicht gefiel. Man vergatterte mich energisch, als der durch die Postzensur herausgefingerte Zeitungsbericht bei ihnen zur weiteren Bearbeitung landete, und man versuchte mir klarzumachen, daß es die Schweizer weder etwas angehe noch interessiere, was sich unter der britischen Besatzungsmacht in Kärnten alles abspiele. Da ich diese Meinung nicht teilte und auch nicht ganz sicher war, ob die Schweizer Zeitungsleser nicht doch vielleicht an meinen Berichten – die völlig ohne irgendwelche militärischen Geheimnisse waren – interessiert wären, kam es zu einer sehr temperamentvollen und lautstarken Unterhaltung, in der ich nicht völliger Sieger blieb. Minett, so hieß der Sergeant-Major, zerriß meinen an der Zensur hängengebliebenen Zeitungsbericht, und man setzte mich kurzerhand vor die Tür.

Ehrlich gesagt, hatte ich schon seit jeher eine Aversion gegen die englische Mentalität, gegen die Art und Weise, wie sie sich ihre Kolonien »erobert« und ein Weltreich zusammengebastelt hatten, wie sie ihre Kolonien behandelten, wie sie heimtückisch und völkerrechtswidrig die Kosaken an die Russen auslieferten und wie sie Briefe, die sie nichts angingen, öffneten und über uns zu Gericht saßen. Eine plakatierte »Kundmachung« einer solchen Militärregierung war absolut nicht meinem Gefühl und Empfinden nach ein notwendiges und natürlich gewachsenes Gesetz.

Diese erste Begegnung mit dem FSS 68 sollte aber nur der Auftakt für eine künftige und schwerwiegende Begegnung gewesen sein. Etliche Monate später passierte mir ein anderes Mißgeschick, für das ich natürlich niemand anderen als mich selbst verantwortlich machen konnte. Ich hatte noch vom Krieg her eine Dienstpistole daheim versteckt, die ich nicht ablieferte, weil mir einerseits die Waffe in kritischen Situationen oftmals geholfen hatte und ich sie als Souvenir behalten wollte, andererseits Pistolen am Schwarzmarkt beachtliche Eintauschpreise erzielten. Ich betrachtete sie darum als Wertgegenstand und Notgroschen. Allerdings hat man gelegentlich »Freunde«, denen man zuviel anvertraut, und so stand an einem späten Abend Minett mit weiteren zwei FSS-Leuten und drei österreichischen Kriminalpolizisten vor unserer Wohnungstür und nahm eine Hausdurchsuchung vor. Dabei strebte Minett zielstrebig und siegessicher, mit einem hämischen Lächeln um seinen breiten Mund, zu meinem Pistolenversteck und zog triumphierend die Waffe heraus. Dieser Fund reichte natürlich für eine Verhaftung und Militärgerichtsverurteilung vollkommen aus. Mit einem Jeep der FSS brachte mich Minett an jenem 15. November 1946 gegen Mitternacht in das Polizeigefängnis von Villach. Es war eine naßkalte Winternacht, kein Mensch mehr auf den Straßen. Mit gewohnter Routine nahm man mir im Gefängnis den gesamten Tascheninhalt ab. Bis zur Militärgerichtsverhandlung sollte ich dort eingebuchtet bleiben.

Mich ärgerte die Sache sehr. Nach dem damaligen Stand der Dinge gab es für den widerrechtlichen Besitz einer Pistole als Minimum einen Straftarif von sechs Monaten Gefängnis. Da ich der FSS aber schon durch die Zensurgeschichte unliebsam aufgefallen war und da die FSS auch bei der bevorstehenden Gerichtsverhandlung die Anklage vertrat und ein britischer Offizier das Urteil sprechen würde, konnte ich in meinem Fall mit einem besonders saftigen Urteilsspruch rechnen. So trabte ich in den ersten Tagen meiner Polizeihaft in der Zelle auf und ab und zermarterte meinen Kopf, um einen Ausweg zu finden. Weit besser wäre es gewesen, wenn ich damals diese Verurteilung ganz einfach auf mich hätte zukommen lassen – mir und auch anderen wäre vieles erspart geblieben. Wer setzt sich aber schon wegen einer blöden Pistole für ein halbes oder sogar ein ganzes Jahr ins Gefängnis?

Da kam mir eines Morgens der Zufall zu Hilfe. In einer zerknüllten Tageszeitung las ich einen Bericht, wonach die damaligen jüdischen Terrorbewegungen (vor der Gründung Israels) gegen die britischen Truppen, die in Rom stationiert waren, verschiedene Bombenanschläge verübt hatten. Die Engländer behinderten damals energisch die Einwanderung von Juden in Palästina, und das veranlaßte die militanten jüdischen Organisationen (Haganah und Irgun Zwai Leumi) zu Gewaltaktionen.

Darin sah ich einen Hoffnungsschimmer. Wenn die militanten Juden in Italien gegen das britische Militär bombten, dann mußte man auch glaubhaft machen können, daß sie dies gegen die in Österreich stationierten Engländer ebenfalls beabsichtigten. Ich malte mir aus, daß ich dabei nicht allzuviel verlieren konnte. Vielleicht gelang es mir aber, die Briten zu täuschen und ihnen für einige Zeit ein Theater vorzuspielen, bis sie mich schließlich aus dem Gefängnis ließen und die Sache dann im Sand verlief. Kurzerhand verlangte ich, daß man Minett von der FSS 68 verständigen solle; ich hätte ihm eine dringende Mitteilung zu machen. Was nun alles folgte, war eine wahrhafte Köpenickiade. Mit meinen 22 Lebensjahren schlich ich dieses Problem nun psychologisch an. Ich überlegte mir genau, was ich Minett sagen würde, und malte mir aus, wie ich als Engländer und FSS-Mann reagieren und handeln würde. Das Ganze kam mir fast wie ein Schachspiel vor, in dem jeder Zug und Gegenzug haarscharf sitzen mußten, wenn ich nicht weiter sitzen wollte.

Minett kam am selben Nachmittag, ich wurde ihm im Besuchszimmer vorgeführt. Mißtrauisch und verschlossen, ja sogar verärgert sah er mich an, denn für ihn war der »Fall Sitte« bereits erledigt und nur mehr eine Formsache des Militärgerichts.

Nüchtern und unbewegt begann ich zu sprechen. Ich machte ihm klar, daß es nicht meine Absicht sei, meine augenblickliche Lage zu verbessern und mein zu erwartendes Gerichtsurteil abzuschwächen, aber ich befände mich in einem Dilemma, weil ich die mir aufgebürdete Verantwortung in der vorzutragenden Angelegenheit irgendwie abschütteln möchte.

Ich erzählte nun Minett todernst und streng sachlich, daß eine jüdische Terrorbewegung gegen die britischen Besatzungstruppen in Österreich Anschläge plane und die entsprechenden

Nachrichten, Informationen und Pläne für die in Österreich befindlichen Attentäter im Karawankengebirge, direkt an der jugoslawischen Grenze, deponiert würden. Meine Aufgabe als ortskundiger Mittelsmann sei es gewesen, diese schriftlichen Nachrichten an bestimmten Tagen oben im Grenzgebirge abzuholen und dafür zu sorgen, daß diese Mitteilungen dann durch ein Briefkastensystem in Villach abgeholt würden. Minett, so gelangweilt er anfänglich auch dreingesehen hatte, bekam runde Kulleraugen; er konnte es offensichtlich nicht fassen, was er da soeben gehört hatte.

Ich fuhr fort, ich wolle mein Gewissen erleichtern, ich möchte mich an den geplanten Aktionen nicht mitschuldig machen, und beschrieb ihm nun einen morschen Baum oben an der Grenze, der aber bereits auf jugoslawischem Territorium stehe. Solche Baumstrünke gab es dort oben zu Hunderten, und meine Beschreibung bezog sich vage auf eine ungefähre Grenzstrecke. Ich legte dem FSS-Mann nahe, in der nächsten Woche jemanden hinaufzuschicken, um die versteckten Nachrichten – diesen Beweis für die Richtigkeit meiner Angaben – aus den Karawanken herunterholen zu lassen.

Meine Kalkulationen gingen nun in zwei Richtungen. Einerseits war mir klar, daß die Engländer niemals in dem unwegsamen Grenzgebiet Suchaktionen starten würden, weil schon häufig Zivilisten und Engländer dort oben von den Jugoslawen abgefangen und erst nach diplomatischen Protesten wieder freigelassen worden waren. Andererseits würden die Briten das so vage beschriebene Versteck natürlich nie finden können.

Minett kritzelte in sein Notizbuch wie ein Parlamentsstenograph, versprach mir wiederzukommen, redete mich plötzlich vertrauensvoll mit meinem Vornamen an und ließ mich dann eilig in meine Zelle zurückführen.

Nun kam es darauf an, ob die Engländer in diesen ausgelegten Köder bissen oder mein Märchen nicht glaubten und die ganze

Geschichte einfach ignorierten. Ich hatte jedenfalls reichlichen Stoff zum Nachdenken und spann mein Lügengebilde, das mir aus dem Gefängnis helfen sollte, in allen Details weiter. Ich überlegte genau, was ich auf die zu erwartenden Fragen zu antworten hatte, wenn mein Plan gelingen sollte.

Sie bissen an! So verwegen ihnen dies alles auch erscheinen mußte, sie hatten die Beispiele in Italien vor Augen und riskierten eigentlich nicht sonderlich viel. Schon am späten Nachmittag holte mich ein Jeep mit zwei FSS-Sergeanten vom Gefängnis ab und brachte mich zur FSS 68 in die Peraustraße. Oberleutnant Dickson, der Chef der Einheit, sowie Minett empfingen mich ausgesucht höflich und freundlich. Mir wurden Kaffee und Zigaretten angeboten, aber ich lehnte beides ab und verkroch mich hinter einer teilnahmslosen und unbewegten Miene, als ginge mich das alles nichts an. Ich mußte Dickson die ganze Story nochmals erzählen und achtete dabei sorgfältig darauf, daß ich insbesondere die von Minett im Polizeigefängnis notierten Details haargenau wiederholte. Dickson sah mich forschend an und nagte dabei an seinen Lippen, um zu einem Entschluß zu kommen. Nach kurzer Pause machte er mir dann einen Vorschlag. Er hätte bereits mit seinen vorgesetzten Dienststellen in Klagenfurt und Wien gesprochen, die ihm freie Hand in dieser ominösen und vielleicht auch gefährlichen Sache ließen. Etwas nervös paffte er die Rauchwolken seiner Zigarette in die Luft und legte mir nahe, mit der FSS zusammenzuarbeiten und die Nachrichten von den Karawanken herunterzuholen. Dafür werde man – wenn ich die Wahrheit berichtet hätte – schon einen Weg finden, um mir die Militärgerichtsstrafe für den Besitz der Pistole zu erlassen.

Es kostete mich eine gewaltige Anstrengung, um nicht lachend herauszuplatzen, sondern meine eisige Miene zu bewahren. Gerade jetzt durfte ich nicht etwa begeistert auf seinen Vorschlag eingehen, denn ich sah den lauernden Blick von Dickson, der mich unausgesetzt scharf beobachtete, als wollte er meine Gedanken und Regungen erraten. Oder wartete er nur darauf, ob ich in die gestellte Falle gehen würde?

Ich schüttelte langsam und bedächtig den Kopf, betonte nochmals, daß ich meine Verantwortung in dieser Sache durch meine Aussage losgeworden sei und nun meiner Verurteilung wegen Waffenbesitz entgegensähe. Ich verlangte wieder in meine Gefängniszelle zurückgebracht zu werden, was man dann auch gleich mit etwas betretenen Gesichtern veranlaßte. In der Nacht konnte ich nicht schlafen, denn meine Gedanken purzelten durcheinander. In der eintönigen Einsamkeit hinter Gittern hatte ich nun eine Beschäftigung für meine Gedanken gefunden. Ich exerzierte die Rollen von beiden Seiten und mit allen Fragenvarianten durch und war mir bereits sicher, daß die Engländer trotz meiner ablehnenden Haltung nicht mehr locker lassen würden. Schon am darauffolgenden Vormittag erschien die FSS erneut im Polizeigefängnis, um mich zu ihrer Dienststelle zu bringen, wo man mich wieder mit Zuvorkommenheit und Höflichkeit empfing. Dickson, Minett und noch ein Major aus dem Hauptquartier nahmen mich in ihre Mitte, und man bat mich eindringlich, doch den Vorschlag anzunehmen und »mitzuspielen«. Um mich zu ködern, stellte man mir auch gleich rucksackweise britischen Militärproviant sowie wöchentlich ein Dutzend Zigarettenstangen in Aussicht, damit ich mich kräftig ernähren könne, um den ganzen Strapazen bei den Bergmärschen besser gewachsen zu sein. Im Jahre 1946 waren derartige Angebote nicht in Gold aufzuwiegen, und nur wer sich in den ersten Nachkriegsjahren durchgehungert hat, vermag zu ermessen, welchen Wert ein Rucksack voll bester Verpflegung und Zigaretten pro Woche damals darstellte. Wenn ich mit allem einverstanden sei, so könne man sofort eine Enthaftung beim britischen Militärgericht erwirken. In vier Tagen wäre, meinen Angaben zufolge, der nächste Abholtermin oben in den Karawanken fällig gewesen, und darum hatte man es sehr eilig, meine Zustimmung zu erwirken. Aus taktischen Gründen zögerte ich aber scheinbar immer noch und zeigte mich unschlüssig, während Dickson und Minett unverdrossen auf mich einredeten.

Mit unbewegter Miene sagte ich schließlich zögernd zu. Nun war das Eis gebrochen, und die weiteren Pläne wurden gleich geschmiedet. Minett fuhr mit mir zum Militärgericht und erwirkte dort nach einem vorherigen Telefonat meine Entlassung aus dem Polizeigefängnis – auf Kaution – bis zur Pistolenverhandlung. Als der englische Militärrichter einen Kautionsbetrag von fünfhundert Schilling von mir verlangte, zuckte ich nur mitleidig die Schultern und erklärte, kein Geld zu haben. Minett zahlte eilfertig für mich aus seiner eigenen Tasche, und dann war ich wieder ein freier Mann. Ich empfing noch meinen ersten Rucksack mit Verpflegung und Zigaretten und erhielt für Telefongespräche den Decknamen »Kärntner Bua«, wobei man mir auch eine Geheimnummer bekanntgab, auf der ich Minett und Dickson Tag und Nacht erreichen konnte.

So dumm waren die Engländer jedoch nicht, daß sie mir auf meine Märchengeschichte hin das ausstehende Militärgerichtsurteil kurzerhand gestrichen hätten; ich war nur bis zur Verhandlung auf freiem Fuß und mußte in der Zwischenzeit den ersten Beweis erbringen, daß meine Informationen auf Tatsachen beruhten. Ich mußte also unbedingt die Sache weiterspinnen, bis ich das Urteil überstanden hatte.

Am Vortag des angeblichen Karawanken-Abholtermins wurde hinter verschlossenen Türen vereinbart, daß ich noch in der Dunkelheit am frühen Morgen des nächsten Tages von zwei FSS-Jeeps bis zum Fuß der Karawanken nach Ledenitzen gebracht werden sollte. In der anschließenden Nacht würden mich die Jeeps dann wieder – wenn ich die Information aus den Bergen geholt hätte – zurück nach Villach bringen.

Soweit ging denn auch alles glatt, aber ich mußte ja nun eine handgreifliche Mitteilung servieren. Darum machte ich mir Gedanken, was so eine jüdische Terrorbewegung gegen die verhaßten Briten in Österreich alles unternehmen könnte. Da waren zuerst einmal die beiden strategisch wichtigen Bahnlinien über die Tauern und den Semmering und außerdem etliche Offiziershotels und Klubs, in denen sich die höheren britischen Ränge einquartiert hatten – Hotels in Villach, Velden und Pörtschach. Noch in der Nacht hockte ich mich im abgeschlossenen Zimmer über die Arbeit und zeichnete auf einem Stück Papier eine schematische Skizze von Villach. Wie in einem kitschigen Krimi zeichnete ich dann mit Eiweiß bestimmte britische Objekte ein, schrieb auf der anderen Seite einen verschlüsselten Code-Text, indem ich einfach die Buchstaben jeweils um vier Buchstaben vorrückte, und ließ schließlich das Spionagemeisterwerk trocknen. Vorsichtig knüllte ich das Papier zusammen. Die restliche Präparierung sollte erst an Ort und Stelle in den Bergen erfolgen.

Gegen drei Uhr morgens standen die zwei Jeeps an dem verabredeten Treffpunkt. Man zog mir einen britischen Militärmantel an und setzte mir eine Militärmütze auf, damit die bei der Kontrollstelle an der Gailflußbrücke amtierenden englischen Soldaten keine unnötigen Fragen stellten. Normal brauchte man für den Grenzdistrikt einen Sonderausweis oder eine Wohnsitzbescheinigung. Hinter Ledenitzen hielten wir im Wald auf offener Strecke, ich trank noch Dicksons Thermosflasche leer, bekam einen Brotsack voll bester Marschverpflegung mit, und Minett drückte mir anschließend ein Gläschen mit Pervitintabletten in die Hand. Flüsternd und bei abgedrehten Scheinwerfern verabschiedeten wir uns, nachdem wir vereinbart hatten, daß man mich gegen 22 Uhr an derselben Stelle wieder abholen sollte. Bis dahin sollte ich vom Bergkamm, wo die Grenze verläuft, mit der Nachricht wieder zurück sein.

Die Jeeps fuhren ab. Ich überzeugte mich noch vorsichtig, daß man mir nicht doch heimlich folgte, und machte mich dann auf den Weg. Bei dem Schnee war der Weg höchst strapaziös, denn hinter Outschena, der kleinen letzten Ortschaft am Karawankenhang, gab es keine Spuren mehr. Ich stapfte mühsam die Steilhänge hinauf, immer noch ungewiß, ob die Briten nicht doch noch hinter mir herspionieren würden. Am späten Nachmittag erreichte ich den Karawankenkamm, wo ich mich vorsichtig nach jugoslawischen Grenzsoldaten umsah. Nach einem morschen Baum mußte ich nicht lange suchen, von ihnen gab es genug dort oben. Ich suchte einen geeigneten aus und wühlte in dessen modrigem Holz herum. Das in meiner Unterhose versteckte »Dokument« brachte ich zum Vorschein, rieb es ein wenig mit Schnee und dem verrotteten Holz ein und machte mich auf den Rückweg, der wesentlich leichter zu bewältigen war.

Dickson und Minett warteten in den Jeeps, ich sah in der Finsternis bereits von weitem ihre glühenden Zigaretten. Aufgeregt wurde ich in Empfang genommen, und hastig erkundigte man sich gleich, ob ich die Nachricht gefunden hätte. Ich nickte nur mit dem Kopf, und in voller Fahrt ging es zurück nach Villach. Diesmal war das Ziel eine Villa, in die sich etliche Angehörige der FSS privat einquartiert hatten. Die Fenster wurden zugehängt, und der spannende Moment kam, wo ich den feuchten und verschmutzten Fetzen Papier herauszog und auf den Tisch legte. Dickson hielt das Papier unters Licht und machte ein enttäuschtes Gesicht, als er die billige Bleistiftskizze von Villach sah. Ich war nun gespannt, ob meine Partner auch diesen Brocken schluckten und wirklich so naiv waren, mir meine Köpenickiade zu glauben, oder ob ich gleich wieder in das Polizeigefängnis eingeliefert werden würde.

Als Dickson und Minett mich fragend ansahen, gab ich die Aufklärung, daß auf diesem Wisch auch noch eine verschlüsselte Nachricht stünde, die man aber nur durch Wärmeeinwirkung sichtbar machen könne.

Minett holte flugs eine Decke sowie ein Handbügeleisen, und

nun kam der Augenblick, wo ich all meine Selbstbeherrschung aufbringen mußte, um nicht hellauf herauszulachen, als diese Geheimdienstspezialisten mit dem heißen Bügeleisen mein Papier bügelten. Tatsächlich kamen die unsichtbaren Eiweißstriche, Ziffern und Buchstaben zuerst zart gelb und dann tiefbraun zum Vorschein. Minett überschlug sich fast vor Freude. Dickson stellte verblüfft fest, daß es sich bei den eingezeichneten Objekten um britische Anlagen handele, und ich stimmte ihm mit gespielter Fassungslosigkeit zu. Ein anderer FSS-Sergeant, der für die Funküberwachung zuständig war, hatte den tollen Code gleich geknackt, und so begann man zu entziffern, wie die angebliche jüdische Terrorbewegung die einzelnen Objekte beschrieb, die Verstecke für die Deponierung von Sprengstoff angab und abschließend noch die nächste Nachricht in den Karawanken für einen exakten Termin in zwei Wochen avisierte.

Dickson und Minett schwelgten in triumphaler Freude, und für mich wurde gleich ein Bett bei der FSS bereitet, da man zuerst einmal eine Kopie des »Dokumentes« anfertigen wollte, um mir danach das Original wieder auszuhändigen.

Mir ging es jetzt allein um die Verhandlung beim Militärgericht. Ich wollte unter den derzeit günstigen Aspekten eine rasche Verurteilung erreichen und machte Dickson auch gleich klar, daß ich jetzt den Beweis meiner Angaben geliefert und nun genug hätte; ich wolle nur noch meine Militärgerichtsverhandlung. Man redete mir gut zu, packte gleich wieder einen Rucksack voll Proviant für die laufende Woche und versprach mir eine Verhandlung in allernächster Zeit.

Damals fanden allwöchentlich am laufenden Band die Militärgerichtsverhandlungen statt, in denen alle Schwarzhändler, Schieber und sonstigen »Sünder«, die gegen die Kundmachungen der Besatzungsmacht verstoßen hatten, abgeurteilt wurden. Einige Tage später rief ich Minett an und gab ihm eine genaue Personenbeschreibung von einem Mann, der angeblich die

Nachricht bei mir abgeholt hätte. Am 15. Dezember war dann der große Verhandlungstag beim Militärgericht. Nach einem Geschäftsmann, der etliche englische Autoreifen verschoben hatte und sich dabei erwischen ließ, kam ich an die Reihe. Dickson flüsterte zuerst dem Ankläger, Major Hunt, etwas ins Ohr, und alles lief wunderbar ab. Mein Rechtsanwalt, der mich zu verteidigen hatte, fand verblüfft keine Worte mehr, als er den Ankläger sprechen hörte. Hunt schilderte mich mitleidsvoll in den rosigsten Farben, nahm Rücksicht auf mich jungen Schwerstkriegsbeschädigten und die sonstigen Nachkriegsumstände, so daß von einer Anklage fast nichts zu hören war. Das Urteil lautete nach zehn Minuten auf »sechs Monate Gefängnis wegen unerlaubten Waffenbesitzes mit Bewährung auf ein Jahr«. Der Richter schnarrte mich noch vielsagend an und machte mir verständlich, daß man mich innerhalb eines Jahres von der Stelle weg verhaften und einsperren würde, wenn ich in der Zwischenzeit irgend etwas anstellte. Dabei zog er seine Augenbrauen vielsagend hoch, so daß ich ihn fast in Verdacht hatte, er kenne meine ganze Geschichte von A bis Z.

Ich war frei und fraß mich an englischer Verpflegung satt, aber der nächste Termin für die Abholung stand vor der Tür. In der Zwischenzeit war die britische Besatzungsmacht in Kärnten tätig geworden. Schnellzüge hielt man auf offener Strecke an und suchte nach verdächtigen »Juden«. Zwei Militärmaschinen stiegen auf und machten Luftbildaufnahmen vom ganzen Karawankendistrikt, in dem ich angeblich immer die Informationen abholen sollte, und selbst das Britische Oberkommando im Schloß Schönbrunn ließ sich ständig Bericht erstatten, was es an Neuigkeiten über die einsickernde jüdische Terrorbewegung gäbe.

Allmählich begann mir die Sache aufrichtigen Spaß zu bereiten, denn die Briten machten jeden Unsinn mit, den ich ihnen servierte. Natürlich konnte ich die Sache nicht einfach versickern lassen, denn das wäre aufgefallen. Daß die Rucksäcke dabei eine Rolle spielten, ist klar.

Beim nächsten Karawankenmarsch machte ich insofern Schwierigkeiten bei der FSS 68, als ich einen »Zeugen« als Begleiter anforderte. Von Velden beorderte man einen schmächtigen, rotblonden Sergeanten mit einem winzigen Schnurrbärtchen, der von seinem bevorstehenden Glück noch nichts wußte, als er ein Paar Gummistiefel verpaßt bekam. Die Vorbereitungen zu den Bergmärschen gingen immer mit derselben Routine über die Bühne, nur hatte es in den letzten Tagen pausenlos schwere Schneefälle gegeben, und die Straßen waren meterhoch blokkiert. Der Straßenverkehr war schon weitgehend zusammengebrochen, und wir hatten keine Chance, mit unseren Jeeps bis an den Fuß der Karawanken zu gelangen. Die FSS kurbelte aber die höchsten Verbindungen an, und noch in der Nacht mußte zur Freude der davon betroffenen Kärntner ein Schneepflug die ganze Nacht hindurch von Villach bis Ledenitzen die Straße freihalten, bis wir wieder anpreschten.

»Maxy« wurde der Begleiter gerufen, der – nachdem die Jeeps wieder abgefahren waren – ziemlich verzagt mit seinen Gummistiefeln in den Schneemassen stand. Ich suchte für uns die schwierigsten und steilsten Routen aus. An einem total vereisten kleinen Wasserfall kollerte der Brite zweimal etliche Meter hinunter und verschwand in den riesigen Schneewächten, aus denen ich ihn eilig wieder ausgrub. Seine Augen verloren den ganzen Glanz der britischen Herrenrasse, er begann zu keuchen und zu stöhnen. Mir ging es zwar nicht viel besser, aber ich zeigte es nicht so.

Am späten Nachmittag hatten wir den Karawankenkamm wieder erreicht. Ich zeigte Maxy den Grenzverlauf und forderte ihn auf, mir die wenigen Meter über die Grenze hinweg zu folgen, wo sich das Versteck befände. Ich hatte aber richtig kalkuliert, denn der total erschöpfte Maxy war nicht bereit, die Grenze auch nur einen Millimeter zu überschreiten.

So huschte ich denn allein zu einem Baumstrunk hinüber, gerade außerhalb der Sichtweite meines Begleiters, fingerte wieder die selbstverfaßte Mitteilung – die ich mitgebracht hatte – heraus und rannte dann zu meinem Sergeanten zurück, der sich in den Schnee gekuschelt hatte. »Maxy, schnell, eine jugoslawische Grenzpatrouille kommt!« zischte ich ihm entgegen und hätte nichts mehr zu sagen brauchen. Das Häufchen Elend legte einen Raketenstart vor, stürzte den Steilhang hinunter, überschlug sich, verschwand unter dem Schnee, kam einige Meter tiefer wieder prustend heraus und stürmte in Panik weiter talwärts. Als der Wald allmählich dichter wurde, fand ich meinen Begleiter, eine junge Fichte umarmend und nach Atem ringend. Ich fütterte ihn mit zwei Pervitintabletten und einem starken Tee mit Cognac und schleppte ihn dann in der anbrechenden Dunkelheit weiter.

Meine neue Nachricht kam wieder unter dem Bügeleisen in der FSS-Wohnung schön dunkelbraun, aber informativ hinhaltend heraus. Allmählich hatte ich mir schon die nötige Praxis mit dieser Eiklar-Schreiberei angeeignet. Die neuesten Nachrichten kündigten angebliche Sprengstofflieferungen und beabsichtigte Depots an.

Meine Familienangehörigen waren von meiner englischen Rucksackverpflegung restlos begeistert, aber ich sah kaum eine Möglichkeit, aus der Karawankengeschichte straflos herauszukommen. Durch Zufall bekam ich eines Tages den Brief einer Handelsagentur aus Palästina in die Hände, mit dem ein Adreßbuch offeriert wurde. Der Brief wäre für mich uninteressant gewesen, aber auf dem unteren unbeschriebenen Papierteil war ein klares Wasserzeichen der Papierfabrik zu lesen: »EXTRA STRONG PAPER FOR PALESTINE«. Da ich die englischen Besatzungstruppen in dieser albernen Sache nicht nur Wochen, sondern Monate hindurch an der Nase herumgeführt hatte, sie x-mal in die Karawanken schleppte, ihre Militärflugzeuge strapazierte und sie auch sonst auf Trab hielt, aber nebenbei fleißig die heißbegehrte

Verpflegung und die Zigarettenstangen konsumierte, sehnte ich mich nach einem glaubhaften Schluß. So gut konnten mir die britischen Konservendosen gar nicht schmecken, daß ich nicht im Hintergrund die Gefängnisgitter gesehen hätte.

Dieses Papier mit dem Palästina-Wasserzeichen gab ein wunderbares Beweismittel ab. Im März 1947 bastelte ich also meine letzte Geheimnachricht zusammen, die unter dem Bügeleisen die empörte Mitteilung enthüllte, daß in britischen Offizierskreisen in Klagenfurt und Wien ganz ungeniert über die beabsichtigten Anschläge gesprochen worden sei. Aus Sicherheitsgründen habe die Terrorbewegung zunächst alle weiteren Vorbereitungen gestoppt. Dickson und Minett waren maßlos enttäuscht über das, was sie da an Neuigkeiten herausgebügelt hatten, aber aufgrund des Wasserzeichens hatten sie keine Veranlassung, an der Echtheit der Nachricht zu zweifeln.

Das von mir beabsichtigte und erhoffte sanfte Ende kam aber nicht zustande, denn nun ließen die Engländer nicht mehr lokker. Ich mußte eine Militäreskorte hinauf in das Karawankengebiet begleiten, ein kurzgeschorener Major aus dem Wiener Hauptquartier kam angereist und nahm mich ins Kreuzverhör. Irgendwelche Ungereimtheiten mußten sich wohl während meiner fünf Monate lang veranstalteten Täuschungsaktion ergeben haben, denn eines Tages wurde ich eingesperrt. Zuerst steckte man mich in das Bezirksgerichtsgefängnis, anschließend übersiedelte ich in ein Anhaltelager in Weißenstein hinter Stacheldraht; und nach einigen Wochen brachte mich ein Jeep, beschützt von zwei Militärpolizisten, in das »Yorkshire-Regimentsgefängnis«, das in einem requirierten kleinen Hotel in Pörtschach, fast direkt am Wörthersee, untergebracht war. In der obersten Dachkammer hauste ich. Außer einem Militärbett stand nur ein Kübel für meine Bedürfnisse im Zimmer, der alle zwei Tage geleert wurde. Vor dem offenen Fenster war ein Gewirr von Stacheldraht angebracht, darunter war – zwei Meter über der Erde – Stacheldraht quergespannt, und das Gebäude war rundherum ebenfalls mit einem zwei Meter hohen Stacheldrahtzaun abgesichert. Ein bissiger Schäferhund strich ständig kläffend um das Regimentsgefängnis.

Zum erstenmal kam ich dort mit einem richtigen Mann des britischen Secret Service zusammen, Berry war angeblich sein Name, der mich nun tagtäglich ruhig und höflich vernahm. Ich versuchte es bald mit einem Hungerstreik, da ich sonst nichts zu tun hatte, aber damit war es gar nicht so einfach, denn als ich am Abend die ganze Batterie der Essenteller vor meinem Bett stehen hatte, verschlang ich die köstlichen Speisen dann doch nachts bei Mondschein gierig. So ging es also nicht. Am nächsten Tag kippte ich die Verpflegung – sobald sie hereingeschoben wurde – in den Kübel in der Ecke. Doch das ging auch schief, nach einer Woche bekam ich künstliche Ernährung.

In diesem Kurort begann damals zaghaft der erste Fremdenverkehr wieder aufzuleben. Gegenüber dem Militärgefängnis stand ein großes Hotel, nur durch eine parkähnliche Wiese von uns getrennt, während links unten am Seeufer eine Bar war. Da den Schlüssel zu meinem Raum während der Nachtstunden nur der auswärts wohnende kommandierende Offizier hatte, konnte ich ungehindert Krach machen. Ich schrie mit voller Lautstärke ständig »Hunger – Hunger« hinaus, bis drüben im Hotel die Lichter angingen und man neugierig aus den Fenstern sah. Da meine Eltern nicht wußten, wo ich war, schrie ich zu den Gästen hinüber, daß man mich hierhergebracht hätte, daß ich nicht genug Essen bekäme und meine Angehörigen nicht wüßten, wo ich sei. Meine Wachmannschaft polterte von außen an meine Tür, man beschimpfte mich, Flüche wurden laut, der Schäferhund begann zu kläffen, und auch vom Stacheldrahthof her schrie man mir zu, ich solle still sein, was ich aber nicht tat. Nach zwei Stunden hatte man den kommandierenden Offizier von einer Club-Party aus Klagenfurt mit dem Schlüssel zu meiner Tür geholt, und die ganze Meute stand gleich darauf vor meinem Bett, auf dem ich grinsend saß. Ich kannte mittlerweile schon jedes Fußbodenbrett, jeden Nagel im Holz und jedes Loch im Mauerputz, denn ich hatte ja nichts zu tun und nicht einmal etwas zu lesen. Berry brachte mir darum am nächsten Tag, als er sah, daß ich bereits durchzudrehen begann, die ersten Zeitungen und Bücher.

Ein Fluchtversuch mißlang jämmerlich, der Schäferhund trieb mich wieder zurück, und so hatte ich nach vier Monaten die Nase voll und erzählte Berry, daß ich die ganze Sache nur erfunden hätte, um mit dieser erlogenen Geschichte aus dem Gefängnis herauszukommen. Es dauerte lange, bis ich diesen Spezialisten davon überzeugt hatte, daß wirklich alles nur ein Phantasiegebilde war. Bis zum Palästina-Wasserzeichenpapier mußte ich nun alle Beweise liefern, ehe man mir mein »Geständnis« glaubte.

Normal wäre dies eigentlich das Ende der ganzen Geschichte gewesen, aber bei mir geht selten etwas »normal« zu Ende.

Am 12. August 1947 fand die Militärgerichtsverhandlung in Villach statt, die man unter Ausschluß der Öffentlichkeit abrollen ließ, weil die ganze Affäre für die Besatzungsmacht zu blamabel ausgefallen wäre. So wurde ich gerechterweise zu zweieinhalb Jahren Gefängnis wegen »Irreführung einer britischen Einheit . . .« verdonnert, und außerdem kam die ausgesetzte Pistolenstrafe von sechs Monaten hinzu, was runde drei Jahre Gefängnis ausmachte.

Am Tag davor aber platzten ein paar echte Bomben: ein Anschlag auf einen britischen Militärzug auf der Tauernbahnstrekke, ein Bombenanschlag gegen den Lagerkommandanten der 138. Brigade in Velden und kurz darauf eine Bombe im Hotel Sacher in Wien, wo auch britische Offiziere einquartiert waren. Bei den daraufhin vorgenommenen Kontrollen verhaftete man einen polnischen Juden.

Ich traute meinen Augen nicht, als ich auf Seite 1 der Tageszeitung die Meldungen über die Bombenanschläge und auf Seite 3 derselben Zeitung die Pressenotiz über meine Verurteilung las.

Das war doch nicht möglich – das konnte doch nicht wahr sein! Berry tauchte wutschnaubend bei mir im Gefängnis auf und fuhr mich an, meine Lügen seien also doch wahr und meine Wahrheiten doch Lügen. Ich schwor ihm und kann es auch heute beschwören, daß ich mit diesen Anschlägen nicht das geringste zu tun hatte. Ich hatte mein Urteil und winkte Berry ab – für mich sei der Fall nun endgültig erledigt.

Manchmal hat man als Journalist eben wohl doch einen untrüglichen »Riecher« für in der Luft liegende Ereignisse, was ich in meinem beruflichen Leben noch oft erleben sollte.

Nach einem Jahr Gefängnis, das ich bei unbezahlter Strafarbeit in einer steiermärkischen Kohlengrube abbüßte – wobei wir unter Gendarmeriebedeckung im Sträflingsgewand durch die Straßen von Köflach marschierten und die Kinder immer riefen: »Mutter, die Räuber kommen!« –, reichte ich ein Gnadengesuch ein, das prompt abgelehnt wurde. Das wunderte mich zwar nicht, aber mir dauerte die Geschichte allmählich zu lange. Ein Mithäftling und ich luden uns einen Telegraphenmast auf die Schultern und flüchteten. Ich kam bis in die Schweiz, aber auch dort wollte man mich nicht behalten, und ich mußte wieder über die Grenze beim Scesaplana-Gebirge zurück. Ich versteckte mich zunächst einige Wochen und schrieb dann dem Britischen Hochkommissar einen netten Brief und kündigte ihm den freiwilligen Wiederantritt meiner unterbrochenen Gefängnisstrafe an. In der Strafanstalt Karlau in Graz klopfte ich beim Pförtner an und nannte ihm meine Häftlings- und Fahndungsblattnummer, worauf man mich schnellstens wieder einbuchtete. Von der Arbeit im Kohlenbergwerk bis zum Tütenkleben machte ich alles mit und kam dabei mit dem Abschaum der menschlichen Gesellschaft wie mit unzähligen »Unschuldigen« – die es immer in Gefängnissen gibt – zusammen. Nach einem Jahr begnadigte man mich tatsächlich, aber dennoch möchte ich diesen turbulenten Zeitabschnitt in meinem Leben nicht missen, weil ich in meinem ganzen Leben nie so viel an Menschenkenntnis gelernt und profitiert habe, wie in jener Zeit hinter Gittern.

Nach der verbüßten Militärgerichtsstrafe wurde diese Strafe vom österreichischen Bundespräsidenten getilgt, da nichts Kriminelles in meiner Affäre festgestellt werden konnte. Seither mag man mich in Großbritannien nicht mehr, und mein Name steht in allen schwarzen Büchern an den Grenzkontrollstellen des Commonwealth, wo ich als »persona non grata« zurückgewiesen werde. Für Humor haben die Engländer eben seit jeher wenig übrig gehabt, aber mich hat dies nicht sonderlich gestört, denn im Notfall fand ich immer Wege, um trotz»black listed« in die britischen Commonwealth-Länder hineinzukommen.

Die Todesfahrt der Höckerrinder

Das Jahr 1951 führte mich in verschiedener Hinsicht an eine schicksalhafte Wegkreuzung, sowohl privat als auch im Beruf. Ich fand die »Frau fürs Leben«, eine rätoromanische Innenarchitektin aus Cortina d'Ampezzo, und wir heirateten still im engsten Familienkreis. Der Kauf der zwei billigsten Eheringe bereitete uns beachtliche finanzielle Schwierigkeiten, für den Hochzeitstag selbst mußten wir uns kreuz und quer in der Verwandtschaft Bekleidungsstücke ausborgen, und als wir aus den Feierlichkeiten ausbrachen, marschierte ich mit meinem »Zwerg« allein zu einem Gulaschessen in den Fugerkeller, wo ich mir die Gulaschsauce prompt über meinen einzigen, fadenscheinigen Anzug kleckerte. Das Startkapital für unseren gemeinsamen Lebensweg waren drei Handtücher, wozu wir später noch zwei Bettlaken geschenkt bekamen. So mager dieser Start auch von der wirtschaftlichen Seite her gewesen sein mag, so stark waren die seelischen Fundamente für diese Ehe, die späterhin vielen Leuten als unmöglich und unzumutbar erschien, als ich monatelang durch die Geographie stolperte und keuchte. Elsy beugte sich neugierig über meine bisherigen Reportagen und Veröffentlichungen und grübelte lange über diesen Schreiberling nach, dem sie sich da anvertraut hatte. Heute weiß ich, daß sie mich in meinem Suchen und Wollen verstanden hat; sie hat in mir vielleicht sogar mehr erkannt, als ich selbst vermutete.

Dieses Schicksalsjahr brachte aber auch auf der beruflichen Ebene eine richtungweisende Entscheidung. Ich wurde schon seit jeher von einer professionellen Neugierde geplagt, ich wollte Problemen und Tatsachen in der Welt nachgehen, ich wollte berichten und dokumentieren. So suchte ich einen Weg, der mich nach »draußen« führte. In einer Wirtschaftszeitung las ich einen winzigen Artikel, aus dem hervorging, daß in Triest eine neue Reederei einen Frachtdienst eingerichtet habe, deren Schiffe von Triest via Griechenland, Suezkanal, Rotes Meer, Persischer Golf bis nach Ras-Tanura, Kuwait, Abadan und Basrah fuhren und angeblich in vierzig Tagen wieder zurück in Triest waren.

So schrieb ich dem neuen Reeder – Cossi hieß er – und fragte an, ob die Möglichkeit bestünde, daß ich auf einem seiner Schiffe eine komplette Hin- und Rückreise mitmachen könne. Ich traute meinen Augen nicht, als der Antwortbrief aus Triest bereits wenige Tage später mit einer Zusage eintraf und Cossi mir die Mitfahrt für ein Verpflegungsgeld von 1000 Lire pro Tag, also gegen Vorauszahlung von 40000 Lire gestattete. Das war damals für mich ein gewaltiger Betrag, der sich als ein drohendes Hindernis zwischen dem neugierigen Journalisten und der großen weiten Welt auftürmte. Bei einer italienischen Freundin meiner Frau borgten wir uns jedoch diese Summe aus und überwiesen an Cossi das Geld. Zwei Wochen später war es dann soweit, der Reeder verständigte mich von der in wenigen Tagen stattfindenden Abfahrt des von ihm gecharterten Frachters »Ioannis Nomicos«. Mein journalistisches Innenleben war in Unordnung geraten, denn vage fühlte ich, daß mit dieser Schiffsreise vielleicht eine ganze berufliche Laufbahn ihren Anfang nehmen würde. Bei meiner Sehnsucht nach der weiten Welt war weniger die Reise an und für sich der ausschlaggebende Faktor als das Ziel. Da ich mir keine anderen Verkehrsmittel leisten konnte, war für mich diese Frachterfahrt die einzige Möglichkeit.

Eine Fotokamera, ein Berg Filme und etwas Wäsche waren

rasch eingepackt, und dann fuhr ich mit meiner Frau nach Triest. Wie ein zentnerschweres Gewicht lag der bevorstehende Abschied auf uns beiden Frischvermählten. Unsere Ehe war von allem Anfang an durch die Trennung voneinander gekennzeichnet, ohne daß wir wissen konnten, wie sehr dieser Akzent unser künftiges Leben bestimmen würde.

Die Reederei, in einer Nebenstraße von Triest, hatten wir bald gefunden. Die ganze Firma bestand aus einem einzigen Raum, in dem zwei Männer über Frachtpapieren brüteten und Cossi selbst mit Reißzwecken ein buntes Papier auf einer Tischplatte befestigte. Er war früher Kapitän gewesen und hatte von der christlichen Seefahrt eines Tages genug; jetzt sollten andere für ihn mit Schiffen die Meere pflügen; er wollte den großen Frachtreedereien Konkurrenz machen und etwas leichter Geld verdienen. Schiffe hatte er keine, also charterte er sich zwei kleine griechische Frachter. Die Griechen waren damals für Charterverträge am billigsten, und außerdem lagen sie geographisch am nächsten. Mir waren in jenen Stunden all die Nebenerscheinungen dieser kuriosen Reederei egal, ich wollte nur mit einem Schiff in die Länder am Persischen Golf kommen. 1951 waren derartige Reporterreisen, die über den Rand des Mittelmeeres reichten, noch eine Seltenheit. Keine Zeitung leistete sich damals – von den großen Illustrierten abgesehen – solche kostspieligen Aufträge, und darin sah ich meine Chance, denn als freischaffender Reporter konnte ich dann meine Reportagen ringsum verkaufen.

Am Abend marschierte ich mit meiner Frau in den Triester Hafen und suchte hinter den Lagerschuppen nach meinem stolzen Schiff, der »Ioannis Nomicos«, nachdem mir Cossi die Pier-Nummer auf einen Zettel geschrieben hatte.

Die Dämmerstunde in einem Hafen ist an sich schon ziemlich trostlos, aber als wir um den letzten Schuppen bogen, mußten wir beide unwillkürlich anhalten und tief Luft holen; erst dann gingen wir weiter. In der diesigen Abendbeleuchtung, vermischt mit aufblitzenden Kranscheinwerfern, lag das ersehnte und gesuchte Frachtschiff. Es sah erbärmlich aus, hatte einen dünnen, hohen Schornstein wie ein uralter Mississippi-Raddampfer, war verrostet und vergammelt und so voll beladen, daß die Bordwände nur mehr ganz knapp aus dem Wasser ragten. Die letzten Schnittholzstapel und Bretterberge wurden von einem Kran aus den danebenstehenden Waggons auf das Deck gehoben, wo man sie festzurrte. Das war geradezu eine Karikatur von einem Schiff, ein Fossil, das man irgendwie abermals zum Leben erweckt hatte. Wir gingen an Bord und erkundigten uns nach dem Kapitän, der sich uns mürrisch und mißmutig vorstellte und dem man am Gesicht ablesen konnte, was er selbst über seinen Frachter dachte. Als ich nach meiner Kajüte (Kammer) fragte, lächelte er nur mitleidig zu mir herüber und brummte, so etwas gäbe es hier nicht, und danach marschierten wir gemeinsam über einige durchgerostete Treppen zum Kartenhaus unter der Kommandobrücke – ein etwas verwegener Ausdruck für alle diese Einrichtungen. Der Kartenraum war eng, in ihm stand ein großer Schrank mit vielen Schubladen voller Seekarten, und zwischen diesem Kartenkasten und einem Medikamentenschrank stand eingezwängt eine Sitzbank. Das war nun meine Ruhestatt und Unterkunft für meine Weltreise. Die Bank war viel zu kurz, um ausgestreckt darauf liegen zu können; man hatte sozusagen nur zusammengefaltet darauf Platz. Das hatte aber den Vorteil, daß man sich bei schwerem Seegang und starken Schiffsbewegungen gegen die Tür des Medikamentenschrankes stemmen und so verankern konnte.

Ich versuchte meine Frau mit der Bemerkung zu beruhigen, daß ich diese vierzig Tage ja schnell abreißen würde.

Kurz nach Mitternacht war es dann soweit, die Hafenbehörden kamen an Bord, ich stand an der Reling und dann auf der Brücke und winkte hinüber zu der immer kleiner werdenden Gestalt meiner Frau, die neben einem Kran stand. Es war dies unser erster, aber auch zugleich schwerster Abschied. Die vorgesehenen vierzig Tage waren eine Illusion, es sollten vier lange Monate daraus werden.

Am Kai stand Cossi mit seinem Auto und blinkte mit den Scheinwerfern seines Wagens in Morsezeichen dem Kapitän gute Fahrt. Die Maschine im Bauche des Schiffes zischte und stampfte, Triest blieb hinter uns liegen, und wir dampften in einer sternenlosen Dunkelheit der griechischen Küste und dem Suezkanal entgegen.

Die Lebensgeschichte der »Ioannis Nomicos« hatte ich bereits am nächsten Tag gründlich erforscht. Sie war ursprünglich ein deutscher Nordseedampfer, auf einer Flensburger Werft gebaut, hatte eine Größe von 3700 Bruttoregistertonnen, wurde im Krieg bei Kampfhandlungen versenkt und nachher wieder gehoben und an Griechenland als Reparationsleistung abgeschoben, wo der griechische Reeder Nomicos den Schlitten erwarb und ihn an den italienischen Reeder Cossi vercharterte. Bevor das Schiff gänzlich vom Rost zerfressen wurde, versuchte man noch Geld damit zu scheffeln. Es war ein richtiger Seelenverkäufer, einer von der Art, mit denen man illegale Auswanderer oder Einwanderer in den Schiffsluken zu transportieren pflegte, ein Schiff, bei dessen Anblick richtige Fahrensleute drei Kreuze schlagen oder kräftig über die Schulter spucken, ein Schiff, das sofort jeder Hafenbehörde verdächtig erscheinen mußte.

Schlafen konnte ich immer nur mit Unterbrechungen, denn nachts kamen der Kapitän oder der diensthabende Offizier – wir hatten ohnehin nur einen einzigen – in den Kartenraum und knipsten das Licht an, um die Schiffsposition einzuzeichnen oder zu finden. Morgens war ich immer froh, wenn ich meine Beine endlich wieder einmal ganz ausstrecken konnte.

Das Schiff hatte eine komplette griechische Besatzung, die natürlich kein Wort Deutsch oder Englisch verstand – mit Ausnahme des Kapitäns. Ich hingegen sprach kein Wort Griechisch, und so war die Verständigung anfangs ein Problem. Ich hatte eine verbeulte und verrostete kleine Waschschüssel zu meiner persönlichen Verfügung, verbrauchte aber zunächst einmal eine ganze Rolle Leukoplast, um alle Löcher zuzukleben. Mit dieser Schüssel stapfte ich dann morgens über die Bretterberge an Deck bis zum Heck des Schiffes, wo ein kleiner Pumpenschwengel zu bedienen war – wie bei einem Dorfbrunnen –, um nach etlichen vergeblichen Versuchen einige Liter rostbraunes Wasser hochzupumpen, mit dem ich mich wusch. Der ursprünglich als Kohlenfeuerungsschiff konzipierte Dampfer war nachträglich auf eine primitive Ölfeuerung umgebaut worden, aber die Hitze im Heizraum war so grauenhaft, daß die Heizer immer wieder schweißtriefend und mit hervorquellenden Augen an Deck wankten, um etwas frische Luft zu schnappen. An Deck befanden sich zwar drehbare Luftschnorchel, die aber wirkungslos waren, weil die »Ioannis Nomicos« nur eine Höchstgeschwindigkeit von sieben Seemeilen zuwege brachte – das sind etwas über elf Kilometer in der Stunde –, und das verschaffte nicht den geringsten Fahrtwind für die Männer an den Maschinen.

Im Suezkanal gab es bereits die ersten Schwierigkeiten, da die passierenden Schiffe nur mit gedrosselter Geschwindigkeit den Kanal durchfahren dürfen, die aber unsere Höchstgeschwindigkeit bei weitem übertraf. Wir brachten mit unserem Schneckentempo den ganzen Konvoi durcheinander und mußten uns darum bei der Halbzeit im Bittersee als letztes Schiff einreihen. Im Roten Meer wurde mir dann erst richtig klar, daß ich auf einem schrottreifen Nordseedampfer gelandet war, der für diese Wüstenbreiten und hohen Temperaturen nicht im geringsten geeignet war. Wir hatten keinen einzigen Eisschrank an Bord, sondern nur einen vorsintflutlichen Kasten, in den man oben lange Eisblöcke hineinschieben konnte. Diese gab es aber nur in den Häfen, und sie waren schon nach einem Tag wieder zu warmem Wasser geschmolzen. Das Trinkwasser begann bald bestialisch zu riechen, und Verpflegungsgeld wurde gespart, weil der Kapitän ein paar Angelleinen über Bord hängen ließ und wir die Fische in allen Varianten vertilgen mußten. Wie Fleisch schmeckte, wußten wir bald nicht mehr. Gemächlich tuckerten wir durch das knallblaue Rote Meer, nachdem wir in Suez noch Zement geladen hatten und dafür eine Partie Holz losgeworden waren. In Djibouti mußten wir abermals anlaufen, um Öl zu bunkern, gerade zu dem Zeitpunkt, als das äthiopische Korea-Korps heimkehrte und aus einem US-Truppentransporter ausgeladen wurde. Von dort ging es immer im Schneckentempo die Südarabienküste entlang bis in den Persischen Golf.

Kurz nach Suez war ich aus dem Kartenhaus geflüchtet und schlief nachts auf dem Deck unter einem Rettungsboot, das sich bereits in seine einzelnen Bestandteile aufzulösen begann.

Bisher hatten wir mit dem Wetter Glück gehabt, aber im Persischen Golf setzte plötzlich ein Sandsturm ein, der nicht nur jede Sicht nahm, sondern uns fast unerträgliche Hitze brachte. Obwohl Türen und Bullaugen dicht verschlossen wurden, lag überall feinster Wüstensand in der Luft und damit natürlich auf allen Gegenständen. In kurzen Abständen heulte unsere Dampfsirene auf, denn das Schiff hatte natürlich kein Radargerät, und nicht einmal der einzige Kompaß im Ruderhaus funktionierte immer einwandfrei. Gelegentlich heulten in unserer Nähe die Sirenen anderer Schiffe auf, die sich gleichfalls durch die nebelartige Düsternis hindurchtasten mußten. Vier Tage dauerte der Sandsturm, ein Martyrium für Schiff und Besatzung, mit einem Gewimmel von unsichtbaren Tankern ringsherum und mit den weithin hörbaren plärrenden Warnsirenen der saudiarabischen Ölhäfen.

Für uns waren dies wahre Backofenwochen im Golf, denn eine Klima-Anlage kannte man nicht an Bord. Noch dazu kurvten wir ausgerechnet in der heißesten Zeit des Jahres im Golf herum, luden Holz und Zement aus und bekamen dafür Alteisen in allen Varianten. Waren, mit denen sich kein anderes Schiff auch nur die Decksplanken beschmutzen wollte, nahm die »Ioannis Nomicos«; wir nahmen alles, was die anderen übrigließen. Ich hatte oft etliche Tage Zeit, bis wir unsere Ladung wiederbekommen hatten oder losgeworden waren, und das nutzte ich aus, um an Land zu gehen und mich dort herumzutreiben.

Nachdem wir Kuwait verlassen und den Schatt-el-Arab-Fluß erreicht hatten, gab es einen Todesfall. Kurz vor Basrah fiel einer unserer griechischen Matrosen – der nicht schwimmen konnte – in den Fluß. Er versank blitzschnell und wurde nie mehr gesehen; man sprach von gefräßigen Flußhaien. Einen halben Tag mußten wir mitten im Fluß vor Anker liegen, bis alle Behörden gekommen und den Fall untersucht hatten.

Wochen vergingen, und die vereinbarten vierzig Tage waren schon längst Vergangenheit. Wir bekamen oft Order, wieder in einen Hafen zurückzufahren, um weitere Ladung aufzunehmen, und kreuzten darum im Zickzack-Kurs. Endlich hatten wir in Kuwait auch die letzte Luke mit Alteisen geladen und bunkerten nochmals eine knappe Ration Heizöl, das bis Aden ausreichte; denn dort war der Ölpreis billiger, und darum sollte im Hafen von Aden die Restmenge für die Rückfahrt nach Europa gebunkert werden. Ich sah den Funker immer mißtrauisch an, ob er nicht wieder mit einer Gegenorder zum Kapitän marschierte, aber anscheinend ging diesmal alles bis Aden klar – so dachte und hoffte ich.

Doch kaum hatten wir den Persischen Golf verlassen, als uns der Monsun mit voller Wucht ins Gesicht fauchte. Nach zwei Tagen wuchs der Sturm noch und türmte grauenhafte Wellenberge vor unseren Schiffsbug. Die weißen Wellenkämme sahen zwar malerisch aus, aber für die »Ioannis Nomicos« waren sie einfach zuviel. Wir schlingerten bedrohlich von links nach rechts, und der Schrottdampfer bäumte sich bei jedem Wellenberg verzweifelt auf, bis er ächzend in das nächste Wellental hinunterrutschte. In dem Augenblick, wo er über einen Wellenberg hinwegkippte, kam die Schiffsschraube aus dem Wasser und begann sich, da sie in der Luft keinen Widerstand mehr hatte, wie wahnsinnig zu drehen, so daß der ganze alte Kasten bis zur letzten Niete vibrierte. Tauchte die Schiffsschraube dann wieder in das Meer ein, dann rumpelte und ruckte die »Ioannis Nomicos« so stark, daß man meinen konnte, die ohnehin schon mehrfach geschweißte Welle sei gerissen. Wir mußten mit unserer lächerlichen Geschwindigkeit noch weiter heruntergehen, sonst hätten wir uns selbst zerlegt, aber gerade das brachte nun etliche Schwierigkeiten. Der Kapitän brütete bei mir im Kartenraum über den Seekarten und begann mit dem Zirkel abzustecken, wo wir landen mußten, wenn wir unseren karg bemessenen Heizölvorrat noch vor Aden aufbrauchen und durch die Wucht des Monsuns gegen Pakistan getrieben würden.

Die Fahrt wurde immer ärger. Nachts verspreizte ich mich gegen die Schlingerbewegungen so fest an der Arzneischranktür, daß das Holz splitterte und ich mit meinen Füßen zwischen Wundbenzin, Aspirintabletten und Salbentiegeln landete. Viel war in diesem Medizinschrank allerdings nicht mehr drin, weil die Besatzung den Inhalt inzwischen in den Häfen verscheuert hatte; denn Penicillin zum Beispiel wurde seinerzeit in einigen Ländern fast so hoch gehandelt wie heute Haschisch. Vergaß ich in jenen Monsunnächten einmal, mich auf der schmalen Bank mit den Füßen zu verspreizen, und schlief ich erschöpft ein, so dauerte es meist nicht lange, bis ich bei einer der Schiffsbewegungen auf den Boden geschleudert wurde. Es gab keine Richtung, die der Schrottkahn nicht mitgemacht hätte. So torkelten wir an der südarabischen Küste entlang, der Monsun wurde immer heftiger, und einige Matrosen begannen bereits heimlich zu beten. Die Mahlzeiten konnten nicht mehr eingenommen werden, die Sichtweite betrug mitunter nur wenige hundert Meter, während der Kapitän kummervoll hinter den Glasscheiben im

Ruderhaus stand. Ich zählte immer die Sekunden durch, bis die Schiffsschraube als Propeller in der Luft war und den Dampfer durchschüttelte. Ich büßte damals alle meine Sünden ab und sah mit aufgerissenen Augen auf die bis zu zehn und zwölf Meter hohen Wellenberge, die auf das Deck donnerten und uns scheinbar unter Wasser drücken wollten. Selbst in die hochgelegenen Lüftungsfenster des Maschinenraumes schwappten die Wassermassen hinein, so daß sie geschlossen werden mußten, was die Höllenqualen der Heizer nur noch vermehrte. Zehn Tage und zehn Nächte quälten wir uns für diese an und für sich kurze Strecke ab, und ich konnte mich schließlich kaum mehr daran erinnern, wie richtiges Land, ein Stück Erde, das sich nicht ständig bewegt, aussah. Wenn das Heizöl nicht mehr reichen sollte, würden wir versuchen müssen zu wenden, um uns vom Monsun und den Wellen zurücktreiben zu lassen. Mit dem Sextanten konnte seit Tagen keine Position mehr bestimmt werden, weil wir in einer Dunstglocke dahintrieben und Wolken Tag und Nacht diesen unfreundlichen arabischen Himmel bedeckten.

Mit knappen 500 Litern Heizöl schafften wir es aber doch noch mit Müh und Not, die Felsenküste bei Aden zu umrunden, und ein Schlepper bugsierte uns dann an die Boje, wo wir Öl bekamen.

In Aden wurden zwei Luken Schrotteisen ausgeladen, und der Agent kam mit einer neuen Order an Bord. Wir sollten zur afrikanischen Küste hinüber, weil in Berbera (damals Britisch-Somali) vierhundert Höckerrinder auf einen Transport nach Alexandrien, in eine Konservenfabrik, warteten. In zwei Tagen waren wir drüben. Einen Hafen gab es nicht, darum ankerten wir in einer geschützten Bucht. Nur wenige Häuser waren am Ufer zu erkennen. Mit dem Fernglas konnten wir eine riesige Herde von Höckerrindern ausmachen. Einige Männer begannen die Tiere an das Meeresufer zu treiben, um sie dort in große, flache Boote zu verladen. Mit schnellen Ruderschlägen versuchten die Männer die mit Tieren überladenen Boote so rasch wie möglich längsseits unseres Schiffes zu bringen. So glatt ließ sich der Transport aber doch nicht durchführen, weil die Höckerrinder immer wieder zum Teil erfolgreich versuchten, aus den Booten ins Meer zu springen, um dann in Todesangst zurück an Land zu schwimmen. Als die ersten Boote mit den Rindern endlich bei der »Ioannis Nomicos« anlangten, machten die »Tierfreunde« kurzen Prozeß, indem sie die Kranschlingen einfach drei bis vier Rindern um die Hörner warfen. Die Dampfwinden hievten dann die strampelnden Tierbündel an Deck. Das ging nicht immer gut, weil die Tiere in ihrer panischen Todesangst bei diesem Verladungsmanöver wie wild um sich schlugen und sich gegenseitig verletzten. Bei einigen brachen die Hörner ab, die Rinder fielen dann zurück auf die Boote und ins Wasser, auf andere Rinder unter ihnen, oder sie wurden halb stranguliert.

An Bord wurden die Tiere zuerst in den Ladeluken und als diese voll waren, auch an Deck, Flanke an Flanke, wie Ölsardinen in der Dose, zusammengepfercht. Souffi, der verantwortliche Syrer dieses Konserventransportes, drehte an den Schwänzen der Rinder, wenn diese sich nicht mehr weiterbewegen oder vom Boden erheben wollten, wo sie sich einfach fallen ließen. Immer wieder sprangen die Rinder trotz aller Vorsichtsmaßnahmen von den Booten ins Wasser, und immer wieder brachen die großen Hörner ab und hinterließen blutige Stümpfe. Wie Todesschreie hörte sich das Gebrüll der Höckerrinder an, aber Souffi, der kleine schmierige Araber, verstand sein Geschäft. Die Rinderverladung dauerte zwei volle Tage und Nächte. Zum Schluß bekamen wir noch einen im Vergleich zu der Zahl der Tiere kümmerlichen Berg von dürrem Heu an Bord, das sich unweit der Kommandobrücke türmte, und auch Souffi blieb bei uns an Bord und ließ sich neben mir unter dem Rettungsboot schweißtriefend häuslich nieder.

Ächzend und polternd ging der Anker hoch, und wir starteten

zur Fahrt ins Rote Meer, nach Suez, Port Said – bis nach Alexandrien sollte der Transport geführt werden.

Bereits zwei Tage später war das Quentchen Heu, das man uns mitgegeben hatte, restlos an die Rinder verfüttert. Die Tiere waren aus dem weidefetten Hinterland zur Küste getrieben worden, wo es um diese Jahreszeit keine Futtermöglichkeit, sondern nur Sandboden gab. Kein Schiff wollte diese Ladung von halbverhungerten Tieren übernehmen, und so wurde das Elend der Höckerrinderherde von Tag zu Tag größer, bis endlich unser Schiff auftauchte. 400 Tiere hatten wir schließlich an Bord, und ein bestialischer Gestank hüllte uns bald ein. Dazu kamen unzählige Schmeißfliegen, die illegal mit den Tieren an Bord gekommen waren. Der Platz in den Luken und an Deck war so knapp bemessen, daß sich die Rinder nicht einmal gelegentlich auf den Boden legen konnten; sie vermochten nur zu stehen, und bei der Drängelei stützte ein Tierleib den anderen.

Sehr bald hatten wir von Souffi erfahren, daß er nur die elendesten Tiere an Bord gebracht hatte, weil jedes lebende Tier an Bord bereits versichert war und er für jeden Todesfall in seiner Herde gleich kassieren konnte, und zwar mehr, als er von der Konservenfabrik bekommen hätte.

Souffi war tagsüber emsig unterwegs und schleppte mit noch drei Matrosen Wasserkübel von Tier zu Tier. Bald begann er mit dem Kapitän zu verhandeln, um ihn zu bewegen, auf halber Strecke Port Sudan anzulaufen, um dort Futter für die Rinder an Bord zu nehmen. Port Sudan winkte aber bereits durch ein Funktelegramm ab, denn der Hafen streikte und konnte nicht angelaufen werden.

So begann ein erschütterndes Elend abzurollen. Den verhungernden Tieren standen die Rippen und Knochen hervor, immer mehr von ihnen sackten in dieser Bruthitze im Roten Meer vor Hunger und Erschöpfung zusammen und fanden nicht mehr die Kraft, aufzustehen. Soufii war dann meist gleich zur Stelle und drehte ihre Schwänze brutal ein, bis sie zu knacken begannen und den Rindern die Augen vor Schmerzen hervortraten. Wenn auch das nichts nützte, zog er sein Messer aus dem Gürtel und schlitzte ihnen die Ohren auf. Das Blut troff auf Souffi und die Rinder; und meistens sprangen nun die Tiere erschrocken und voller Qualen brüllend wieder auf ihre Beine.

Alles, was den Tieren zwischen die Zähne kam – Segeltuch oder Taue – wurde zerkaut und verschluckt. Man konnte sich nicht mehr frei an Deck bewegen, denn nicht nur der Unrat lag bald knöcheltief überall herum, und Schwärme von Fliegen fielen über jeden her, sobald er die Innenräume verließ und ins Freie trat, sondern außerdem schnappten die Rindermäuler nach den Bekleidungsstücken und dem Schuhwerk, sobald ihnen jemand zu nahe kam.

Die ersten Tiere verendeten in der zweiten Nacht. Mit dem Kranhaken wurden sie hochgehoben und ins Meer geworfen. Mit den aufgedunsenen Bäuchen waren sie noch kurze Zeit an der Oberfläche zu sehen, dann kämpften die Haie um diese Beute. Ein Rudel Haifische blieb seitdem in respektvollem Abstand ständig hinter unserem Schiff. Am nächsten Tag waren es acht tote Kadaver, die zu den Haien ins Meer wanderten, und weit hinter uns begann die glatte See zu kochen, wenn sich die gierigen Raubfische auf diese Beute stürzten.

Souffi verhandelte wieder mit dem Kapitän und zückte ein schönes grünes Scheckbuch. Er kaufte den ganzen Mehlvorrat des Schiffes auf, und der Koch mußte Brote backen, die dann stückweise an die Rinder verteilt wurden. Souffi mußte dabei aufpassen, daß seine Hände nicht mit zwischen die Rinderzähne gerieten, weil die langsam verhungernden Tiere einfach alles fraßen, was nicht aus Eisen und Holz bestand. Souffi bezahlte nicht nur das Mehl, sondern auch die Überstunden des Kochs, der pausenlos bei seiner Brotfabrikation war.

Die Todesrate blieb annähernd gleich – pro Tag waren es an

die acht Rinder, und jeweils ein Dutzend von den total abgemagerten Viechern lag schon mit verdrehten Augen in den Luken oder an Deck; da halfen kein brutales Schwanzdrehen und keine langen Messerschnitte in die Rinderohren mehr. Allmählich wurde dadurch mehr Platz auf dem Schiff. Souffi war davon nicht sonderlich berührt oder über diesen erbärmlichen Todestransport gar traurig, vielmehr rechnete er immer abends in einem kleinen Notizbuch aus, was ihm für diesen Tag die Versicherung wieder an Entschädigung auszahlen müsse.

Zehn Tage benötigten wir für die Fahrt durch das Rote Meer, und noch knapp vor Suez warfen wir weitere zehn tote Rinder über Bord, gerade als die ersten rötlichen Küstenstreifen sichtbar wurden und die Haie sich anschickten, uns zu verlassen. Während wir den Suezkanal passierten, meuterte der Lotse wegen des unbeschreiblichen Gestanks und der dichten schwarzen Fliegenschwärme, nachdem er im Rinderdreck an Deck ausgerutscht und mit seiner hochnoblen weißen Uniform in den Unrat gefallen war. Sechs tote Rinder hatten wir links und rechts außenbords angebunden, weil wir sie im Suezkanal und im Bittersee nicht einfach ins Wasser werfen konnten. In dieser höllenheißen Temperatur begannen die Kadaver natürlich intensiv zu stinken und machten jeden Atemzug zur Qual, weil man ständig mit dem Brechreiz zu kämpfen hatte. Auch in Suez gab es noch keinen einzigen Halm Heu, und erst in Port Said brachte ein Lastwagen einige Ballen. Beim Ausladen wurden zwei Matrosen von den vor Hunger fast verrückten Tieren beinahe zu Tode getrampelt. Es spielten sich erschütternde Szenen ab; friedlichen Rindern traut man ja kaum irgendwelchen Kampfgeist zu, wenn es aber ums nackte Überleben geht, können auch sie zu unheimlichen Bestien werden.

Der Hafen von Alexandrien war die Endstation dieser Todesfracht. Drei Komplizen von Souffi standen bereits mit Fuhrwerken parat und begrüßten gerührt ihren Geschäftspartner, der ihnen heftig gestikulierend etwas in die Ohren flüsterte, worauf sie in schallendes Gelächter ausbrachen. Die bereits toten Tiere wurden umgehend abtransportiert, und anschließend begann die Löschung der Fracht. Mit ihren Messern schnitten sie wieder in die Rinderohren, kurbelten an den Schwänzen herum, und so wie bei der Verladung in Berbera warf man drei oder vier Tieren zugleich die Seilschlinge um die Hörner. Mit einem Ruck riß man die Rinder dann hoch, die sich gegenseitig mit den Hufen traten, und ließ sie am Pier wieder herunter. Tiere, die sich nicht mehr auf den Beinen halten konnten, verlud man auf Karren und brachte sie so in den Schlachthof der Konservenfabrik.

Der Hafenkommandant machte den Kapitän mit gerümpfter Nase darauf aufmerksam, daß die »Ioannis Nomicos« im Hafen selbst auf keinen Fall gereinigt und gewaschen werden dürfe. Das war verständlich, denn unser Schiff war nur noch ein ekelhaft stinkender Misthaufen, von dem sich die schwarzen Fliegenschwärme nicht mehr trennen wollten.

Als die ausgeladenen Rinder samt Souffi und seinen Kumpanen verschwunden waren, kam unser Kapitän mit langem Gesicht von der Bank zurück. Der schöne grüne Scheck von Souffi war nicht gedeckt, und keine Bank war bereit, auf dieses Blatt Papier auch nur einen Piaster zu zahlen. Der Koch hatte seine Tag und Nacht schweißtriefend geleisteten Überstunden als unfreiwilliger Tierliebhaber abgedient, ohne dafür eine Bezahlung zu bekommen; denn sein Lohn war ebenso in dem Scheckbetrag enthalten wie der Preis für die Mehlvorräte des Schiffes. Koch und Kapitän fluchten gemeinsam das ganze Mittelmeer hindurch bis Genua. Aber Viehhändler zählen nun einmal in der islamischen Welt zu den durchtriebensten und skrupellosesten Menschen.

Ich müßte lügen, wenn ich behaupten wollte, daß mir in Genua der Abschied von diesem Rostschlitten – den man nach dem Auslaufen tagelang wie einen Augiasstall mit Wasserfontänen säuberte – schwerfiel. Mit meinen wenigen Klamotten trollte ich mich von Bord und verschwand zwischen den hohen Kohlenbergen, die in diesen Dampfer als Fracht verladen werden sollten.

Es bleibt nachzutragen, daß die »Ioannis Nomicos« mit astronomischen Summen versichert war. Zwei Jahre später versank der Dampfer irgendwo an der westafrikanischen Küste, wo das Meer unheimlich tief war, samt seiner angeblich sehr kostbaren Ladung. Die gesamte Besatzung wurde gerettet, und der Reeder konnte sich mit der von der Versicherung ausbezahlten Summe ein wirklich schönes Schiff kaufen. Für die Seefahrt war der Schiffsuntergang indessen kaum ein Verlust, denn die »Ioannis Nomicos« hatte vielen das Leben zur Hölle gemacht – nicht nur Menschen, sondern auch Höckerrindern . . .

Der Hellseher im Casablanca-Expreß

Erleichtert aufatmend ließ ich mich in einen der weißen Korbstühle fallen, die in der Halle des Hotelrestaurants in Marrakesch standen, nachdem ich endlich meine Reportagen und all meine Filme per Luftpost an die Presseagentur – für die ich damals arbeitete – abgeschickt hatte. Tagelang war ich durch Marrakesch gestrolcht, um zu fotografieren und wichtige Leute für Interviews aufzustöbern. Schweißtriefend streckte ich alle viere von mir und ließ mich durch den an der Decke befindlichen monoton surrenden riesigen Deckenventilator abkühlen.

Da in zwei Tagen die Kursmaschine von Casablanca nach Zürich flog und mein ermäßigtes Flugticket zu diesem Zeitpunkt ablief, war es höchste Zeit, zu packen und nach Casablanca zu fahren.

Zwei Stunden später stand ich auf dem kleinen Platz neben dem Bus, der vorn ein großes Schild mit der Bezeichnung »Bahnhof« in französischer und arabischer Sprache trug. Im Innern des ziemlich ramponierten Fahrzeugs hockte ein Schwarm schwarzverschleierter marokkanischer Frauen, die sich, alle zugleich redend, unterhielten. Um noch einen Sitzplatz zu ergattern, mußte ich über Körbe mit Hühnern, die mit ihren Besitzerinnen um die Wette gackerten, hinwegturnen. Wir warteten nur noch auf den Chauffeur, der dann, seiner Würde voll bewußt, um die Ecke kam. Es war ein etwa sechzehnjähriger Negerjunge mit pockennarbigem Gesicht, barfuß, mit einer kurzen Hose bekleidet. Um die Schulter trug er eine alte Ledertasche, in der er seine bunten Fahrscheine und das Geld aufbewahrte. Als ich mich bei ihm erkundigte, ob er mit dem Vehikel noch rechtzeitig am Bahnhof eintreffen werde, damit ich meinen Zug nach Casablanca erreichen könnte, zeigte er sich sichtlich erbost. Mit einem kühnen Sprung über die Hühnerkörbe hinweg gelangte er dann vor seinen Bus und kurbelte den Motor an, der dann auch tatsächlich schneller als erwartet ansprang.

Marokko hatte auch damals schon wunderschöne moderne Busse mit Klimaanlagen, Liegesitzen und Bars mit eisgekühlten Getränken, aber sie standen meistens nur den Touristen zur Verfügung. Clevere schwarze Omnibusunternehmer suchten sich ihre Fahrzeuge auf Autofriedhöfen zusammen. Die kurze, halbstündige Strecke bis zum Bahnhof schien mir aber kein Risiko zu sein, als ich mich dem Pockennarbigen anvertraute.

Prustend und knatternd ging es dann los, und ich beobachtete staunend den quicklebendigen Chauffeur, der einerseits zu kurz geraten war, um gut durch die Windschutzscheibe sehen zu können, andererseits aber seine Beine nicht lang genug ausstrekken konnte, um das Gaspedal durchzutreten. Wie ein Stehaufmännchen hopste er auf und nieder. Manchmal stand er fast, um die Straße überblicken zu können, dann tauchte er wieder unter und gab Gas, was die Kiste hergab. Ein Auspuff schien nicht mehr vorhanden zu sein, denn der Motor knatterte so heftig, daß man meinen konnte, es würde mit einem Maschinengewehr hinter uns her geschossen. Türen waren nicht mehr vorhanden, und Schlaglöcher schienen unserem Lenker die größte Freude zu bereiten; er ließ keines aus. Es gab einen kürzeren Weg zum Bahnhof, aber der Fahrer wollte für das Fahrgeld auch eine entsprechende Leistung erbringen und kurvte darum begeistert durch enge, dreckige Nebenstraßen in den Randbezirken, wo er anscheinend viele Bekannte hatte, denn überall betätigte er die

Hupe und winkte dann stolz den Straßenbewohnern zu, die ihn zu kennen schienen, denn sie winkten grinsend zurück.

Um seine souveräne Fahrkunst zu demonstrieren, hielt er das Volant nur mit einer Hand fest und wandte sich lässig zu mir zurück, um mir zu erklären, daß wir bald beim Bahnhof seien. Vom Gaspedal stieg der Lümmel zwar herunter, aber der Hebel hatte sich verklemmt und blieb bei Vollgas stecken. Derartige Kleinigkeiten schien der Chauffeur aber gewohnt zu sein, denn nach einem kurzen Blick auf die Straße tauchte er unter und zog mit der Hand am Gaspedal, das endlich wieder hochkam. Das geschah gerade noch in letzter Sekunde; wir hätten sonst mit dem klapprigen Kotflügel einen Wasserverkäufer aufgespießt.

Als wir endlich vor dem Bahnhof anlangten, verließ ich fluchtartig den häßlichen Kasten und stürzte mich ins Gedränge, um dann gerade noch meinen Zug nach Casablanca zu erreichen. Zerdrückt und zerboxt, mit zwei abgerissenen Knöpfen landete ich endlich in einem Abteil, in dem noch ein Eckplatz frei war. Zwei uniformierte Franzosen, ein reicher arabischer Kaufmann, der seine Goldzähne und Goldringe nur so blitzen ließ, und ein ärmlich gekleideter Neger füllten die übrigen Plätze. Der Neger saß mir gegenüber und musterte mich sehr genau, ebenso wie ich ihn. Er mußte irgendein kleiner Schreiber auf einer Missionsstation oder in einem Krankenhaus sein, denn ein feiner Karbolgeruch ging von ihm aus. Zuletzt trat noch ein mehr sportlich bekleideter Franzose ins Abteil, um seinen reservierten Platz einzunehmen, wobei er uns kurz und fast gönnerhaft grüßte.

Die Dunkelheit war schon hereingebrochen, als sich der Zug in Bewegung setzte. Da die Strecke von Marrakesch bis Casablanca etwa 300 Kilometer betrug, mußten wir die ganze Nacht durchfahren. Zuerst ging ich in den Speisewagen und trank noch eine Flasche Bier. Dann drückte ich mich in meine Ecke, um zu schlafen. Geweckt wurde ich erst durch den Schaffner, der die Fahrscheine kontrollierte. Meine Fahrkarte hatte ich in den Reisepaß gelegt und wies sie vor, bemerkte aber mit Schrecken, daß meine Brieftasche aus der anderen Rockbrusttasche verschwunden war. Sie fehlte und blieb verschwunden, so sehr ich auch mich und meine ganze Umgebung absuchte. Ich kroch unter den Sitz und trat dann auf den Gang hinaus, von wo der Neger meine Akrobatik beobachtet hatte und mich verdächtig anlachte. Er schien mir der Dieb zu sein.

Ich hatte nur etwas Bargeld in der abhanden gekommenen Brieftasche, aber vor allem war mein Flugticket dort drin, und darum war die Situation für mich ziemlich katastrophal. Der sportliche Franzose sprach mich an und erkundigte sich teilnehmend, ob ich etwas suche. Als ich ihm den Sachverhalt schilderte, wurden auch die beiden Uniformierten aufmerksam und hörten sich meinen Bericht an. Aus ihrer halblaut geführten Unterhaltung hörte ich heraus, daß der eine von ihnen einen solchen Trick schon irgendwo gelesen hatte, und mit einem Achselzukken sprachen sie wieder über Paris und den letzten Urlaub. Mir stieg es abwechselnd eiskalt und siedend heiß den Rücken hoch, denn ich wußte nicht, wie ich nach Europa zurückkommen konnte. Geld hatte ich keines mehr, und selbst das in der verlorengegangenen Brieftasche hätte nicht für ein neues Flugticket gereicht. Da trat der Neger lächelnd auf mich zu und sagte ganz ruhig: »Ihre Brieftasche ist schwarz, es sind darin zwei Ausweise, einige englische Pfund-Banknoten sowie ein Flugschein . . .« Für mich stand es nun fest, daß dieser Bursche meine Tasche hatte. Der Neger war aber irgendwie sonderbar; er hatte – was man bei Schwarzen fast nie findet – ganz helle Augen und schien durch einen hindurchsehen zu können. Seine schmalen, langen Finger erinnerten an die eines Mädchens und paßten ebensowenig zu einem Afrikaner wie die Augen. Was sollte ich tun? Die Polizei rufen?

Als hätte ich nicht gedacht, sondern laut gesprochen, antwortete mir der Schwarze: »Nein, ich war es nicht!« Er fuhr mit seiner dünnen Stimme fort: »Wenn Sie wollen, werde ich Ihnen wieder zu Ihrer Brieftasche und ihrem Inhalt verhelfen. Keine Angst, ich verlange dafür kein Geld! Sie müssen nur Vertrauen zu mir haben.« Was blieb mir schon anderes übrig, als mürrisch zuzuhören. Mein Reisegefährte erklärte mir dann lächelnd: »Ich bin nicht so merkwürdig, wie Sie glauben, aber ich kann Ihnen auf Fragen antworten, die Sie nur denken. Das gelingt mir zwar nicht bei allen Menschen, aber bei Ihnen geht es ...«

Er war nicht böse, als ich ihn ärgerlich fragte, ob er Hellseher oder Gaukler sei. Lang und breit erzählte er, daß er sich jahrelang wissenschaftlich mit dieser Materie beschäftigt habe, und er unterstrich seine Ausführungen noch pathetisch mit Bemerkungen wie denen, daß die Menschen zwar gelernt hätten, Atome zu zertrümmern, aber ihre eigenen geistigen Fähigkeiten noch immer viel zuwenig benutzen könnten.

So kam ich wieder zum eigentlichen Thema zurück und fragte ihn etwas unwirsch, ob er nur in Theorien schwelge oder seine angeblich übersinnlichen Kräfte auch bei der Auffindung meiner gestohlenen Brieftasche praktizieren könne.

Dumpf und eintönig donnerte der Casablanca-Expreß über die Schienen, mit denselben Geräuschen, wie die Züge auf allen Erdteilen fahren. An Schlaf war nicht mehr zu denken, in mir herrschten Wut, Argwohn, Verzagtheit und ein grenzenloses Mißtrauen. Wenn ich bloß das Flugticket wiedergefunden hätte; auf die Brieftasche konnte ich notfalls verzichten.

Nun aber wurde mein Negerlein plötzlich theatralisch. Er schloß seine Fischaugen, tastete sich mit seinen heißen und feuchten Händen zu mir herüber und murmelte: »Ich glaube sogar, die gesuchte Brieftasche befindet sich noch im Zug.« Sein Gesicht schien schmerzverzerrt, und Schweißperlen traten auf seine Stirn, während er mich nicht mehr losließ und wiederholte: »Ja, ich bin sicher, die Brieftasche ist noch im Zug, und wir sollten gleich versuchen, sie zu finden. Aber es wäre besser, wenn uns einer der Herren« – er deutete dabei auf die zwei uniformierten Franzosen – »als Zeuge begleiten würde.« Wir kamen alle mit, obwohl mir diese ganze Sache nun reichlich komisch vorkam. Wie ein Nachtwandler tastete sich der hellseherische Neger durch die abgedunkelten Gänge – die meisten Fahrgäste schliefen bereits –, und wie bei einer Prozession marschierten wir hinterdrein. Bei einem Abteil aber stockte er, ging vor und wieder zurück und riß dann plötzlich wie ein Eisenbahnräuber die Tür auf. Ich wollte mich schon entschuldigen, denn in diesem Erster-Klasse-Abteil saß eine hübsche, rassige Französin mit einem vornehmen, dicken Marokkaner, der sich offenbar dem Mädchen mit unzweideutigen Absichten vergeblich zu nähern versucht hatte. Wütend über diese Störung fuhr der Dicke auf, aber unser spiritistischer Neger trat rasch auf das Paar zu, drehte den hellen Staubmantel des Mädchens um und zog aus der Manteltasche – ich glaubte zu träumen – meine Brieftasche. Der Neger hob sie hoch, trippelte zu uns auf den Gang hinaus und fragte mich, ob dies meine Brieftasche sei, und wollte noch wissen, ob der Inhalt auch vollständig wäre. Er war es bis auf zwei Banknoten. Die charmante Französin war ernst geworden, sie widersprach mit keinem Wort und wies sich mit ihrem Reisepaß, den sie den beiden Uniformierten entgegenstreckte, als Tänzerin aus. Das Mädchen stammelte immer wieder, daß sie es nicht gewesen sei. Froh, meinen Flugschein wiederzuhaben, versuchte ich das kleine Luder zu trösten, indem ich ihr versprach, daß ich keine Anzeige bei der Polizei erstatten wolle, und sie könne auch die zwei fehlenden Banknoten behalten.

Als wir in unser Abteil zurückgekehrt waren, lehnte sich unser schwarzer Wundermann erschöpft in seine Ecke zurück und sah mich seltsam lauernd an. Um sich den Schweiß von seinem Gesicht abzuwischen, zog er sein Taschentuch heraus, und dabei flatterten zwei englische Banknoten auf den Boden. Wie auf Kommando sahen wir alle auf die Geldscheine und dann auf den

Neger, der trotz seiner schwarzen Hautfarbe plötzlich ganz fahl zu werden schien. Seine zittrigen Hände fuhren schnell zu Boden, um das Geld aufzuheben und einzustecken. Doch die beiden Uniformierten nahmen sich den Burschen gleich vor, der wimmernd in seiner Ecke hockte und nun absolut nicht mehr lachen konnte.

Es stellte sich dann sehr schnell heraus, daß er es war, der mir schon auf dem Bahnsteig die Brieftasche gemaust hatte. Er war ein ganz gewöhnlicher kleiner »Zauberer«, wie sie in schäbigen Lokalen als Alleinunterhalter aufzutreten pflegen, und der Grund für seine Gaunerei war eine kalte Abweisung, die er von der Französin in einem Nachtlokal hatte hinnehmen müssen. Das Mädchen erinnerte sich allerdings nicht mehr an den sonderbaren Neger, der sich einige Abende zuvor vergeblich um ihre Gunst bemüht hatte. So wollte er sich an ihr rächen, was ihm beinahe gelungen wäre, wenn ihm nicht das Malheur mit den zwei Geldscheinen passiert wäre – was einem »Zauberer« ja eigentlich nicht passieren durfte.

So kam ich letzten Endes doch nicht mit blanker Kassa in Casablanca an, aber der Schreck saß in mir so tief, daß ich seither auf Reisen nie mehr Geld oder Dokumente in Brieftaschen verstaue, sondern lieber anderswo am meinem Körper verstecke. Und vor allem bei Menschen mit solchen »übersinnlichen« Fähigkeiten bin ich immer etwas skeptisch und bleibe auf Distanz. Aber dennoch gibt es solche »Auserwählten«, wie ich Jahre später erfahren konnte.

Ohne Visum nach Rotchina

In den fünfziger Jahren war der Bambusvorhang um die Volksrepublik China noch hermetisch dicht verschlossen, ganz besonders gegenüber westlichen Journalisten, die man vor der Kulturrevolution nicht im »Reich der Mitte« sehen wollte. Aber gerade weil es verboten war, reizte es mich, einmal zu versuchen, ins Land zu kommen. Mein offizieller Versuch, bei einer rotchinesischen Botschaft ein Visum zu erlangen, schlug erwartungsgemäß fehl; ich bekam nicht einmal eine Antwort auf mein Ansuchen, geschweige denn ein Visum.

So probierte ich es von hintenherum und suchte nach einer europäischen Frachtschifflinie, die regelmäßig China in möglichst vielen Häfen anlief. Das war nicht schwierig; ich fand in Hamburg die »Rickmers Line«, die bereits vor dem zweiten Weltkrieg diese Ostasienlinie betrieb und auch nach dem Kriegsende diesen Dienst sehr bald wieder aufgenommen hatte. Die Rickmers-Reederei hatte sehr gute Handelsbeziehungen zu Peking, brauchte aber seinerzeit für verschiedene Frachtarten die Zustimmung der alliierten Besatzungsmächte in der deutschen Bundesrepublik. Das war aber anscheinend auch kein Freibrief, denn eines Tages wurde ein alter Rickmers-Dampfer in der Straße von Formosa von einem Torpedoboot Tschiangkaischeks gestoppt, aufgebracht und in einen Hafen von Formosa dirigiert, wo die gesamte Ladung – Armierungseisen für Betonarbeiten aus

Frankreich – ausgeladen werden mußte. Das Schiff und seine Besatzung wurden längere Zeit festgehalten. In jenen Jahren herrschten noch andere Grundsätze in fernöstlichen Breiten, da hatten die USA noch eine strenge Blockade über die rotchinesische Küste verhängt, und wehe, wer gegen diese Boykottbestimmungen verstieß.

Da ich kein Visum bekommen hatte, heuerte ich als »Zahlmeister-Assistent« auf dem funkelnagelneuen Motorfrachter »Etha Rickmers« an. Das große Schiff war auf der Rickmers-Werft – die derselben Familie wie die Reederei gehörte – erbaut und vermochte mit Schwerkraneinrichtungen an Bord auch Schwergutfracht, wie beispielsweise Lokomotiven, zu laden oder zu entladen. Das war wichtig, weil vor allem kleinere Häfen nicht immer Kräne für derartige schwere Frachtstücke zur Verfügung hatten.

Es war eine lange Fahrt von Hamburg aus rund um Westeuropa durchs Mittelmeer und den Suezkanal, durchs Rote Meer und den Indischen Ozean nach Singapur und bis Japan. Von dort aus aber begann die Kreuzfahrt interessant zu werden. Vorerst ging es nach Hongkong; in weitem Bogen Formosa ausweichend, fuhren wir dann entlang der chinesischen Küste. Jeden Tag überflog ein amerikanisches Militärflugzeug, von den Schiffen nur »UvD« genannt, die Küstengewässer Chinas und fotografierte alle Frachtschiffe, die nach Rotchina fuhren oder von dort kamen. Diese Kontrollmaschinen flogen so dicht über die Schiffe hinweg, daß sie auf ihren Bildern den jeweiligen Schiffsnamen noch deutlich ausmachen konnten. In einer Kontroll- und Auswertungsstelle kamen dann diese Boykottbrecher auf eine schwarze Liste und durften, ganz gleich welcher Nationalität, keinen amerikanischen Hafen mehr anlaufen. Amerikanische Firmen, aber auch andere Exportländer aus dem Westen, wehrten sich gegen diese Knüppelpolitik, indem sie in jenen Boykottjahren ihre für Maos Reich bestimmten Waren, Maschinen und sogar Waffen via Hongkong sandten, und dort waren ominöse Agenturen aktiv, die komplikationslos den Weitertransport in die Volkrepublik China veranlaßten.

Unser erster chinesischer Bestimmungshafen war Dairen (chinesisch Lü-ta) unweit von Port Arthur, auf der Halbinsel des chinesischen Festlandes an der Korea-Bucht.

Es war ein klarer, wolkenloser und sonniger Tag, als wir fern am Horizont einen schmalen Strich Land erkennen konnten, das erste Stück Rotchina, das für die Augen faßbar wurde. Schnug, unser norddeutscher Funker, war bereits seit einer Stunde mit dem Hafenkommando in Funkkontakt und rannte – als das Schiff noch etwa zehn Kilometer vom Festland entfernt war – mit einem Funkspruch zur Kommandobrücke. Wir erhielten Order, unverzüglich zu stoppen und auf die Kontrollbehörden zu warten. Heute ist China kein Rätsel mehr, man kennt seine Richtungen und Konsequenzen und respektiert auch seine Methoden. Damals aber lag Maos Reich noch in einem geheimnisvollen Dunkel; die einen machten sich über die unzähligen kleinen Schmelzöfen lustig, und die anderen registrierten erstaunt, daß sich dieses Volk ameisenartig Staudämme baute, ohne dabei auch nur eine Maschine zu verwenden- alles entstand mit vieltausendfacher Handarbeit. Nur ganz wenige Länder unterhielten diplomatische Beziehungen mit Peking, denn westliche Länder fürchteten, in Washington in Ungnade zu fallen.

Zwei Tage lang lag die »Etha Rickmers« regungslos in weiter Entfernung vom Land, als die Besatzung des Schiffes endlich aus der Lethargie der Warterei aufgeschreckt wurde. Ein qualmendes Schlepperboot, das dem Aussehen und dem Typ nach die beiden letzten Weltkriege überdauert haben mußte, tuckerte zu uns heraus. Die Gangway wurde abgesenkt, und der Schlepper legte längsseits an unserem Schiff an. Zwei Dutzend »blaue Ameisen« turnten auf unser Deck, sie hatten alle die hochgeschlossenen blauen Anzüge, Ballonkappen und Gummisohlenschuhe. In den Händen trugen sie Waffen, Taschenlampen,

Werkzeug und einer davon – anscheinend der Capo dieser blauen Schar – eine kleine Aktentasche. Der Aktentaschenchinese verschwand sofort mit zwei bewaffneten Begleitern im Kapitänssalon. Die Schiffspapiere wurden kontrolliert, bis unser Kapitän Ahl mit seinen Besuchern wieder an Deck kam und seinen Offizieren den unwilligen Befehl erteilte, die gesamte Besatzung, einschließlich Koch und letztem Maschinenöler, an Deck antreten zu lassen. Ein kleiner Tisch wurde geholt, die ganze Mannschaft versammelte sich, die Berge von Pässen und Seefahrtsbüchern wurden aufgestapelt, und erst dann begannen die blauen Chinesen mit unbewegten Maskengesichtern zu amtieren. Ein Dutzend von ihnen mit Taschenlampen verschwand in dem riesigen Maschinenraum, ein paar andere durchstöberten jeden einzelnen Raum in den Aufbauten, und wir neugierig Versammelten scharten uns, umringt von einigen Bewaffneten, um den kleinen Amtstisch. Wir wurden mit Namen aufgerufen, die Paßfotos wurden mit unseren Gesichtern langsam und gewissenhaft verglichen und kontrolliert, während einer der Chinesen bereits einen kleinen Landpaß ausfertigte, den man dann unterschreiben mußte, um ihn abschließend ausgehändigt zu erhalten. Die so vergatterten Besatzungsmitglieder wurden einer nach dem anderen abgesondert, bis wir nach etlichen Stunden vollzählig mit den kleinen Chinapässen versehen waren. Die munteren Chinesen mit ihren Taschenlampen und Werkzeugen hatten in der Zwischenzeit das ganze Schiff vom Kiel bis hinauf zum Ruderhaus Zentimeter um Zentimeter durchgefilzt, wahrscheinlich um festzustellen, ob sich nicht irgendwelche heimlichen Einwanderer an Bord befanden. Anschließend mußten wir in der Messe alle Ferngläser und Fotoapparate auf den großen Tisch legen. Die Ferngläser wurden eingeschlossen und plombiert, während die Fotoapparate alle mit Markentyp und Nummer in einer Liste registriert wurden – der Name des Besitzers stand daneben. Als auch diese Formalität endlich beendet war, ohne daß es aufgefallen wäre, daß ich »Zahlmeister-Assistent« noch einen anderen Beruf hatte als in der Heuerliste und Schiffsrolle stand, trat der mitgekommene Lotse in Aktion und gab Anweisung, die Fahrt mit dem von ihm angesagten Kurs aufzunehmen.

Alle Chinesen waren zwar blau, aber sauber gekleidet und trugen keine Rangabzeichen oder Orden. Sie waren nicht irgendwie unfreundlich oder gar barsch, aber sie zeigten eine völlig teilnahmslose, unpersönliche Maske. Sie sprachen auch mit niemandem an Bord, man sah auf ihren Gesichtern kein Lächeln, sie unterhielten sich nicht einmal untereinander, aber ihre Schlitzaugen huschten überall umher.

Nach zwei Stunden lagen wir im Hafen vertäut, und die Entladung begann. Sie vollzog sich in größter Ordnung und mit vorbildlicher Organisation, es gab kein Gebrüll wie in anderen Häfen, keine Bettelei – im Gegenteil, die Hafenarbeiter nahmen von uns kein Stück Brot und keine Zigarette an. Mädchen mit langen Zöpfen kurvten mit Hubstaplern am Pier und transportierten die von Kränen entladenen Waren in die riesige Lagerhalle.

Der nächste Tag war der 1. Mai, und der chinesische Schiffsagent hatte bei den Behörden die Erlaubnis erwirkt, daß die Besatzung der »Etha Rickmers« mit offenen Lastwagen zu den Maiaufmärschen in die Stadt gekarrt werden durfte. Nicht viele vom Schiff wollten das Spektakel ansehen; mich interessierte es aber.

Es war ein strahlender Tag, an dem wir durch Dairen fuhren. Die Häuser machten einen stark vernachlässigten Eindruck; man hatte offensichtlich seit Jahrzehnten keine Reparatur an ihnen vorgenommen und den Farbanstrich nicht erneuert. Riesige Stahlwerke und andere Fabrikanlagen qualmten und stanken an kilometerlangen Straßen. Die Straßen – breit und überdimensioniert – waren peinlich sauber, aber völlig fahrzeugleer, dafür aber voller Menschen. Auf riesigen Karren schoben ganze Kolonnen von Chinesen im Schnellschritt schwerste Lasten an gigantischen Wandplakaten vorbei, auf denen die Amerikaner lächerlich dargestellt waren und verhöhnt wurden.

Noch nie in meinem Leben hatte ich einen derart überwältigenden Aufmarsch von Menschen gesehen. Mir rieselte es kalt den Rücken herunter, als die Marschblöcke mit hundert Menschen und mehr in einer Reihe anrückten. Zwischen den vielen Berufsblöcken liefen bunte Stelzen- und Drachentänzer, und überall waren quirlende Massen von Jugend. Stunde um Stunde ging das so – Hunderttausende müssen es gewesen sein; Drill und Massen, Fanatismus und Haß, eine unvorstellbare Begeisterung und ein unheimlicher Druck schienen alles in Bewegung zu halten. In den Abendstunden war der Aufmarsch noch lange nicht beendet, vielmehr wurde er mit Fackelkolonnen und Feuerwerk fortgesetzt, wobei kilometerlange Lampiontanzgruppen wie Lichtgeister daherhuschten, um lautlos glühwürmchenartig wieder kleiner zu werden und zu verschwinden. Dairen, eine Stadt, die man damals nicht einmal auf allen Landkarten finden konnte, hatte eine Bevölkerung von knapp zwei Millionen Menschen. Eine düstere und unbeschreiblich bedrückende Stimmung lag über der Stadt und ihren Menschen, und dennoch imponierte dieses erste Stück Rotchina durch seine Vitalität und durch seine gesunde Jugend; man sah – welch ein Unterschied etwa zu Hongkong! – keine Bettler, keine Bars oder Nachtlokale, das Laster hatte man getötet, und es wäre für einen Seemann völlig undenkbar gewesen, ein chinesisches Mädchen auf der Straße anzusprechen.

Mit meinem kleinen chinesischen Bordpaß konnte ich wie alle anderen Besatzungsmitglieder der »Etha Rickmers« das Hafengebiet verlassen und mich an Land frei bewegen, ohne Begleiter und Aufpasser. Gerade um das ging es mir. Wenn wir aber den Hafen verließen oder wieder betraten, mußten wir die Torkontrolle passieren. Mit hocherhobenen Händen standen wir vor den schmächtigen Chinesen, die sorgfältig unsere Körper abtasteten und dann auch noch den ganzen Tascheninhalt kontrollierten. Es war zwar nicht verboten, in der Stadt zu fotografieren, aber die Filme mußte man abliefern, denn diese wollten die Chinesen selbst entwickeln und kontollieren. Das war mir zuwider. Ich hatte zwar nicht die Absicht, irgendwelche verbotenen Aufnahmen von militärischen Objekten oder geheimnisvollen Gebäuden zu machen, aber wenn ich irgendeine Zensurabsicht wittere, stellen sich bei mir stets unwillkürlich sämtliche Haare auf.

Gewitzigt durch ähnlich behördliche und staatliche Unsitten habe ich auf meinen Reisen außer meiner normalen Fotoausrüstung noch eine kleine »Minox«-Kamera bei mir. Diese winzige Präzisionskamera ist nicht viel größer als ein Feuerzeug und fand immer Platz in meiner Geldbörse, die bisher noch niemand untersucht hatte. Dieser kleine Trick half mir schon in anderen Ländern, in denen man gleichfalls die Hände über den Kopf halten mußte, bis die Körperdurchsuchung überstanden war – und sie klappte zum Teil auch in Rotchina.

Ich ließ absichtlich meine »Leica« an Bord und machte mich zusammen mit Schnug, unserem Funker, auf den Weg in die Stadt. Wir strolchten stundenlang kreuz und quer durch die Straßen, und ich hatte mit der winzigen Kamera bereits eine Menge Aufnahmen geschossen, ohne daß die Abgebildeten davon etwas merkten. Da auf einem winzigen Kassettenfilm fünfzig Aufnahmen Platz finden und ein Kassettenwechsel in Sekundenschnelle durchgeführt werden kann, klappte alles wie am Schnürchen. Für einen geübten »Minox«-Knipser gibt es eine Menge von Finten, wie man die Kamera in der hohlen Hand hält und unbemerkt betätigt.

Nahe einem Kinderspielplatz in einem Park fanden Schnug und ich auf der Straße eine merkwürdige Schulkreideproduktion. Eine ganze Schulklasse hatte sich in der milden Frühlingssonne auf der verkehrslosen Straße verteilt und strich die Kreidemasse in kleine Gitterkästchen, um sie in diesen Formen an der Sonne trocknen zu lassen. Irgenwie imponierten mir die kleinen Knirpse, die sich so selbst halfen, um zu genügend Schulkreide zu kommen. Die ganze Atmosphäre um diese kreidefabrizierende Schulklasse war so eindrucksvoll, daß ich davon etliche Bilder schoß. Das hätte ich aber vielleicht doch nicht tun sollen, denn als wir nach einer knappen halben Stunde wieder an Bord kamen, war der Teufel los. Ein Dutzend von den blauen Kontroll-Chinesen war an Bord gekommen, und ihr Anführer beschrieb dem Kapitän haargenau, daß vor einer halben Stunde ein Mann der Besatzung (die »Etha Rickmers« war das einzige europäische Schiff im Hafen von Dairen) mit einem ganz kleinen Fotoapparat Aufnahmen gemacht hätte. Die Liste wurde aufgelegt, auf der sämtliche Fotoapparate registriert waren, die Mannschaft wurde wieder in die Messe getrieben, und nun verlangte der Chinese, daß man ihm die kleine Kamera zeigen solle.

Die Chinesen fanden natürlich keine solche Fotokamera, denn ich war absolut nicht daran interessiert, sie zu zeigen. In der Zwischenzeit, während wir in der Messe um unsere Kameras herumstanden, wühlten unsere Chinesen wieder in sämtlichen Kammern. Schnug hatten sie besonders in Verdacht, und bei ihm sah es anschließend denn auch aus, als wäre ein Taifun durch die Funkerbude gerast. Bis zum Nähzeug und den Schubladen der Schränke leerten sie alles auf den Tisch und das Bett – alles wurde haargenau durchsucht, aber ohne Ergebnis, weil ich das kleine Ding in meiner Geldbörse behielt.

Kapitän und Mannschaft waren wütend über die Belästigung, und da man wußte, daß Schnug und ich den Anlaß zu dieser albernen Sucherei gegeben hatten, sahen alle zu mir herüber und erwarteten, daß ich endlich die Sache aufklärte. Ich grübelte nach einem Ausweg aus diesem Dilemma und fand dann plötzlich – als ich die ganzen registrierten Kameras vor mir liegen sah – die Lösung. Ich zeigte den blauen Chinesen meine »Leica«, die oben aufgesetzt den »Leicameter«(Belichtungsmesser) hatte, der ungefähr so groß wie die »Minox« ist. Ich nahm also diesen Belichtungsmesser von der Kamera und erklärte dem argwöhnischen Schlitzauge das Ding. Da die Beschreibung ungefähr stimmte, gab man sich nach etlichen Debatten mit meiner Erklärung zufrieden, und der Suchtrupp verließ, wenn auch offensichtlich nicht völlig überzeugt, die »Etha Rickmers«.

Wir liefen nachher noch Tsingtau und Schanghai an, fuhren wieder nach Japan und kamen nochmals nach China, um dann in Schanghai die letzte Ladung für Europa mitzunehmen: gefrorene Schweinehälften und Speiseöl. Doch als wir den großen Fluß mit dem Lotsen hochfuhren und dann in dem Schiffsgetümmel vor Anker gingen, hatte ich wieder einmal Pech. Die kontrollierenden Chinesen fanden plötzlich heraus, daß in meinem Reisepaß die Berufsbezeichnung »Journalist« stand, und schon kam eine ganze Barkasse olivgrüner Polizisten, die mich dann in der Messe mit Protokollaufnahmen verhörten, nachdem sie zuerst den Kapitän aus dem Raum hinausgeschoben hatten. Ich erzählte den Chinesen ganz offenherzig, was der eigentliche Grund meiner Reise war und daß ich die Gelegenheit wahrgenommen hatte, um eine derart interessante Fahrt mitzumachen. Mein ganzes Filmmaterial hatte ich vorher mit Hilfe des Stewards in großen Butterdosen verschweißt und mit dem gelben Fett verschmolzen, so daß auch die strenge Kühlschrankkontrolle nichts Verdächtiges zutage gebracht hatte. Meine Kammer durchsuchten sie natürlich ganz besonders gründlich, aber ich hatte vorgesorgt und nichts liegenlassen, was nicht auch bei einem »Zahlmeister« hätte gefunden werden können. Von Bord durfte ich nicht mehr, was mir zwar leid tat, aber letzten Endes nicht weiter ins Gewicht fiel, weil dies ohnehin der letzte Hafen vor unserer Rückreise war und wir von China aus zurück zum Suezkanal fuhren, wo ich von Bord ging, weil ich dort noch einiges zu erledigen hatte.

Es war mir jedenfalls gelungen, mich wochenlang in chinesischen Hafenstädten herumzutreiben, während unser Schiff ent- oder beladen wurde oder auf Ladung warten mußte. Damals war der ominöse Bambusvorhang noch fest geschlossen und Maos Reich für die westlichen Zeitungen und Zeitschriften tabu, denn sie galten als Inkarnation des Bösen. Erst als die USA plötzlich entdeckten, daß die wahren »Freunde« nicht auf Formosa, sondern in Peking saßen, fand die politische Kehrtwendung statt. Der Computer für Politik und Wirtschaft hatte herausgefunden, daß man dort eigentlich noch eine Marktlücke hatte. Seither wurde der Bambusvorhang weit transparenter.

Mit Fallschirm abgeworfen

Der heutige afrikanische Staat Zaire hieß damals noch Belgisch-Kongo, und was man heute nach altkongolesischer Überlieferung Kinshasa nennt, war einst Leopoldville – die Hauptstadt der wichtigsten Kolonie Belgiens. Im Auftrag einer internationalen Pressefoto-Agentur war ich schon etliche Wochen im Kongo unterwegs, um Bildreportagen zu machen. Mit einem alten, klapprigen Ford, den mir ein Schweizer Bauingeneur geborgt hatte, holperte ich kurz vor der einsetzenden trostlosen Regenzeit kreuz und quer durch die Landstriche.

Als ich an einem Sonntagabend total verdreckt wieder in mein kleines, engbrüstiges Hotel zurückkehrte, kam mir der Hotelportier bereits im Laufschritt bis auf die Straße entgegen und überreichte mir ein Telegramm. In diesem Moment schien mir zwar ein Bad weit wichtiger, aber in meinem Hotelzimmer warf ich mich dennoch zuerst in den zerschlissenen Polsterstuhl und las die Depesche mit der kurzen, lapidaren Mitteilung und Anweisung:

»haben für sie teilnahme bei epidemieeinsatz in katanga erwirkt und erwarten ausführlichen bildbericht stop setzen sie sich mit colonel pierre in verbindung=john black +++«

Black war der Chefredakteur der Bildagentur, in deren Auftrag ich unterwegs war; er verfügte über die unglaublichsten Verbindungen und Nachrichtenquellen. Er war endlos lang und spindeldürr und besaß einen Glatzkopf wie eine Billardkugel; sein Gesicht war durch eine mumienartig gegerbte Lederhaut geprägt, die wie eine alte Schultasche aussah. Im ersten Weltkrieg hatte er ein Bein verloren und trug seither eine fürchterlich quietschende Unterschenkelprothese; im zweiten Weltkrieg war er auch noch dabei und büßte dabei sein linkes Auge ein. Die »Billardkugel«, wie er bei uns hieß, hatte ein zähes Leben wie eine Ratte, aber der Mann sprühte nur so von ausgefallenen Ideen und Plänen, die jedoch bei den davon Betroffenen nur selten auf Begeisterung stießen. Er saß am fernen grünen Chefschreibtisch, und ich sollte nun in den grünen Dschungel. Wenn Black einen solch spontanen Auftrag erteilte, war sicherlich irgend etwas faul bei der Ausführung. Weiß der Teufel, wie er diese entlegene Epidemie wieder ausfindig gemacht hatte.

Oberst Pierre fand ich in seiner großen feudalen Villa, die von einem märchenhaften Park voller exotischer Bäume und einem peinlich kurz geschnittenen Rasen umgeben war. Der Offizier mit Schnurrbart empfing mich gönnerhaft und wartete mir in seinem mit Büchern angefüllten Arbeitszimmer mit einem Drink auf; erst dann begann die Unterredung.

»Wir haben Ihnen ausnahmsweise die Teilnahme an der Expedition über Ansuchen der Botschaft gestattet.« Als ich mich erkundigte, wann die Abfahrt dieser Expedition stattfinden würde, lächelte er mir teilnahmsvoll zu und gab mir schmunzelnd zu verstehen, daß nicht gefahren, sondern vielmehr geflogen werde.

»Um so besser!« antwortete ich strahlend, aber trotz meiner Vorfreude machte mich irgend etwas an diesem Schnurrbärtchen stutzig, denn der Oberst schien sich über meine Begeisterung köstlich zu amüsieren.

»Die Sache mit dem Flug hat nur den einen Nachtteil, daß Sie mit der Maschine zwar starten, aber nicht landen können, weil die zwei Missionsärzte ihre Station im unwegsamen Dschungel haben und mit ihren Helfern schon sehr ungeduldig auf die Medikamente warten. Wir dürfen deshalb keine Zeit verlieren und müssen im Epidemiegebiet alles schnellstens mit Fallschirm abwerfen.

Sind Sie eigentlich schon einmal mit einem Fallschirm abgesprungen?« fragte er – durch meinen konsternierten Gesichtsausdruck noch mehr erheitert – und fügte gleich beschwichtigend hinzu: »Das ist alles keine Hexerei. Da wird der Mann in der Transportmaschine schon nachhelfen, und wenn es irgendwie spannend werden sollte, machen Sie einfach die Augen zu. Den nötigen Rest besorgen dann wir. Stecken Sie sich aber außer Ihren Filmen sicherheitshalber noch ein paar Verbandspäckchen ein. – Oder wollen Sie auf die Teilnahme an dieser Expedition verzichten?« wollte er mit hochgezogenen Augenbrauen von mir wissen.

Mir schmeckte plötzlich der gute Whisky nicht mehr, und im Magen hatte ich ein dummes, dumpfes Gefühl, das immer stärker wurde. Meine Ahnungen hatten mich also nicht getäuscht: Die ganze Sache war faul, und es stand überhaupt nicht zur Debatte, ob ich wollte oder nicht; wenn Black wollte, so genügte das, oder ich bekam keinen Vertrag mehr und hätte in diesem Fall wegen Vertragsbruches auch noch den Rückflug nach Europa selbst bezahlen müssen – quasi wegen Arbeitsverweigerung. Wahrscheinlich hatte John Black diese Epidemie-Fotos bereits verkauft, bevor ich sie noch auf dem Film hatte.

Colonel Pierre mußte damals über meine Gedanken genau Bescheid gewußt haben, denn er legte mir väterlich seine Rechte auf die Schulter und begleitete mich bis zum Ausgang.

Noch in derselben Nacht hatte ich mich draußen auf dem Flughafen einzufinden, wo man abseits der Piste gerade eine Douglas-Maschine auftankte und mit drei großen Säcken belud. Colonel Pierre war gleichfalls zur Verabschiedung erschienen und schien sich an meinem Gesichtsausdruck zu ergötzen. Für die beiden Ärzte bekam ich noch zwei dicke Briefumschläge in die Hand gedrückt und mußte dann einsteigen. Der Mann im Frachtraum hieß Leon. Er hatte ständig eine zerkaute Zigarre im Mundwinkel, an der er pausenlos herumkiefelte. Sein kurzgeschnittenes blondes Haar sah wie eine riesige Schuhbürste aus.

Wir starteten zuerst nach Elisabethville in Katanga, wo wir nochmals auftankten und außerdem einen ortskundigen »Lotsen« für die exakte Auffindung der Abwurfstelle mitnehmen sollten. So hatte ich zumindest noch eine mehrstündige Galgenfrist mit einer kleinen Zwischenlandung vor mir.

Ich durfte aber noch nicht an den Moment denken, wo Léon die Türe öffnen würde, um die drei Säcke und mich einfach hinauszubefördern. Die Fliegerei macht mir nichts aus, auch wenn ein Pilot von Kunstfluganwandlungen befallen wird, aber wenn ich die Tiefe unter mir sehe und mir vorstelle, daß ich sie »ohne Netz« überwinden soll, beginnen mir die Knie weich zu werden. Ich bin schrecklich schwindlig, und mir wird buchstäblich übel, wenn ich in einem fünfstöckigen Haus auf den Balkon hinaustrete oder auf einem Aussichtsturm stehe. Das ist ein beklemmendes und lähmendes Angstgefühl, das ich einfach nicht beschreiben kann.

Entweder hatte Leon von Pierre noch Anweisungen bekommen, oder diese blonde Schuhbürste hatte meine panische Angst erkannt. Er setzte sich zu mir und wollte genau wissen , wie viele Fallschirmsprünge ich bereits absolviert hätte. Als ich ihm meine ganze Lage und den Grund meines Mitfluges beichtete, holte er eine Cognacflasche unter seinem Sitz hervor, und wir begannen gemeinsam schluckweise den Inhalt zu vertilgen; direkt aus der Flasche. Wie echte Bauarbeiter wischten wir jeweils mit der Hand den Flaschenrand ab, bevor wir die Flasche übergaben. Wegen des argen Motorenlärms konnten wir uns nur brüllend unterhalten. Diese Unterhaltung begann damit, daß mir Leon die genauen Instruktionen und Verhaltensanweisungen ins Ohr schrie. Als die Flasche halb leer war, waren wir Duzfreunde und feierten unsere Brüderschaft unter dem Himmel über Afrikas Erde. Leon zog den für mich bestimmten Fallschirm hervor und zeigte immer wieder auf einen kleinen Ring, an dem ich angeblich unbedingt ziehen müsse.

Ich wollte natürlich genau wissen, ob diese verdammten Fallschirme auch sicher sind und immer aufgehen, aber Leon schüttelte nur seinen Schuhbürstenkopf und machte mir klar, daß das nicht immer klappe, weil oftmals die Schwarzen die Fallschirme nicht richtig und zuverlässig zusammenlegten. Mit wahrer Begeisterung schilderte er mir, wie er eines Tages eine schwarze Krankenschwester abwerfen mußte und deren Fallschirm sich nicht öffnete. Die Ärmste sei wie ein Omelett auf felsigem Boden zerschellt und förmlich zerplatzt. Aber gerade darum sei es wichtig, daß ich diesen kleinen Ring nicht vergäße. Durch den Cognac und unsere laut- und speichelstarken Gespräche hatte sich Leons Zigarre arg verkleinert und ragte nur noch als kleiner matschiger Stumpf aus dem breiten Mund; wenn er so weitermachte, hatte er sie sicherlich bald aufgefressen.

Zur Ablenkung erzählte ich ihm ziemlich verzweifelt von Black – der »Billardkugel« – und versuchte so mein inneres Elend zu überspielen, was mir aber sehr schlecht gelang. Als ich dann wieder auf mein Angstproblem zu sprechen kam, gab mir Leon den letzten tröstlichen Tip:

»Mach dir keine Sorgen, Fritze, dich kriegen wir schon beim Loch hinaus. Du stellst dich schön brav einen Meter vor die Tür, die ich dann öffnen werde; aber vorher hake ich noch die Reißleine deines Schirmes hier oben in das Stahlseil ein« – er zeigte dabei nach oben –, »aber du machst am besten die Augen zu, konzentriest dich auf den kleinen Ring und nichts anderes, und dann bugsiere ich dich schon hinaus. Du bekommst von mir einen Tritt verpaßt, bist ein freier Mensch im Himmel Afrikas und hast faktisch alles überstanden. Vergiß bloß nicht den kleinen Ring, sonst bist du noch am Ende . . . na, du weißt schon, was ich dir über das Krankenschwesteromelett erzählt habe!«

Leon war ein ausgesprochener Gemütsmensch, aber der Cognac ließ ihn mir allmählich als meinen großmächtigen Schutzengel erscheinen.

Wenn nur nicht dieser Moment des Hinausfliegens wäre – die Schirmbaumelei würde ich schon verdauen. Aber sobald ich meine Augen nur einen kurzen Moment schloß, fühlte ich mich schon ohne Boden. Black war an allem schuld, denn die einäugige, einbeinige »Billardkugel« hatte sich ja diese idiotische Aktion ausgeknobelt. Und da er wußte, daß ich das bißchen Geld bitter nötig brauchte, war er grinsend auch sicher gewesen, daß ich mitmachen würde oder müßte.

Die Zwischenlandung in Elisabethville war nur von kurzer Dauer. Die Maschine wurde nochmals voll aufgetankt. Ein barfüßiger Schwarzer kletterte zu uns herein und verschwand im Cockpit beimPiloten. Das war also der letzte Start. Wie beneidete ich alle Menschen, die auf der Erde einen Fuß neben den anderen setzen durften und nicht vom Himmel zu springen brauchten. Ich mußte damit fertig werden, daß es für mich zwischen Himmel und Erde nur noch eine einzige Verbindung gab, und das war dieser verdammte Fallschirm. Es mag schon sein, daß man in einem Notfall – um das eigene Leben zu retten – ohne langes Besinnen sich solch einen Fallschirm umbindet und hinunterspringt; aber nur wegen einiger Fotoserien solch einen Unsinn untrainiert zu riskieren, das wollte mir nicht in den Kopf.

Ich war mittlerweile schon ziemlich angesäuselt, als Leon begann, mir den zweiteiligen Fallschirmpacken umzuschnallen. Er tat es mit pedantischer Gewissenhaftigkeit, als gälte es, ein Rennpferd zu satteln. Immer wieder zog und riß er an den Gurten und forderte mich auf, Bewegungen zu machen, und immer wieder fragte er mich, ob der eine oder andere Gurt zu stark angezogen sei – aber mir war schon alles egal. Mir schien es, als würde man mich unter Narkose setzen; ich sah und fühlte alles nur mehr durch einen Schleier, als wäre ich der Zuschauer meiner eigenen Person, und eine dumpfe Wurstigkeit erfüllte mich, weil ich mich gegenüber diesem Geschehen ohnmächtig fühlte.

Ungläubig sah ich zur Erde hinunter. Dschungel und Buschlichtungen, Flußläufe und wieder Dschungel – und ausgerechnet da sollte ich mit diesen drei Säcken hinunter. Einem Todeskandidaten auf dem elektrischen Stuhl kann kaum anders zumute sein. Unfaßbar war es auch für mich zu wissen, daß viele Menschen das Fallschirmspringen fanatisch als Sport betreiben und daß es für sie die größte Seligkeit bedeutet, oft Tausende von Metern in freiem Fall durch die Lüfte zu rasen und erst dann den Schirm zu öffnen.

Die Cockpit-Tür ging auf, und der barfüßige Lotse machte uns ein Zeichen. Der Pilot ging mit der Maschine etwas tiefer, zog zwei weite Schleifen, drosselte die Geschwindigkeit, und mir wurde es klar, daß wir nun über dem Abwurfgebiet waren. Leon öffnete die Tür, der Lotse kam zu uns und fuchtelte ganz aufgeregt mit beiden Händen, um uns auf eine Lichtung aufmerksam zu machen. Leon winkte, und ich wankte mit unsicheren Schritten und weichen Knien ihm entgegen. Ich schloß die Augen, wie man es mir empfohlen hatte, und wollte gerade noch Leon zubrüllen, daß mir hundeelend sei und ich besser wieder zurückfliegen wolle, als er mich nur einen Schritt weiter nach vorn schob, mir noch »O. K.« ins Ohr brüllte und gleichzeitig einen mächtigen Elfmetertritt und Rempler versetzte, bei dem ihm der Lotse geholfen haben mußte; und da flog ich auch schon in weitem Bogen ins Nichts. Die Augen hielt ich noch immer krampfhaft geschlossen. Mir war, als ob die Welt unterginge. Ich flog und wußte nicht mehr, wo oben und unten war. Mir verriß es die Beine und Arme, als wäre ich eine kaputte Gliederpuppe, und alles schien mir wie eine Ewigkeit. Ein scheußliches Gefühl, so ins Nichts zu stürzen, wo ich es nicht einmal wagte, in einem Schwimmbad vom Dreimeterbrett zu springen.

Da – endlich gab es einen gewaltigen Ruck, der Fallschirm war offen und meine Augen auch. Ich pendelte am Schirm, und hinter mir hingen – abgestuft etwas höher – die drei Fallschirme mit den Medikamentensäcken am Himmel. Ich sah noch die »Douglas« eine tiefe Schleife ziehen, und ich glaubte in der noch offenen seitlichen Tür die mit einer Hand drohend winkende Gestalt von Leon zu erkennen.

Afrika kam mir näher und näher. Der Schirmflug machte mir nun keinen Kummer mehr. Angst hatte ich nur bei dem Sprung ins Nichts bis zur Öffnung des Schirmes gehabt. Als das überstanden war, erschien mir das Leben wieder lebenswert. Neugierig äugte ich nach unten, um zu sehen, wo ich den Boden treffen würde, und dann ging alles in einem Blitztempo vor sich. Ich rasierte die Äste eines hohen Baumes, hörte noch das Gekreische einer Vogelschar, die erschreckt aus den Ästen fuhr, und landete dann rasant in einem Gebüsch, das den Aufprall bremste und für mich sozusagen die Endstation war. Zuerst war ich von der Landung und dem Cognac noch ganz benommen, aber schnell wurde mir bewußt, daß ich nun wieder ein echter Erdenbewohner war, der festen Boden unter den Füßen hatte. Ich wurstelte mich aus den Gurten des Fallschirmes heraus, erinnerte mich nun zu spät an den kleinen Ring, den ich aber nicht gebraucht hatte, und sah mich um. Tiefe Stille umgab mich, die nur durch Gesumme vieler Fliegen und das Gekrächze eines Vogels unterbrochen wurde. Die Stille tat nach dem stundenlangen Gedröhn der Flugzeugmotoren in den Ohren direkt weh, aber es dauerte dann nicht allzulange, bis es auf der ganzen Lichtung lebendig wurde. Schwarze kamen scheu, aber neugierig näher, und auch ein Missionar mit langem Bart kam angerannt. Er begrüßte mich, als wäre ich ein Abgesandter des Himmels, für den er ja kompetenzmäßig zuständig war, und befahl den Schwarzen, die drei Säcke einzusammeln und die Lasten aufzuteilen.

Im Gespräch stellte sich dann heraus, daß uns die Maschine versehentlich am falschen Ort abgeworfen hatte. Die richtige

Ortschaft, die sich namensmäßig von ihrer Nachbarortschaft nur durch einen anderen Vokal unterschied, läge etwa zwanzig Kilometer weit entfernt. Riesige Sümpfe verursachten einen weiten Umweg von zwei Tagesmärschen.

Argwöhnisch roch der Missionspater an meinem Cognacatem, als wollte er ergründen, ob in dieser Flasche noch ein Rest sei, aber ich fluchte in zwei Sprachen und wünschte diesen barfüßigen Lotsen sowie Leon, Pierre und vor allem Black in die Sümpfe. Kaum glaubte ich mich aus dem Fallschirmdilemma heraus, da war ich schon wieder bis zum Hals in einem neuen. Aber schließlich blieb mir nichts anderes übrig, als mit der kleinen Trägerkolonne mitzumarschieren.

Tatsächlich erreichten wir zwei Tage später das richtige Dorf mit der kleinen Missionsstation. Die zwei Missionsärzte, die mit einem kleinen Batteriefunkgerät eine kärgliche Verbindung mit der Außenwelt unterhielten, waren über die Ankunft der drei Säcke sichtlich mehr erfreut als über mich. Erst als ich die zwei dicken Briefe aushändigte, zeigten sie mir etwas freundlichere Gesichter.

Eine Art Gelbfieberseuche grassierte in den ganzen umliegenden Stammesgebieten, wo bereits über 200 Todesfälle zu verzeichnen waren. Mit einem Schwarm von Helfern gingen die zwei Ärzte an ihre Arbeit, um die noch Gesunden zu impfen und die Kranken zu behandeln. Das war aber nicht so einfach, denn die Gehfähigen hatten zu den weißen Medizinmännern kein Vertrauen und zogen es vor, von ihren eigenen Medizinmännern mit Kräutern, Wurzeln und dem Pulver von zerriebenen Knochen verschiedener Tiere behandelt zu werden. Darum mußten die belgischen Missionare zu einer kleinen List greifen: Sie verbreiteten die Nachricht, daß jeder, der sich freiwillig impfen lasse, ein Geschenk bekäme. Nun strömten sie in Scharen zur Missionsstation und ließen sich massenweise impfen, bis man dahinterkam, daß viele Schwarze sich bereits zum drittenmal hatten impfen lassen, nur um wieder ein Geschenk zu erhalten.

Zwei Wochen blieb ich bei den Missionsärzten und machte die Bildserien, die Black haben wollte. Mit dem Rückmarsch mußte ich mich aber allmählich beeilen, weil immer häufiger dunkle Regenwolken aufzogen und vereinzelt Niederschläge einsetzten – ein Zeichen, daß die Regenzeit bald beginnen werde. Mein Rückmarsch in die Zivilisation ging aber nur auf Raten vor sich. Nach einem dreitätigen Marsch gelangten wir an einen kleinen Fluß, wo man mich in ein Kanu verfrachtete und nach zwei Tagen flußabwärts bei einer größeren Missionsstation ablieferte. Mit einem Lastwagen ging die Fahrt von dort aus weiter, und drei Tage später war ich wieder in Elisabethville, das heute Lubumbashi heißt.

An der Bar des Flughafens hockte Leon mit seiner ewig zerkauten Zigarre und starrte mich grinsend, unter seinem abscheulichen Bürstenhaarschnitt heraus, an. Er brüllte mir in voller Lautstärke entgegen: »Meinen Cognac hast du restlos ausgesoffen, und die Fallschirmspringerei habe ich dir im Blitztempo beigebracht – aber an dem kleinen Ring hast du Aas nicht gezogen! Warum eigentlich nicht – he – warum eigentlich nicht? Habe ich dir nicht stundenlang eingebleut und eingetrichtert, daß du an dem verdammten Ring ziehen sollst? Ich hätte mich gefreut, wenn du mir gefolgt wärest und daran gezogen hättest , aber du machst einem ja keine Freude und säufst lieber meinen Cognac. Weißt du, warum ich mich gefreut hätte? Weil ich dir eine wunderbare qualmende Rauchrakete eingepackt hatte, die mit dem kleinen Ring in Aktion getreten wäre. Das wären wunderbare Fotos geworden, wenn du mit der Rauchfahne auf Afrika zugesegelt wärst. Und ich habe dir vertraut, daß du mir folgst – und habe dann die Fotos für die Zeitungen nicht machen können. Du glaubst wohl, daß nur du Fotos an Zeitungen verkaufen kannst – was? Man hätte dich auch viel leichter gefunden mit dem Qualm – aber da kann man sich bei dir den Mund fußlig reden, du ziehst nicht am Ring. Nie mehr wieder bring ich einem die Fallschirmspringerei so gut und schnell bei – du warst die größte Enttäuschung für mich – hörst du – die größte . . .«

Er war in dem Zustand wie ich damals, als er mich aus der Maschine bugsiert hatte: reichlich angesäuselt. Diesmal aber spendierte ich die Cognacflasche an der Bar und versäumte dabei meine Kursmaschine nach Leopoldville. Leon sah ein, daß es vielleicht besser sei, wenn er bei seiner Maschine und den Fallschirmabwürfen und ich bei meinen Bildreportagen bliebe und wir künftighin die beiden Beschäftigungen nicht vermischten und vertauschten.

Ich hatte mit diesem Abwurf – denn Absprung konnte man das Unternehmen wirklich nicht nennen – den Schock und die Furcht vor diesem Fall in das Nichts keineswegs überwunden; ganz im Gegenteil, ich habe eine panische Angst davor, und die »Helden der Lüfte«, die so etwas freiwillig und aus Sportbegeisterung tun, erscheinen in meinen Reporterpupillen als unerreichbare wahre Götter oben am Himmel.

Mit Leon selbst blieb ich noch lange Jahre in Kontakt. Er landete schließlich bei den »Kongo-Söldnern«, half durch einige persönliche Einsätze, daß fünf weiße Familien lebend aus Katanga herauskamen, und wurde dann eines Tages von den Katanga-Soldaten gefangengenommen und auf unbeschreiblich brutale Weise umgebracht.

Der Yogi Mister Rhawany

In Ostpakistan – dem heutigen Bangladesh – hatte ich den Händler Suraty kennengelernt, einen fünfzigjährigen Pakistani, der in Dacca ein sehr einflußreiches Handelshaus führte. Er lud mich ein, ein paar Tage auf seinem an einem Fluß unweit der jetzigen Grenze von Indien/Bangladesh gelegenen Landsitz zu verbringen. Mit einem schneeweißen Motorboot fuhren wir den Fluß hinauf, und ich war über diese Verschiebung meiner Heimreise keineswegs ungehalten. Wir saßen in der feudalen Kabine bei erträglicher Temperatur, denn zwei Ventilatoren surrten über unseren Fruchtsaftgläsern; zwei bärtige, dunkelhäutige Pakistani bedienten den Motor und das Ruder. Es gab auf diesem Luxusboot keinen einzigen Messingknopf, der nicht blankpoliert leuchtete; der ganze Stolz und Lebensinhalt der beiden Pakistani schien sich auf dieses Fahrzeug zu konzentrieren.

Dumpf heulte die Sirene eines kleinen Flußdampfers auf, dem wir in einem eleganten Bogen auswichen. Suraty erzählte mir lächelnd mit verhaltenem Stolz, daß es am ganzen Strom kein stärkeres und schnelleres Boot gäbe, das spielend die Strömung überwand und – weit schneller als alle Polizei- und Zollboote war. Suraty hatte in England studiert und machte einen weltmännischen und ausgeglichen Eindruck, den anscheinend nichts aus dem Gleichgewicht zu bringen vermochte. Nach unserem Ausweichmanöver, das Suraty aufmerksam verfolgte, schenkte er wieder unsere Gläser voll und begann über sein Land und Volk zu erzählen. Er zählte sich zur neuen und jungen Generation, und er war über die Zerrissenheit Indiens und Pakistans erbost, doch er sah bei diesem Kasten- und Sprachengewirr keine Möglichkeit für die Schaffung eines Einheitsstaates. Aber es müsse seiner Meinung nach eingesehen werden, daß man nicht nur Heilige im Lande haben könne, die Bettelschalen hinhielten, sondern daß es auch Leute geben müsse, die Münzen in diese Schalen werfen.

Das Motorboot hatte sich ganz zur linken Uferseite hingeschoben und fuhr mit gedrosseltem Motor durch eine Schar von Fischerbooten. Verworren und undeutlich hörte ich draußen laute Rufe, die ich nicht verstehen konnte. Der Motor lief nun ganz langsam, so daß man ihn fast nicht hören konnte, als der eine Pakistani, der den Motor bediente, plötzlich die Kabinentür aufriß und zu uns hereinstürzte, Suraty mit einem ärgerlichen Wortschwall überschüttend. Ich hörte nur immer das eine Wort »Rhawany« heraus und merkte überrascht, daß mein Gastgeber plötzlich wie versteinert vor mir saß und seine dunkle Gesichtsfarbe um eine Nuance blasser zu werden schien. Ich erkannte diesen weltmännischen und beherrschten Pakistani kaum wieder, als draußen ein Fischerboot dumpf polternd gegen den Rumpf des Motorbootes schlug. Suraty kämpfte zwischen Angst und Wut, und seine Augen flackerten unruhig, als er immer wieder zur offenstehenden Kabinentür sah. Er gab seinem Bärtigen noch einen scharfen Befehl, der aber bereits zu spät ausgesprochen war, denn ein großer Mann schob den Motorbootmaschinisten mit einer barschen Bewegung zur Seite und stand vor uns. Diese Erscheinung werde ich wohl nie vergessen können, denn der Besucher war nur mit einer bis zu den Knien heraufgekrempelten Hose bekleidet, sein Oberkörper war nackt, und Schuhe trug er auch keine, er war barfuß. Faszinierend war aber der Kopf mit den stechenden, dunklen Augen, die fast nie – wie bei normalen Menschen – durch das kurze Schließen der Augenlider befeuchtet wurden; er hielt sie immer ganz starr offen. Er hatte lange Haare, die aber so wirr vom Kopf abstanden, als wären es lauter kleine, pechschwarze Schlangen. Er trug einen hämisch-heiteren Gesichtsausdruck zur Schau und streckte uns dann seine schmalen, langen Finger zur Begrüßung entgegen. Es war schwer, seine Rasse zu bestimmen, weil er verschiedene Merkmale aufwies, die auch für Europäer typisch sind, und selbst seine Haut war verdächtig hell. Er mußte eine seltsame Rassenmischung sein, ein Eurasier – die Art, die von Asiaten und Europäern gleichermaßen zumindest schief angesehen oder gar verachtet wird.

In perfektem, akzentfreiem Englisch begann der ungebetene Gast zu sprechen, wobei er Suraty unverschämt ins Gesicht lächelte: »Wollen Sie mich nicht Ihrem Gast vorstellen, Suraty? Sie haben doch sonst immer die besten Manieren, oder stört Sie mein ungepflegter Anzug?« Bevor der so Angesprochene noch richtig Atem holen konnte, worüber sich der seltsame Mann köstlich zu amüsieren schien, begann er wieder weiterzusprechen und wandte sich dabei neugierig an mich. Kritisch und forschend musterte er mich. »Ich will mich besser selbst vorstellen. Mein Name ist Mister Rhawany. Ich bin sozusagen ein alter Geschäftsfreund von Suraty.«

Nach einem schnellen Seitenblick zu diesem hin, der von einem schallenden Gelächter begleitet wurde, fügte er noch hinzu:»Hat Ihnen Ihr Gastgeber schon über seine Lebensphilosophie und seine tollen Erfolge erzählt? Auch über seine merkwürdigen Geschäfte mit Indochina? Nein? Na, dann wird er es sicherlich noch tun, und ich bin zu früh gekommen.«

Als wäre er hier auf dieser blitzsauberen Motorbarkasse zu Hause, ließ er sich mit seiner nassen und dreckigen Hose in den grünen Lederstuhl fallen, nahm sich kurzerhand das vor Suraty stehende Glas und leerte es in einem Zuge, warf uns einen kurzen, lauernden Blick zu und sprach dann zu Suraty:

»Ich habe mit meinen Leuten auf Sie gewartet – ich wußte ja, daß Sie heute vorbeikommen würden. Ich wollte Sie nur an Ihr Versprechen erinnern und Ihnen sagen, daß ich morgen abend bei Ihnen vorbeikomme, um die Sache in Ordnung zu bringen. Strenge Rechnung – gute Freunde! Wenigstens das erstere, das andere ist bei Ihnen ja nicht so wichtig. So, und nun verschwinde ich wieder und glaube kaum, daß Sie etwas dagegen haben werden. Also dann bis auf morgen abend – meine Herren!«

Wie ein Spuk war er unhörbar wieder verschwunden, und seine nassen Fußabdrücke auf dem spiegelblanken Linolboden blieben der einzige Beweis, daß wir von diesem Sonderling Besuch bekommen hatten. Durch die Kabinenfenster sah ich noch, wie dieser »Mister Rhawany« gelenkig wie ein Affe in sein kleines Boot stieg und die Ruder ergriff. Es mochten etwa zwanzig bis dreißig kleine Boote gewesen sein, die sich um dieses Motorboot gedrängt hatten. Wie ein Bienenschwarm hingen sie rundherum – anscheinend Fischer vom Fluß, oder hatten sie einen anderen Beruf? Zusammen mit Rhawany verließen sie uns und waren bald darauf um die nächste Flußbiegung verschwunden, wie ein Schwarm verjagter Fliegen.

Wir waren wieder allein, der Motor heulte auf vollen Touren, und das Boot schnellte wie ein von der Sehne schwirrender Pfeil in den Fluß, meterhohe Wellen aufwerfend. Mit einem wütenden Griff packte Suraty das Glas, aus dem Rhawany getrunken hatte, und warf es in hohem Bogen in den schmutzigbraunen Fluß hinaus. Er war übler Laune, und dennoch schien er sehr froh, daß er sich irgend jemandem gegenüber aussprechen konnte. Ich hörte interessiert zu, als ich nun seine sonderbare Beichte anhören mußte.

Suraty begann wütend:

»Dieser Bastard kommt immer dann, wenn man ihn nicht brauchen kann. Niemand weiß, woher er überhaupt stammt, wer seine Eltern waren, aber seit zwanzig Jahren ist er da am

Fluß. Mit seinen Leuten ist er ständig am Wasser unterwegs. Weiter oben besitzt er eine große Plantage mit einem Dorf, und Geld hat der Bursche wie ein Maharadscha in den guten alten Tagen. Sie nennen ihn alle nur ›Mister Rhawany‹, und darauf ist er auch noch stolz. Er ist eine Art Yogi, sitzt oft einen ganzen Tag in seinem Boot, ohne auch nur eine einzige Bewegung zu machen, nimmt tagelang nicht die geringste Nahrung zu sich, kann die Gedanken von Menschen bis ins letzte Detail erraten und vermag jemandem – auch wenn er fern von ihm ist – seinen Willen aufzuzwingen, so sehr man sich auch dagegen wehrt. Hier bei uns gedeihen diese schwarzen Künste alle bis zur Perfektion. Angeblich, so munkelt man, war sein Vater ein echter Heiliger, der aber wegen einer weißen Frau sein Gelübde vergaß und so wieder Mensch und Mann wurde. Viele Legenden spinnen sich um diesen Mister Rhawany, aber man kann nicht mehr unterscheiden, was Wahrheit und was dummes Gerede ist.«

Es war inzwischen dunkel geworden, und wir waren noch immer nicht am Ziel unserer Bootsfahrt. Suraty holte aus der kleinen Bar eine volle Flasche Whisky heraus und schenkte vom Fruchtsaft in die Gläser dazu. Ein starker Scheinwerfer war vorn am Bug aufgeblendet worden, und sorgfältig suchte der eine Pakistani den Fluß und die Ufer damit ab. Gelegentlich waren am Ufer Lichter und Feuerschein zu erkennen. Mit dem Scheinwerfer orientierte sich der Bootsführer, der Lichtstrahl bohrte sich in die Dunkelheit.

Suraty setzte seine Erzählung fort:

»Es ist wahr, ich habe damals begonnen, Waffen nach Indochina zu liefern, und Rhawany gab mir seinerzeit das Anfangskapital dafür – als Starthilfe –, sonst hätte ich es wahrscheinlich nie geschafft. Er borgte mir ohne jeden Schuldschein, ohne Quittung und ohne Unterschrift Unsummen von Geld. Es war ein Vermögen, mit dem man normalerweise bei uns keinen Handgriff mehr zu tun brauchte und ein schönes Leben führen könnte. Er gab mit das ganze Geld in einem alten, schmutzigen Sack verpackt und meinte nur, daß er es in zehn Jahren zurückhaben wolle. Kaum hatte er das gesagt, da war er auch schon wieder verschwunden – so wie heute am Boot. Die zehn Jahre waren gestern um, und morgen kommt er nun, um es sich wiederzuholen – das geborgte Geld. Gesetzlich hätte er zwar keine Handhabe, diese Summe zu verlangen, weil er keinen Beleg dafür in Händen hat. Wie wollte er vor einem Gericht nachweisen, daß er mir dieses Darlehen gegeben hat? Das kann er nicht! Aber ich bin kein Schuft, und er weiß im übrigen genau, daß ich ihm nicht entrinnen kann, denn wenn er einen so durchdringend ansieht, verliert man den eigenen Willen. Das ist mehr Sicherheit für ihn als jeder Wechsel oder Schuldschein. Sie machen sich keine Vorstellung, was Rhawany nicht schon alles hier am Fluß mit seinen schwarzen Künsten aufgeführt hat. Nichts Nachteiliges oder Schlechtes – er tut viel für die Leute und hat ja auch mir seinerzeit geholfen. Er versucht mit Erfolg, alle irgendwie in seiner Abhängigkeit zu halten. Viele behaupten, daß Rhawany lange Jahre in einem Kloster oder Tempel verbracht hat, andere wieder wollen ihm in Europa begegnet sein. Er spricht ein Dutzend Sprachen. Als er einmal in Dacca mit seinem Wagen auf der falschen Straßenseite geparkt hatte, kam ein Polizist und wollte ihn aufschreiben. Rhawany fuhr gleich weiter, aber der Polizist schrieb noch stundenlang oder verharrte jedenfalls in dieser Stellung und rührte sich nicht, und die Passanten standen lachend um ihn, bis ihn ein Krankenwagen abholte. Der Polizist mußte zwei Wochen in ärztlicher Behandlung bleiben, war aber nach seiner Wiederherstellung nicht in der Lage, einen Bericht über den Vorfall zu geben, und so hatte man auch keinen Grund, gegen den Verkehrssünder einzuschreiten. Seither machen die Polizisten in Dacca respektvoll einen weiten Bogen um Mister Rhawany. Er soll auch schon etliche Kranke geheilt haben, und die Leute am Fluß hängen an ihm wie an einem Gott, wobei man nicht weiß, ob sie dies freiwillig tun oder ob er ihnen seinen Willen aufgezwungen hat.«

Der Motor verstummte, und es herrschte nun eine ganz unnatürliche Stille. Das Boot legte an, wurde festgemacht, und auf einer weiter zurückliegenden Böschung sah man den Landsitz Suratys in vollem Lichterglanz. Das Haus war gemütlich und modern eingerichtet, die ganze Atmosphäre strahlte einen geschmackvollen Reichtum aus, der möglicherweise sehr mysteriös und undurchsichtig entstanden war.

Am nächsten Abend saßen wir bei Tisch, als Rhawany plötzlich leise und schemenhaft in den Raum trat. Wir ließen verblüfft die Löffel sinken. Er war diesmal etwas zivilisierter anzusehen, hatte saubere Wäsche und weiße Hosen an, und seine Füße staken in weißen Lederschuhen; doch sein Haar stand noch genauso wirr ab wie am Tag vorher. Er setzte sich zu uns, bevor ihn noch irgend jemand dazu aufgefordert hatte, war heiterster Laune und wartete, bis man für ihn ein neues Gedeck servierte. Als wir die Mahlzeit beendet hatten, wollte ich mich zurückziehen, um die geschäftliche Unterredung nicht zu stören, doch Rhawany hielt mich zurück und wünschte ausdrücklich, daß ich bliebe. So wurde ich Zeuge einer tragikomischen Szene in dem Raum, der den Blick hinunter auf den Fluß offenließ.

Suraty hatte seine Selbstsicherheit zurückgewonnen. Er vermied aber jedes ergiebige Gespräch und schaltete nach dem Essen gleich auf den geschäftlichen Teil um. Man hatte das Gefühl, daß er seinen Gast so schnell wie möglich loswerden und unbeschwert sein wollte. Aus seiner schwarzen Ledertasche zog er dann schweren Herzens einen länglichen grünen Scheck hervor, der schon ausgefüllt und unterschrieben war, und reichte ihn Rhawany über den Tisch, der gleichgültig an einer großen Frucht kaute, sein Gegenüber belustigt musterte und dann wieder sein hämisches Lächeln aufsetzte. Suraty machte dieses Benehmen nervös, und es schien ihm an der Zeit zu sein, die Sache zum Abschluß zu bringen. Langsam, mit etwas belegter Stimme, begann er zu sprechen:

»Mister Rhawany, ich danke Ihnen natürlich für Ihre freundliche Hilfe vor zehn Jahren, mit der es mir möglich war, mein Geschäft aufzubauen. Heute bin ich in der erfreulichen Lage, Ihnen den gesamten Kredit zurückzuzahlen – und somit wären wir wieder quitt . . .«

Etwas säuerlich waren die Gesichtszüge von Suraty bei diesen Worten geworden, denn für diesen Betrag hätte man drei Schiffe in Bausch und Bogen kaufen können, und über solche Summen wurde nach dem Abendessen über einen Obstkorb hinweg so beiläufig verhandelt, als gelte es, die Rückzahlung einer ausgelegten Straßenbahnfahrkarte zu regeln.

Rhawany warf einen kurzen Blick auf den respektablen Scheck, faltete ihn sorgfältig in der Mitte zusammen und – zerriß ihn. Die Papierschnitzel legte er Suraty wieder fein säuberlich vor die Nase. Vielleicht jubelte Suraty innerlich bereits auf und bildete sich einen Moment lang ein, daß sein Gast auf diese Art auf die Rückzahlung verzichten wollte, nachdem er die Zahlungswilligkeit getestet hatte.

Mit seiner etwas singenden Stimme antwortete Rhawany dann:

»Ich suche mir die Leute immer sehr genau aus, denen ich mein Geld anvertraue, und ich habe mich auch noch nie getäuscht und auch noch nie einen Dollar dabei eingebüßt. Mein Geld hat Ihnen geholfen, das sieht man« – sein Blick glitt hurtig über die kostbare Einrichtung –, »mir ist es auch gleichgültig, was Sie mit meinem Geld angefangen haben. Ich hätte es Ihnen auch in Ihrem eigenen Interesse nicht geraten, den Termin zu versäumen. Sie haben, Mister Suraty, bei diesem Scheck leider vergessen, die Zinsen hinzuzurechnen. Sie müssen doch wissen, Suraty, daß man für jedes Darlehen Zinsen zahlen muß, oder glauben Sie, daß ich ausgerechnet bei Ihnen den Menschenfreund spielen sollte? Ich verlange nicht mehr und nicht weniger als das, was Sie hier bei jeder Bank zahlen müssen. Wollen Sie also die Freundlichkeit haben, den Scheck nochmals richtig auszustellen?«

In seinen Worten lag eine leise, höfliche Drohung als Unterton. Suraty standen die Schweißperlen auf der Stirne, während ich mir wie in einem spannenden Film vorkam; mich hatten die beiden ganz vergessen.

»Sie brauchen sich nicht zu bemühen, Suraty, ich habe die Summe bereits ausgerechnet!« Mit etwas zittrigen Händen nahm Suraty den Zettel entgegen, auf dem in kleiner, sauberer Schrift die ganze Zinsenberechnung stand. Er beeilte sich, den neuen Scheck entsprechend auszustellen, und murmelte undeutliche Entschuldigungen, als er das Formular hinüberreichte. Rhawany hatte sein Lächeln wiedergefunden, stand auf und wandte sich noch zu mir herüber.

»Bei uns klappt alles ganz einfach, ohne Akten, Verträge oder Unterschriften. Wenn Sie Lust haben, so besuchen Sie mich doch nach Ihrem hiesigen Besuch. Meine Plantage liegt nur eine Stunde flußaufwärts von hier. Suraty wird Sie sicherlich hinbringen . . .«

Weg war er.

Ich blieb noch einige Tage bei Suraty auf seinem Landsitz am Fluß und sah sehr bald, daß dieser gerissene Händler den Platz nicht nur wegen seiner idyllischen und ruhigen Lage ausgewählt hatte. Abseits im Schatten der hohen Bäume standen einige Lagerschuppen, das ganze Areal war umzäunt, und in unregelmäßigen Abständen tauchten Lastkähne oder Motorbarkassen auf und verluden Kisten und Ballen unbekannten Inhalts. Einmal wasserte sogar ein Wasserflugzeug ohne Hoheitsabzeichen auf dem Fluß. Oftmals herrschte auch in der Nacht bei spärlicher Beleuchtung Hochbetrieb, aber als Gast kümmerten mich die rätselhaften Geschäfte meines Gastgebers wenig, ich entdeckte aber am nächsten Morgen am Ufer einen aufgeplatzten Karton mit herumliegenden belgischen Militärpatronen, die man anscheinend übersehen hatte.

Der seltsame Mister Rhawany ging mir nicht aus dem Kopf. Der Mann hatte mich neugierig gemacht, und ich faßte den Entschluß, ihn zu besuchen, obgleich ich nicht ganz sicher war, ob er es mit seiner flüchtigen Einladung überhaupt ernst gemeint hatte oder ob das nur eine höfliche Redensart gewesen war. So oberflächlich schien mir dieser Eurasier aber andererseits nicht zu sein. Ich sprach Suraty daraufhin an und bat ihn, mich den Fluß hinauf bis zur Plantage von Rhawany bringen zu lassen. Suraty wehrte sich mit allen logischen und unlogischen Argumenten und versuchte, mich von meinem Vorhaben abzubringen. Er erzählte mir die unglaublichsten Schauergeschichten über diesen Mann und machte geheimnisvolle Andeutungen, um zu erreichen, daß ich diesen Mann und seine Plantage mied. Ich beharrte aber auf meinem Wunsch, was die Gastfreundschaft und Laune meines Gastgebers merklich abkühlte.

Am letzten Abend sprach Suraty fast kein Wort mehr mit mir, und am darauffolgenden Morgen gab es eine frostige Verabschiedung in aller Kürze. Ein großes, flaches Flußboot mit einem Außenbordmotor sollte Fracht in die flußaufwärts liegenden Dörfer bringen, und das war mein Transportmittel. Ein alter Inder und seine Frau, die sich an Bord eine kleine Wohnhütte errichtet hatten, hausten schon seit 25 Jahren auf diesem Kahn und lebten von den Transporten. Sie kannten alle Haupt- und Nebenarme des Flusses. Wir knatterten alsbald los, und Suratys Anwesen blieb hinter uns. Das Schifferehepaar machte einen seltsamen Eindruck, es sprach das ganze Jahr hindurch weniger, als ich an einem Tag schrieb. Wir kreuzten von der einen auf die andere Uferseite und mußten oftmals warten, bis all die Pakete und Kisten aus- und eingeladen wurden, und so wurden aus der von Rhawany angegebenen einstündigen Fahrtzeit vier volle Stunden.

Ich war zwischen den Kisten eingeschlafen, als ich plötzlich munter wurde, weil der Motor abgestellt worden war und wir mit leichter Schlagseite wegen ungleicher Lastverteilung ganz gemächlich in eine kleine Bucht fuhren. Am Ufer war ein kleiner Platz mit Hütten erkennbar. Der Alte nahm hastig die Geldmünzen, die wir als Fahrpreis ausgehandelt hatten, stellte noch zwei Säcke auf den Steg und legte hastig wieder ab.

Erwachsene und Kinder, die sich in der Nähe der Landestelle aufhielten, nahmen kaum Notiz von mir, und so kam ich mir zunächst ziemlich überflüssig vor. Endlich trat ein größerer Junge zu mir, nahm wortlos mein kärgliches Gepäck auf und marschierte einfach los, ohne einen Blick nach rückwärts zu werfen, um zu sehen, ob ich ihm überhaupt folgen würde. Ich stapfte hinter ihm drein. Im schützenden Schatten stand ein kleines, einfach gemauertes Haus, das den europäischen Einfluß nicht verleugnen konnte. Über eine kleine Veranda und durch zwei Moskitovorhänge traten wir in einen gemütlichen Raum, der ohne Aufwand, aber zweckmäßig eingerichtet war. Mit dem Rücken zu mir saß Rhawany an einem Schreibtisch und schrieb in einem dicken Buch. Mein Begleiter stellte meine Habseligkeiten auf den blanken Boden und verschwand so schnell, wie er aufgetaucht war. Ohne sich umzudrehen, begrüßte mich Rhawany:

»Ich wußte, daß Sie heute zu mir kommen werden. Suraty hat daran wohl keine rechte Freude gehabt, sonst hätte er Sie nicht auf diesen alten Frachtkahn verladen. Jedenfalls freue ich mich wirklich, daß Sie meine Einladung ernstgenommen haben – die wenigsten tun das nämlich, müssen Sie wissen.« Nun schien er mit seiner Schreibarbeit fertig zu sein. Er wandte sich langsam um und musterte mich eingehend, wobei sein starrer, bohrender Blick mich irritierte, weil ich das Gefühl hatte, daß dieser Mann durch und durch sehen könne. Dann erhob er sich und schüttelte mir beide Hände. Darauf rief er etwas zur Tür hinaus. Der Vorhang wurde von einer jungen, bildhübschen indischen Frau zur

Seite geschoben. Es war die Gattin von Rhawany, eine auffallende Schönheit mit einem herzlichen und freundlichen Wesen. Von der dortzulande oft anzutreffenden Unterwürfigkeit der Frauen war bei ihr nichts festzustellen.

Ich war mir nicht darüber klar, warum Rhawany mich eigentlich zu sich eingeladen hatte, aber möglicherweise war er tatsächlich ein seltsamer Sonderling. In der Dämmerung führte er mich durch sein Dorf, das er auf seine Kosten und nach seinen Plänen hatte errichten lassen. Abends saßen wir dann noch lange beisammen. Er erzählte, und ich hörte zu, bis es mir gelang, das Gespräch auf seine angeblich magischen und transzendenten Fähigkeiten zu bringen.

Zuerst zögerte mein Gastgeber, über diese Dinge zu sprechen, aber dann taute er doch auf und meinte nachdenklich:

»Man kann die Kräfte – die ja wissenschaftlich nicht bewiesen und nicht begründet sind – nicht einfach erlernen, sondern muß eine gewisse Veranlagung dafür mitbringen. Es ist sehr gefährlich, wenn ein Mensch diese Kräfte ausübt, weil sie eine Macht darstellen, und wer ständig Macht gebraucht, gerät in Gefahr, ihr zu verfallen. Ich könnte Sie beispielsweise innerhalb weniger Minuten so beeinflussen, daß Sie gegen Ihren Willen oder, besser gesagt, willenlos hinaus in den Fluß laufen. Das geht nicht nur bei Menschen, sondern auch bei manchen Tieren; seltsamerweise gelingen derartige Versuche bei Schlangen am besten. Meine Kräfte und Fähigkeiten auf diesem übersinnlichen Gebiet haben mir einen bösen Ruf eingebracht. Man meidet mich, aber das ist gut so. Man schleppt aber andererseits oft kranke Menschen tageweit bis zu mir, weil ich ihnen helfen soll. Manchmal gelingt mir das auch, oft aber versage ich.«

Fast vier Wochen blieb ich bei Rhawany, ich begleitete ihn tagelang, oder wir saßen mit seiner Gattin zusammen und diskutierten über Tod und Teufel und die Welt. Wir kamen uns menschlich sehr nahe, und es wurde eine echte Freundschaft daraus. Er erzählte mir eines Abends, daß er viele Jahre in einem tibetanischen Kloster gelebt und dort erst die wahre Lebensphilosophie gewonnen habe, nach der er sein jetziges Leben orientiere.

Ich wäre gern noch länger geblieben, aber schließlich mußte ich noch weiter. Zum Abschied gab mir Rhawany eine kleine alte Sibermünze, deren Prägung man kaum mehr erkennen konnte und die ich viele Jahre als Talisman bei mir trug, aber dann leider bei einem Überfall in Mittelamerika einbüßte.

Der Leuchtturmwärter

Bei all meinen Reportagereisen kreuz und quer durch fremde Länder und Kontinente war nie das Ereignis oder die Sache, sondern immer »der Mensch« das gesuchte Ziel, und wenn ich einmal sehr viel Geld haben würde, wäre es mein größter Wunsch, »Menschen zu sammeln«, d. h. Gesichter in der ganzen Welt und bei allen Völkern zu fotografieren. Das Gesicht und besonders die Augen eines Menschen haben für mich eine eigene Sprache und eine mächtige Aussagekraft. Aber auch menschliche Schicksale, die Schluchten und Wüsten menschlicher Tragik packen, ergreifen und fesseln mich.

Van Fleet war ein alter, routinierter Wochenschaureporter, den ich in Djakarta (Indonesien) kennengelernt hatte. Es gab keinen Winkel der Erde, den er nicht schon durchstöbert hätte. Fünf Sprachen beherrschte er perfekt in Wort und Schrift, und bereits seine Statur von 196 Zentimetern Höhe mit der Breite eines Kleiderschrankes flößte auf Distanz Respekt ein. Er hatte sich einen Fischkutter gechartert, da er – wo es nur ging – Hobby-Kapitän war, und lud mich ein, im »Reich der Tausend Inseln« (Indonesien) zumindest ein paar abseits liegende Inselgruppen mit ihm aufzusuchen und abzuklappern. Der Kutter war zwar klein, aber sehr stabil gebaut. Außer zwei großen Segeln besaß er einen uralten, zuverlässigen Dieselmotor, der nur den Nachteil hatte, daß er schwer in Gang zu bringen war. Wenn er aber erst einmal angesprungen war, tuckerte er unermüdlich dahin und ließ eine schwarze Rauchfahne hinter sich, die jedem Hochseefrachter Ehre gemacht hätte.

So kreuzten wir bereits sieben Tage zwischen kleinen und kleinsten Inseln, legten an und fotografierten oder versorgten uns mit Obst und Frischverpflegung. Da wir einige Fässer mit Dieselöl an Bord hatten, waren wir auch abseits der Schiffahrtsrouten völlig unabhängig und hätten es mit unserer ziellosen Kreuzfahrt noch Monate hindurch ausgehalten.

Es herrschte eine brütende Hitze, und da sich kein Lüftchen regte, hingen die Segel trostlos schlaff und faltig herunter, so daß wir den Motor anwerfen mußten, um von der Stelle zu kommen. Die Windstille wurde am Nachmittag noch unheimlicher, weil sich hinter uns am Horizont eine Wolkenwand aufbaute und ständig größer wurde. Weit und breit war kein Land zu sehen, das Meer lag ölglatt da, und die drohenden Wolken schienen sich pechschwarz zu färben. Das alles wirkte in der einbrechenden Dämmerung noch weit ungemütlicher, aber plötzlich begann eine feine Brise das Meer zu kräuseln und unsere Segel zu bauschen.

Van Fleet hatte zwar einen Berg Seekarten und einen Sextanten an Bord, aber mit seinen Navigationskünsten war es nicht weit her. Mitunter begann es unter dem Kiel zu knirschen, und wir gerieten fest, oder er ruderte mit seiner Karte zur nächsten Insel und versuchte in Erfahrung zu bringen, wo wir waren. Er selber war der felsenfesten Überzeugung, es sei ein Jammer, daß er seinen Beruf verfehlt habe, denn er hätte den idealen Kapitän abgegeben. Doch schon nach einigen Tagen seiner Kapitänspraxis auf dem kleinen Kutter gewann ich die Überzeugung, daß der Wochenschaureporter Van Fleet der christlichen Seefahrt viel Kummer erspart hatte, weil er sonst die Schiffsfriedhöfe auf den Meeresgründen bereichert hätte. Das durfte ich ihm aber nicht einmal andeuten, denn dann hätte er mich – trotz unserer

Freundschaft – von Bord gewiesen und vielleicht auf einer kleinen Insel einfach ausgesetzt.

Als es ganz dunkel wurde, zeigte Van Fleet mit ausgestreckter Hand genau in unsere Fahrtrichtung, wo in regelmäßigen Abständen ein Blinklicht aufleuchtete. Sämtliche Leuchtfeuer sind bekanntlich genau katalogisiert, und man kann aus dicken Büchern ablesen, wie hoch das Leuchtfeuer über dem Meeresspiegel liegt und wie weit es zu sehen ist, wie oft und in welchen Abständen es blinkt und welchen Namen es hat. Für uns war dieses Lichtgeblinzel jedenfalls ein Hoffnungsschimmer, denn inzwischen hatte sich das Unwetter hinter uns bemerkbar gemacht. Aus der Brise war ein Wind geworden, und dieser wuchs zum Sturm an, die Wellen wurden unangenehm, und es dauerte nicht lange, bis sich mein Magen umdrehte und meine mit Heißhunger verschlungenen Ölsardinen bei den Fischen landeten. Es war nur ein Glück, daß der Sturm genau in unsere Fahrtrichtung blies und dadurch unsere Geschwindigkeit erheblich vergrößerte, aber bei seiner Heftigkeit hatten wir Mühe, uns festzuhalten.

Die ersten Tropfen klatschten wie kleine, scharfe Kieselsteine auf uns, und der alte Diesel dampfte und stöhnte, aber er gab es nicht auf, weiterzutuckern. Ein Segel mußten wir streichen, sonst wären wir bald gekentert, aber das Leuchtfeuer kam näher und näher. Der Seegang war so rauh, daß ich es mit der Wasserschöpferei kaum mehr schaffte, zumal ich mich immer mit einer Hand festhalten mußte. Van Fleet schrie zu mir herüber und zeigte nach vorn, wo die undeutlichen Umrisse einer kleinen Insel zu erkennen waren, auf der dieser Leuchtturm stand.

Die tückischen weißen Wellenkämme eines unter Wasser liegenden Riffs hatte mein Wochenschaukapitän tatsächlich erkannt und war rechtzeitig ausgewichen. Nach einer halben Stunde kurvten wir in eine kleine, geschützte Bucht. Sand knirschte unter dem Schiffsboden, wir sprangen in das seichte Wasser und versuchten mit Hilfe eines jeden Wellenberges den

Kutter so weit wie möglich an Land zu zerren. Van Fleet hängte ein Tau um das Gestänge eines kleinen Bootssteges, und dann eilten wir mit eingezogenen Köpfen, dem Sturm preisgegeben, die Anhöhe hinauf, wo der Leuchtturm stand. Er hatte eine alte Eingangstür aus Eisen, die schwer zu öffnen war, weil der Sturm mit aller Gewalt dagegen drückte, aber dann waren wir im Turm. Van Fleet ließ seine Taschenlampe aufblitzen, und in dem Lichtkegel offenbarte sich uns ein Durcheinander von leeren Flaschen, Konservendosen, alten Möbelstücken, Laternen und einigen verbeulten Bojen, die anscheinend bereits vor unendlich langer Zeit ausgedient hatten. Gegenüber erkannten wir das total verrostete Gestänge einer eisernen Wendeltreppe. Van Fleet voraus und ich hinterher – so stapften wir mit gebotener Vorsicht im Schein der Taschenlampe empor, denn der Stiegenhandlauf war an manchen Stellen nicht mehr vorhanden – dort war der Rost Sieger geblieben.

Oben auf dem Podest angelangt, standen wir vor einer Tür, unter der ein Lichtstreifen zu erkennen war. Der Sturm heulte draußen so stark, daß alle anderen Geräusche um uns übertönt wurden. Wir klopften, aber es rührte sich nichts. So drückte ich die Klinke nieder und öffnete die Tür.

Ein geradezu unwirkliches Bild bot sich unseren überraschten Augen. Eine Petroleumfunzel verbreitete ein schemenhaftes, flackerndes Licht. Die ganze Einrichtung bestand nur aus einem alten Holztisch mit drei Stühlen. Auf dem einen Stuhl hockte eine Karikatur von einem Mann. Der Alte hatte schlohweißes Haar, unter dem ein ausgesprochen häßliches, verlebtes und ausgemergeltes Gesicht zu erkennen war. Er hatte einen großen Buckel, der seiner ganzen Erscheinung etwas Gnomenhaftes gab. Er soff aus einer Flasche und stierte auf zwei kleine indonesische Mädchen, die vor ihm in ihrer Tracht, fast unhörbar eine monotone Melodie vor sich hin summend, tanzten. Der Tanzrhythmus, der starre Gesichtsausdruck der kaum zwölf Jahre alten Mädchen, die schlangenförmigen Hand- und Fingerbewegungen schienen in dieser Umgebung irgendwie paradox. Van Fleet murmelte nur angewidert: »Das ist der Glöckner von Notre-Dame . . .« Die kleinen Mädchen schienen ganz in ihren Tanz versunken zu sein, sie sahen weder den Besoffenen noch ihre sonstige Umgebung. Die Schatten der kleinen Tänzerinnen huschten wie unruhige Geister über die Kalkwände, während wir noch immer ganz perplex in der Tür standen. Als diese durch einen Luftzug zuschlug, sahen die Mädchen ganz erschrocken zu uns herüber und blieben wie versteinert auf der Stelle stehen. Scheu und verängstigt huschten sie dann zur Wand zurück und schmiegten sich hilfesuchend aneinander.

Der Bucklige wischte sich zuerst über seine Augen, als wollte er klarer sehen oder ein Gespenst verscheuchen. Gleich darauf erhob er sich und hinkte mit wutverzerrtem Gesicht zu uns herüber, wobei er mit seinem weißen Haarschopf kaum bis zur Schulter von Van Fleet reichte.

»Was wollt ihr hier?« fuhr er uns brüllend an. »He, was sucht ihr da bei mir, wie seid ihr überhaupt hergekommen?« Seine letzten Worte hatte er geschrien, als wollte er den Sturm übertönen. Er riß die Augen weit auf und sackte dann, wie vom Blitz getroffen, zusammen. Seine Arme und sein Oberkörper waren überall tätowiert, und auf seiner Oberlippe war eine »Hasenscharte«, ein sogenannter Wolfsrachen, zu erkennen. Die zwei Tänzerinnen eilten herbei und bedeuteten uns, daß wir helfen sollten, den Besoffenen in den Nebenraum zu transportieren. Dort lag am Boden eine Matratze mit einer Decke, und daneben stand eine Blechkiste, die mit einem Vorhängeschloß zugesperrt war. Wir legten den Mann auf die Matratze, deckten ihn zu, und als wir uns umwandten, waren die Mädchen spurlos verschwunden. Wir selbst verbrachten den Rest der Nacht zusammengekauert am Boden.

Am Morgen stand der Bucklige vor uns, er sah uns merkwürdig lauernd an, wie man eine Fliege anstiert, die man im nächsten Moment erschlagen will – haßerfüllt. In der Hand hielt er eine halbleere Flasche und knurrte uns an: »Ihr nassen Affen – ich weiß noch immer nicht, was ihr hier sucht. Wie seid ihr hergekommen? Wollt ihr mich abholen?«

Er hatte Mühe, die Worte herauszubringen, und der Geifer troff ihm dabei aus den Mundwinkeln. Mit ruhiger Stimme erzählten wir ihm, warum wir in der letzten Nacht bei dieser Insel gelandet waren, und wir versprachen ihm auch, daß wir so bald wie möglich wieder mit unserem Kutter aufbrechen wollten. Van Fleet bat ihn noch, uns auf der Karte die genaue Position zu erkären, womit der Bann und das grenzenlose Mißtrauen anscheinend gebrochen waren.

Wir sahen den Buckligen während des ganzen Tages nicht mehr. Wer weiß, wo er sich verkrochen hatte oder herumtrieb. Die Insel war kaum einen Kilometer lang, und auf dem gegenüberliegenden Ufer war ein kleines Dorf mit einigen Hütten erkennbar.

Am Abend stand der Gnom wieder vor uns. Diesmal war er nüchtern und bei Sinnen. Ein sauberes Hemd hatte er angezogen, und auch rasiert war er, wenngleich auf seinen Wangen etliche Schnitte zu sehen waren, die darauf schließen ließen, daß er im Rasieren nicht gerade geübt war. Er war höflich und vielleicht auch etwas kleinlaut; er schien sich des Vorausgegangenen zu schämen. Seine rotgeränderten Basedowaugen erinnerten mich an einen geprügelten Hund, der sich vor seinen Herrn flach auf den Boden legt. Er hinkte hinüber in den anderen Raum und begann mit Tüchern und Lappen Reflektoren, Lampen und Spiegel des Leuchtfeuers zu putzen. In meinem ganzen Leben hatte ich noch keinen häßlicheren Menschen gesehen als jenen Leuchtturmwärter auf der Insel.

Am zweiten Tag unseres dortigen Aufenthaltes begannen wir unten am Strand beim Bootssteg den Kutter wieder klarzumachen. Van Fleet flickte an den zerrissenen Segeln, und ich schöpfte das Wasser aus dem Boot und kümmerte mich um den Dieselmotor, der in jener gefahrvollen Nacht mehr unter als über dem Wasser gewesen war. Eine geraume Weile beobachtete uns der Bucklige von weitem und kam dann näher. Er hockte sich in den Sand und begann zu sprechen. Zuerst stockend und zögernd, aber dann schien es, als wäre ein Damm gebrochen. Wir hörten die Lebensbeichte eines armseligen Menschen, der da wie ein Wrack bei uns am Strand saß. Es wirkte auf uns, als hätte er Angst, Zeit zu verlieren, um alles erzählen zu können, bevor wir fortfuhren. Dieses tätowierte, bucklige Bündel Mensch mit der Hasenscharte auf der Oberlippe schien uns plötzlich nicht mehr so widerwärtig wie am ersten Abend, als wir ihn total besoffen antrafen.

»Sie dürfen nicht denken, daß ich mit diesen zwei kleinen Mädchen irgend etwas Unrechtes mache. Nur wenn ich manchmal ganz am Boden bin, wenn mich mein Elend zu erdrücken droht, wenn ich von all meinen Erinnerungen nicht mehr loskomme und nicht mehr ein und aus weiß, dann schicke ich zum Dorf hinüber. Für ein paar Münzen tanzen sie dann ein paar Stunden bei mir im Leuchtturm, und ich vergesse alles um mich herum. Ich rühre sie nicht an – wenn ich das täte, wäre ich einen Tag später ein toter Mann. Ich weiß, daß ich ein Ausbund an Häßlichkeit bin, aber können Sie verstehen, daß man gerade darum die Sehnsucht nach Schönheit und Glück hat . . .?«

Er erzählte uns sein ganzes Leben und zeichnete dabei mit den Fingern rätselhafte Figuren in den Sand, die alle einen großen Buckel zeigten. Er war das einzige Kind einer begüterten holländischen Familie, die in Djakarta – das damals noch Batavia hieß – ein großes und angesehenes Handelshaus hatte. Er wurde in Internate geschickt und mit Geld überhäuft, aber seine Eltern schienen sich mit dieser Mißgeburt in ihrer Umgebung und in der Gesellschaft nicht wohl zu fühlen, sie schämten sich mit dem häßlichen Kind. Er verstand damals zwar noch nicht alles und war nur erstaunt, als er eines Tages im Elternhaus einen Adoptivbruder vorfand, den seine Eltern aufgenommen hatten. Er wollte schon immer zur See fahren, er wollte Kapitän werden, und ihm war darum der Adoptivbruder egal. Schon am Beginn seiner seemännischen Laufbahn geriet er aber in üble Gesellschaft, die den häßlichen Reichen – der mit Geld nur so um sich warf – nach allen Regeln der Kunst ausnahmen und ausnutzten. Mädchen machten um ihn einen Bogen, oder sie lachten ihn aus, und nur für Geld waren sie bereit, seine Gesellschaft zu erdulden. Auf einem Frachter hatte er dann sein bösestes Erlebnis, das ihn gänzlich aus seiner Bahn warf. Auf jenem Schiff wurde nicht nur gesoffen, sondern es fanden auch andere Orgien statt, an denen selbst der Kapitän manchmal teilnahm und im übrigen geflissentlich über alles hinwegsah. Eine Clique an Bord band den Buckligen anläßlich einer Sauferei fest, und einer von der Bande verpaßte dem Häßlichen eine Heroinspritze, ohne daß er sich dagegen wehren konnte. Mit wohldurchdachtem Raffinement erhielt er in kurzen Abständen immer wieder solche Heroininjektionen, wobei man ihn einfach auf sein Bett warf und anband. Zuerst versuchte er, sich mit einer Aussprache beim Kapitän zu wehren, der aber dieses Schauermärchen nicht glaubte, sondern ihn auslachte. Nach zwei Wochen brauchte man den Häßlichen nicht erst zu fesseln, denn er wartete bereits auf das Suchtgift. Als man ihm die Spritzen später verweigerte und er vor den gewissenlosen Mistkerlen auf den Knien bettelte oder tobte, hatten sie ihren Spaß an ihm, kehrten den Spieß um und verkauften ihm nun das Heroin zu horrenden Preisen. Er war süchtig geworden und mußte Unsummen bezahlen, um an den »Stoff« heranzukommen – er wurde zur passablen Einnahmequelle für seine »Freunde« an Bord.

Dann ging es mit ihm rapide bergab, mit seiner Offizierslaufbahn scheiterte er, bevor er überhaupt noch richtig begonnen hatte, und er mußte als Maschinist und Matrose arbeiten. Er machte Schulden, die von seinen Eltern bezahlt wurden – er versackte immer mehr und landete schließlich in einer Entwöhnungsanstalt, in die er von seinem Vater gebracht wurde. Was er dort durchmachte, war die Hölle, aber nach zwei Jahren hatte er es geschafft – man hatte ihn von der Sucht befreien können. Eine Anstellung fand er nicht mehr, aber mit Hilfe seiner Familie bekam er schließlich den Posten als Leuchtturmwärter auf dieser völlig abseits liegenden Insel. Er war froh darüber und verkroch sich in diese Einsamkeit, die nur alle zwei bis drei Monate durch das kurze Anlegen eines Regierungsschiffes unterbrochen wurde, wenn Verpflegung, Post und Brennstoff für das Leuchtfeuer abgeladen wurden. Im zweiten Weltkrieg wurde er jahrelang vergessen, und er konnte nur dadurch überleben, daß er sich mit den wenigen Eingeborenen im Dorf auf der Insel anfreundete, die ihn verpflegten. Nach Kriegsende kam dann wieder der erste Kontakt mit der Umwelt zustande, aber als Indonesien selbständig wurde und die Holländer sich aus dieser reichen Kolonie zurückziehen mußten, wurde ihm von den neuen Machthabern mitgeteilt, daß er den Posten nur noch befristet ausfüllen dürfe, weil man eigene Leute einstellen müsse. Es dauerte aber doch noch einige Jahre, bis sich die neue Regierung in Djakarta an den vergessenen Leuchtturm erinnerte und ihm vor zwei Monaten die Nachricht schickte, daß er zum Jahresende den Leuchtturm räumen müsse und ein invalider indonesischer Matrose seine Arbeit übernehmen werde. Noch zwei Monate trennten ihn von diesem Termin. Volle 25 Jahre war er nun auf dieser Insel und in seinem Leuchtturm, ohne daß ihn während dieser Zeit auch nur ein einziger Weißer besucht hätte – vom Versorgungsschiff abgesehen, das kaum eine halbe Stunde anlegte und von dessen Besatzung niemand an Land kam. Seine Eltern lebten nicht mehr, und sein Adoptivbruder hatte das väterliche Geschäft übernommen, büßte aber fast alles ein, als er Indonesien verlassen und nach

Rotterdam zurückkehren mußte. Gewissenhaft putzte der Leuchtturmwärter nach wie vor seine Reflektoren und hatte sich allmählich, nachdem er der Heroinsucht mit knapper Not entgangen war, in seiner Einsamkeit dem Suff ergeben. Er hatte bei Regierungsstellen um die Erlaubnis angesucht, nach seiner Ablöse auf der Leuchtturminsel bleiben zu dürfen, wo er sich am Dorfrand eine kleine Hütte bauen wollte. Die Dorfbewohner aber wollten davon nichts wissen, sie trauten dem Buckligen nur so lange, wie er im Leuchtturm hauste; in ihrer Mitte mochten sie ihn nicht haben, denn der Häßliche erschien ihnen als böses Omen.

Am nächsten Morgen fuhren wir mit unserem Kutter weiter, und als wir aus der kleinen Bucht hinausfuhren und das Riff umrundeten, stand der bucklige Leuchtturmwärter mit seinem schlohweißen Haar noch lange winkend auf dem Bootssteg – ein menschliches Wrack, das verzweifelt und vergeblich nach einem letzten Ankerplatz suchte.

Denkwürdiges Essen an Westafrikas Küste

Es war am 5. März 1957.

Einige Tage zuvor hatten drei Kriegsschiffe der englischen Navy im Goldküste-Hafen Takoradi zu einem Freundschafts- und Abschiedsbesuch gelegen. Darum mußten alle Frachtschiffe warten, und es kam zu einer Stauung. Ich war an Bord des Schweizer Motorfrachters MS »Baden«. Nach drei Tagen Schaukelei rund um die Ankerkette auf der Reede wurden wir endlich in den Hafen gelotst. Genau um 0 Uhr in der Nacht zum 6. März stieg an Land ein Dutzend roter Leuchtkugeln hoch, und sämtliche Schiffe inner- und außerhalb des Hafens begannen ein ohrenbetäubendes Sirenengeheul. Nur wir konnten nicht mitjaulen, weil der Dampf abgesperrt war – so tutete unsere Dampfsirene zehn Minuten später ein »Solo«.

Die Goldküste war nun frei, unabhängig und selbständig geworden und hieß von diesem Leuchtkugelmoment an »Ghana«, nachdem die Bewohner einige hundert Jahre vorher von der nordafrikanischen Küstengegend bei Libyen, wo sie mit den Ägyptern Krach gekriegt hatten, quer durch Afrika an die Atlantikküste marschiert waren. Viel besser hatten sie es in Westafrika zwar auch nicht getroffen, denn es folgten Sklaverei und Kolonialzeit, und noch drei Jahre vor der Unabhängigkeitserklärung hatten die englischen Kolonialherren den Goldküste-Nationalhelden Dr. Kwame Nkrumah – der in den USA studiert hatte –

etliche Male für längere Zeit eingekerkert. Wo noch kurz zuvor englische Kolonialsoldaten drei Goldküste-Neger kurzerhand erschossen hatten, erhob sich nun ein stolzer Triumphbogen, unter dem die Duchess of Kent mit Zahnpastalächeln zusammen mit dem neuen Staatschef Dr. Nkrumah hindurchfuhr. Wenn man das Gesicht dieser hohen englischen Adelsdame sah, wie sie am 6. März zusammen mit den Schwarzen auf dem Parkett tanzte, konnte man darin die ganze krampfhafte britische Begeisterung über diesen Staatsakt ablesen. Jedenfalls war nicht zufällig der damalige US-Vizepräsident Nixon gleichfalls anwesend, der versicherte, er werde zu Hause künftig täglich eine Tasse Kakao trinken, um den westafrikanischen Kakaoabsatz ankurbeln zu helfen.

In den Nordwestprovinzen kam es zwar in den ersten Tagen zu Unruhen, weil die Stammeshäuptlinge die neue Ghana-Trikolore vom Mast fetzten und ihre Souveränität nicht aufgeben wollten. Militäreinsatz mit etlichen öffentlichen Hinrichtungen schaffte jedoch Ruhe und Ordnung – stand in der Zeitung zu lesen. Bereits in den frühen Morgenstunden waren die Straßen der Stadt voll von singenden und tanzenden Negern in festlichen Gewändern, und eine entfesselte Militärkapelle tschinderte ohne Noten dazwischen. Die Frauen trugen weiße Kleider und hatten zum Teil ihre Kinder auf den Rücken gebunden, sie läuteten mit Glocken, und überall lagen leere Bierflaschen in rauhen Mengen. Eine alte Frau tanzte lallend mit verklärten Augen im Schatten eines Baumes, als der Aufmarsch bereits lange vorbei war, aber es war nicht klar, ob der Glanz in ihren Augen vom Alkohol oder von der Freude über die gewonnene Freiheit herrührte. Die Ghanesen feierten drei Tage und drei Nächte so gründlich, daß sie überhaupt keine Arbeit mehr anrührten, was unseren Kapitän Sanfillippo weniger freute, weil unser Schiff weder entladen noch beladen wurde. Das Schiff trug alle Wimpel und Flaggen, und am Mast wurde die englische Fahne eingeholt und die neue Ghanaflagge gehißt.

Wir schwammen in einem Meer von Baumstämmen, westafrikanischen Edelhölzern für Europa. Rund um die Schiffe stauten sich diese langen, zusammengehängten Flöße, jeder Stamm genau numeriert und bezeichnet, darunter Exemplare von zwei Metern Durchmesser, wobei der schwerste Stamm an die vierzehn Tonnen wog, aber nur fünf Meter lang war.

Wie schon in so manchen Häfen und bei besonderen Anlässen, so fand auch in Takoradi an Bord unseres Frachters ein Dinner statt, zu dem Kapitän Sanfillippo nicht nur die in Ghana ansässigen Direktoren der Reedereiagenturen, sondern auch Firmeninhaber und Geschäftsleute einlud, die ihre Waren und Frachtgüter durch diesen Liniendienst befördern ließen. Vittorio, unser Chefsteward, war den ganzen Vormittag durch die Märkte geschlichen und hatte noch eingekauft, was wir selbst nicht an Bord hatten. Es war eine prachtvoll aufgebaute Tafel, die man in Nobelhotels nicht besser hätte arrangieren können, während Vittorio sich in seiner weißen Jacke um die Gäste bemühte. Insgesamt waren wir zehn Erwachsene und ein fünfjähriger Junge, der Sohn einer französischen Geschäftsfrau; Serge war sein Name, mit dem er gerufen wurde. Dieser Dreikäsehoch war eine Mischung von südfranzösischem Temperament und afrikanischen Urwaldinstinkten. An dem einen Tafelende präsidierte der Konsul und am anderen der Kapitän, der als seine Tischnachbarin die Mutter von Serge zu betreuen hatte.

Da unser Kapitän ein waschechter, schnauzbärtiger Sizilianer mit einem ausgeprägten abendländischen Charme war, war es nicht verwunderlich, daß die Vorspeise aus Spaghetti bestand. Damit aber begannen bereits beachtliche Schwierigkeiten. Die europäische Dame hatte seit zehn Jahren Afrika nicht mehr verlassen, sie war aber elegant nach dem letzten Pariser Modeschrei gekleidet, zeigte ein farbenprächtiges Make-up, war makellos manikürt und hatte sich zu allem in eine atemberaubende Parfumwolke gehüllt, so daß man versucht war, mehr aus- als einzuatmen.

Es wurde serviert. Piro, unser kleiner Hilfssteward mit einem nie versiegenden neapolitanischen Mundwerk, kurvte mit seinen Platten um die Gäste. Es galt als ungeschriebenes Gesetz an Bord, daß der Kapitän während seiner Spaghettimahlzeit unter keinen Umständen gestört werden durfte. Da mußten selbst Lotsen und Hafenbehörden warten, denn bei Spaghetti kannte er buchstäblich keinen Hafen oder Bahnhof. Seine Tischnachbarin jedoch sprach wie ein Wasserfall ohne jede Atempause auf den Kapitän ein, der höflich zuhören mußte. Dann aber griff Sanfillippo zur Gabel, eine Art Vorwarnung für Eingeweihte, als gäbe er das Startzeichen zum Angriff an die tückischen Nudeln. Auch seine Tischnachbarin machte mit, in der Linken die Gabel und in der Rechten das Messer – die Spitzen nach oben gerichtet; so saß sie vor uns. Sie erzählte aber noch immer, während der Kapitän sehnsüchtig auf seinen dampfenden und duftenden Spaghettiberg schielte und sein charmantes Lächeln leicht verkrampft und säuerlich wirkte. Sie sprach pausenlos auf den geduldigen Zuhörer ein und fuchtelte dabei temperamentvoll mit Gabel und Messer in der Luft herum, als kämpfe sie mit einem unsichtbaren Gegner. Oft kam sie mit ihren Eßwerkzeugen in gefährliche Nähe der Kapitänsnase, so daß sich der so Bedrohte höflich, aber doch ruckartig zurückduckte.

Allmählich schien es aber auch ihm genug zu sein, denn nichts war ihm widerlicher als kalte Spaghetti. Zaghaft nahm also Sanfillippo seine Gabel und schmuggelte sie heimlich in seinen Spaghettiberg hinein. Während er nur noch zwischen den Zähnen ein zustimmendes Knurren als Antwort auf die Erzählung der Dame von sich gab, schien er endlich soweit zu sein, den ersten Happen zu sich zu nehmen. Seine muntere Tischnachbarin begann jedoch in noch schnellerem Tempo zu sprechen, als die Kapitänsgabel mit »halber Kraft voraus« im Nudelberg zu rotieren begann. Er nickte mit dem Kopf und stimmte ihrer aufgeworfenen Frage eifrig zu, warf einen kurzen Blick auf seinen Teller und dachte voreilig, daß nun der richtige Moment gekommen sei. Er öffnete bereits seinen Mund, die Gabel mit den aufgewikkelten Spaghetti fuhr blitzschnell nach oben; aber die Dame war noch schneller. Sie bremste ihren Tischnachbarn resolut ab, indem sie mit ihrer Hand energisch auf die des Kapitäns tapste – der Mund von Sanfillippo klappte enttäuscht wieder zu, und die Spaghetti landeten patschend wieder auf dem Teller. Die Französin aber meinte ungerührt: »Herr Kapitän – das müssen Sie sich anhören, ich sage Ihnen . . .« und ließ ihre Hand, Konzentration heischend, auf seiner ruhen, damit das Gespräch nicht wieder durch die Nudeltransporte gestört würde. Mit den Fingern seiner freien Linken trommelte der Kapitän auf die Tischplatte, und seinem sauren Gesicht sah man es an, daß er nur auf den Augenblick wartete, wo seine Rechte wieder in Aktion treten konnte. Viermal wiederholte er den Versuch, aber jeder scheiterte an der unheimlich redenden Dame. Viermal hob Sanfillippo seine Hand mit den heimlich aufgewickelten Spaghetti, und genau so oft klappte sein offener, hungriger Mund enttäuscht wieder zu.

Schließlich sprang ich helfend ein und machte dem Redeschwall ein Ende, indem ich höflich darauf aufmerksam machte, daß das Essen kalt würde und kalte Nudeln enorm schädlich für den Teint seien. »Oh, pardon!« flötete die Dame, und der Kapitän warf mir einen dankbaren Blick zu, als wäre er soeben dem Hungertod entronnen.

Der Generalangriff auf die Spaghetti begann. Unser Gast wühlte sich mit wahrer Todesverachtung in den auf seinem Teller liegenden gordischen Knoten von Nudeln, und ich sah das Unglück schon kommen. Die langen Dinger schlenkerten auf der allzu temperamentvoll geführten Gabel und spritzten dadurch die rote Tomatensauce in der Gegend herum. Nach den ersten drei Minuten registrierte ich bereits zahlreiche mehr oder minder große rote Sterne auf der gelben Bluse. Und die Tragikomödie ging weiter: Die Spaghetti schienen die Rache des Kapitäns vollziehen zu wollen, übermütig turnten sie an der Gabel herum und bekleckerten auch das Gesicht der charmanten Dame, die selber von alldem nichts zu bemerken schien. Ich hatte große Mühe, nicht vor Lachen herauszuplatzen. Zu spät ergriff die Dame das Messer – ein Sakrileg übrigens, das kein Italiener, geschweige denn ein Sizilianer, verzeiht. Die Nationalspeise mit dem Messer zu zerkleinern, das ist pure Barbarei, da wird noch eher die Menschenfresserei entschuldigt. Piro steckte sich die Serviette in den Mund und eilte schleunigst hinaus in die Kombüse, und ich selbst war am Rande meiner Beherrschung angelangt, als ich unseren Gast betrachtete. Rot überspritzt das Gesicht, die Bluse und die ganze Umgebung – als hätte ein Massaker stattgefunden, und eine der tückischen Nudeln hatte sich an den schönen Augenbrauen festgekrallt. Das Make-up sah aus wie bei einem Clown, und ich hätte viel darum gegeben, wenn ich von der Dame in dieser Aufmachung ein Farbfoto hätte machen dürfen.

In der Zwischenzeit war ihr Sprößling Serge, der neben seiner plaudernden Mutter placiert war, absolut nicht untätig geblieben. Als nach den Spaghetti die Suppe serviert wurde, fischte Serge die darin schwimmenden Nudeln aus seinem und seiner Mutter Teller geschickt mit den Fingern heraus, kletterte dann schnurstracks auf den Tisch und raffte mit seinen kleinen, aber nicht gerade sauberen Fingern auf einer riesigen kalten Platte alles zusammen, was nur erreichbar war. Die so gewonnene Beute häufte er vor sich auf dem Tischtuch und im Wasserglas auf. Seine Mutti hob den Bengel vom Tisch herunter und entschuldigte sich dabei, daß sie den Jungen ungern beim Essen scharf anpacke, weil sie froh sei, wenn Serge überhaupt etwas esse; dann pflegte sie weiter Konversation mit dem Kapitän.

Schmunzelnd beobachtete ich den kleinen Strolch, wie er abermals den Tisch erklomm und dem neben ihm sitzenden ahnungslosen Agenturdirektor die soeben servierte Languste an einem der Fühler vom Teller herunterzog und sich mit dieser neuerlichen Beute triumphierend auf seinen Platz zurückbegab. Nachdem der diskutierende Direktor etliche Male mit dem Fischmesser vergeblich auf seinem leeren Teller hin und her gefahren war, bemerkte er schließlich, daß die Languste verschwunden war. Die Mutti unterbrach ihre angeregte Unterhaltung nur kurz und strafte ihren Sohn mit einem dunklen Blick, wobei sie ihm mahnend zuflüsterte: »Aber, Bubi . . .!« Serge, so richtig in Fahrt gekommen, stieß einem Herrn dann noch das Weinglas um, und zwar genau auf dessen weiße Hose. Das Raffinierteste und der Gipfelpunkt seiner ganzen Aktionen folgte gleich darauf, als er eine kleine, glitschig nasse Essiggurke einer jungen Dame in den offenherzigen Kleiderausschnitt steckte. Damit hatte Serge ohne jeden Zweifel den größten Effekt an dieser Festtafel erzielt, denn die so Beglückte schrie gellend auf, alle sprangen von ihren Stühlen, und einige Herren – der Kapitän autoritätsfordernd vorneweg – machten sich anheischig, die Gurke herauszufischen, was aber dann doch an verschämten Protesten scheiterte.

Als sich alles wieder beruhigt hatte, servierten Vittorio und Piro knusprige Brathühner. Beim Anblick solcher Leckerbissen werde ich immer ganz still, es verstummt jede Unterhaltung von meiner Seite, dann widme ich mich nur noch diesen Tierchen. Das schien aber den mir schräg gegenübersitzenden Quälgeist zu ärgern, denn mit den Fingern schoß er mir – von Saft triefende – Erbsen zielsicher über den Tisch genau in mein Gesicht. Beim Huhnessen hören bei mir alle Späße auf, da reagiere ich wie mein Schäferhund, dem man seinen Knochen wegnehmen will. Ich ging zur Gegenoffensive über. Sorgfältig zielte ich und schoß zu Serge eine Olive hinüber, genau auf sein linkes Ohr. »Peng« machte es – zuerst sah er mich ganz perplex an und wollte heulen, dann aber überlegte er es sich; und von diesem Moment an herrschte Friede bei Tisch. Mitunter sah er mißtrauisch zu mir herüber, aber seine Untaten stellte er ein.

Bei der Verabschiedung um Mitternacht an Deck warf die Französin Kapitän Sanfillippo noch einen schmachtenden Blick zu und klapperte einige Male verführerisch, aber vergeblich mit den Augenlidern. Sie beichtete ihm, daß sie geschieden sei, weil ihr Mann für sie und ihren Sohn überhaupt kein Mitgefühl und Verständnis gehabt habe. Als schließlich alle Gäste gegangen waren, stöhnte Sanfillippo aus tiefstem Herzen auf und meinte: »Mamma mia! Den Mann – diesen Ärmsten – kann ich verstehen. Lieber eine Woche Windstärke zwölf als nochmals eine solche Tischnachbarin samt Söhnchen . . .«

Der schwarze Rübezahl in Togo

In Freetown hatten wir noch eine sonderbare Decksladung an Bord bekommen: 33 Neger – »crew-boys« genannt. Die Bezeichnung »boys« war dabei aber nicht wörtlich zu nehmen, denn einige dieser Jungen hatten bereits mehr als fünfzig Jahre auf dem Buckel und weißes Haar auf dem Kopf. Diese bunte Schar, die nahezu mit ihrem ganzen Hausrat – mit Kisten, Koffern, Kartons, Säcken und Kochtöpfen, sozusagen mit Küche, Zimmer und Kabinett – an Deck kletterte und von denen einer sogar hartnäckig, wenn auch vergeblich zwei Haustiere mitbringen wollte, diente für einige Wochen als Verlademannschaft. Teilweise wurden die Neger in einen leeren Materialraum einquartiert, der Rest hauste an Deck. Sogar ein Klosett hatten sie sich freibords montiert und mit Segeltuch diskret verkleidet, so daß man die Benutzer nur mit ihren Köpfen sehen konnte. Auf See mußten sie Rost klopfen und Farbe pinseln, und in den Häfen besorgten sie die Verladung und Löschung. Das kam billiger und machte ein Schiff außerdem unabhängig von Streiks; aber etliche westafrikanische Staaten ließen solche Crews nicht in ihren Häfen arbeiten, weil sie die eigenen Leute beschäftigt wissen wollten. Viele waren Moslems und verschwanden während und nach der Arbeit in irgenwelchen stillen Winkeln an Deck, wo sie in Richtung Mekka ihre Gebete übers Meer wisperten.

Ich fuhr, wie von einer Tarantel gestochen, im Bett hoch, als pünktlich um sieben Uhr morgens mit einem Schlag unsere schwarze Entrosterbrigade mit fünfzehn Stahlhämmern und zwei elektrischen Entrostungsmaschinen loslegte, denn dieser ohrenbetäubende Krach hörte sich an, als wären sie alle unter meinem Bett tätig. Das Getöse pflanzte sich über alle Stahlplatten, die wie der Resonanzboden einer Baßgeige wirkten, durch das ganze Schiff fort. Aber das war doch gut so, denn ich hatte es verschlafen, daß wir bereits in der Nacht vor der Küste von Lome, der Hauptstadt der ehemaligen deutschen Kolonie Togo, vor Anker gegangen waren. In langen Dünungswellen, die sich meterhoch gischtig weiß am nahen Sandstrand brachen, schaukelten wir nach allen Richtungen. Dicht an uns geschmiegt dümpelten einige größere Holzbarken, die unsere Ladung aufnahmen und an den Landungssteg bringen mußten. Der Transport von Menschen ging im Hafen von Togo originellerweise genauso wie der des Ladegutes vor sich. Entweder mußte man in eine Holzkiste steigen oder einfach auf ein paar Säcke klettern, und wenn solche nicht gerade verladen wurden, so verkrallte man sich in ein Netz – der Schiffskran schwang aus und ließ alles auf die Kähne hinunter. Soweit pflegte alles ganz gut zu gehen, aber unten peitschten die Wellen, und die Kähne hoben und senkten sich um zwei bis drei Meter. Man mußte den günstigsten Moment abwarten, um sich auf einen der Kähne fallen zu lassen. Nach einer Berg- und Talfahrt erreichte man dann den Landungssteg, wo sich die gleiche Prozedur wiederholte. Vom Gischt der Brandung durchnäßt, sehnte man sich geradezu nach dem rettenden Kranhaken, aber wenn man Pech hatte, so wurde man auch dann noch einmal gründlich gebadet, weil es dem hämisch grinsenden schwarzen Kranführer Spaß machte, die lebende Ladung ins Wasser zu tunken, ehe er sie hochhievte. Da daneben ein Frachter Zement löschte und der feine Staub schwadenweise über die Wellen trieb, war man bald wie mit Puderzucker bestäubt, worüber sich die Afrikaner kindlich freuten.

Die Häuser und Kirchen in Lome gleichen den Bauwerken einer mitteldeutschen Stadt, und der ursprüngliche deutsche Kolonialeinfluß ist bis zum heutigen Tage noch sichtbar. In den weiten Grünanlagen standen kleine Villen, die mit kühnen Aufschriften verkündeten, daß dies die verschiedenen Ministerien der Republik Togo waren. Besonders fiel mir das Verteidigungsministerium auf, das in einem ebenerdigen Haus von etwa sechs mal sechs Meter untergebracht war und mehr nach einem Einfamilienbungalow aussah. Wenn man bedenkt, daß Togo annähernd dieselbe Zahl von Soldaten unter Waffen hält wie beispielsweise Österreich, so vergleicht man unwillkürlich die Dimensionen dieser beiden Ministerien, und man fragt sich, ob die Bürokratien dieser afrikanischen Staaten wohl über kurz oder lang ebenso auswuchern werden wie die in Europa.

Während ich so dahinschlenderte, kam mir plötzlich ein Gedanke: Wie wäre es, wenn ich ganz einfach einmal den Staatspräsidenten von Togo besuchen würde. Er hatte zwar bestimmt noch nichts von mir gehört, aber ehrlich gesagt – ich von ihm auch nicht; ich wußte von ihm noch nicht einmal den Namen. Lange brauchte ich nicht zu fragen, bis man mich zu einem alten, stattlichen Bau mit zwei Türmen verwies, eingerahmt von einem großen Park mit mächtigen Bäumen. Die Staatsflagge von Togo knatterte hoch oben am Turm im Wind. Vor dem Eingangstor zum Park stand neben dem Schilderhaus ein schwerbewaffneter Polizeiposten.

Bei uns Reportern gibt es verschiedene Tricks, um auch als irgendwer irgendwie irgendwo hineinzukommen, wenn man nicht eingeladen und nicht erwünscht ist. Ich sah also weder nach links noch nach rechts und marschierte eiligst, als gehörte ich zum festen Alltag des Staatsoberhauptes, an dem Posten vorbei, der mich mit seinem Gewehr aufhalten wollte. Ohne mich dadurch stören zu lassen, reckte ich meine Armbanduhr vor, tippte mit dem Zeigefinger meiner Rechten auf das Zifferblatt und gab als tiefschürfende Erklärung nur kurz »President!« von mir. Vielleicht ließ sich der Posten bluffen, oder ich war zu schnell und er zu faul, mir nachzulaufen, jedenfalls marschierte ich bereits durch den Park an verschiedenen Luxuslimousinen vorbei, ohne mich noch einmal nach dem Zerberus umzudrehen. Ich hatte mich allerdings zu früh gefreut, denn in der Eingangshalle klatschte ein baumlanger schwarzer Polizist der Präsidentenwache, der seinen Colt wie ein Cowboy trug, seine mächtige Tatze auf meine Schulter und wirbelte mich herum wie einen Spielzeugkreisel. Er grinste breit und zeigte mir dabei sein beneidenswertes ganzes Gebiß. Ich lächelte etwas schmaler zurück, aber ungerührt schob er mich vor sich her, die paar Stufen zum Hauseingang hinunter. Als ich zurücksah, hatte mir der schwarze Rübezahl bereits den Rücken zugedreht, um zu seinem Aufpasser- und Rausschmeißerplatz zurückzukehren. So bog ich kurz entschlossen beim Eingang links ab und marschierte um das Gebäude herum, denn ich hatte bereits bei meiner Ankunft gesehen, daß verschiedene Leute von rückwärts in den Park kamen – also mußte es noch einen zweiten Eingang geben. Tatsächlich fand ich an der anderen Seite des Hauses eine schmale, hohe Tür ohne Polizisten, durch die ich unangefochten in den Präsidentenpalast gelangte.

Die Residenz bildete ein geschlossenes Viereck. In der Mitte war ein kleiner Hof mit bepflanztem Garten, und der Wandelgang führte sowohl im Parterre als auch im ersten Stock rund um dieses Viereck. Schreiber mit Akten in den Händen eilten, ihrer Würde bewußt, aus einer Tür hinaus und bei der nächsten wieder herein; Neger in den verschiedensten Uniformen schlenderten herum – niemand nahm Notiz von mir. Vorsichtig äugte ich nach den Beschriftungen der Türschilder, und dann hatte ich anscheinend die Höhle des Löwen gefunden. Neben dem Büro des Protokollchefs stand ein Warteraum weit offen, in dem sich mehrere Togolesen, piekfein angezogen oder in marschallähnlichen Uniformen, in den breiten Stühlen räkelten. Ich machte es mir zwischen dieser wartenden illustren Gesellschaft kurzerhand ebenso bequem. Auf den Tischen lagen – fast war ich es in Westafrika schon gewohnt – chinesische Zeitschriften und Propagandamaterial.

Ich blätterte und blätterte, um die Wartezeit zu verkürzen. Plötzlich stand mein Rübezahl neben meinem Stuhl. Sein Zähnefletschen gehörte anscheinend zum togolesischen Protokoll. Er stemmte seine Arme unternehmungslustig in die Hüften, und in der Vorfreude auf einen mir zugedachten Genuß wippte er auf seinen Zehenspitzen und ließ dabei immer wieder das ganze Gewicht seines mächtigen Körpers auf die volle Basis seiner ausgeprägten Plattfüße zurückplumpsen. Resignierend klappte ich die Broschüre zusammen, in der ich gerade gelesen hatte, legte sie auf den Tisch zurück und erhob mich zu meiner vollen Größe, wobei ich dem Schwarzen nicht einmal knapp bis zur Schulter reichte. Alle Wartenden sahen zu uns herüber, obwohl überhaupt kein einziges Wort gewechselt wurde. Ich rechnete damit, gleich unsanft abtransportiert zu werden, aber da erschien unerwartet ein rettender Engel in einem eleganten dunklen französischen Anzug, mit Krawatte, weißem Hemd und einer undurchsichtigen großen Sonnenbrille. Nein, es war nicht der Präsident, sondern nur der Protokollchef, und in dessen Büro wurde ich nun geleitet.

Die Angelegenheit klärte sich dann sehr rasch, denn dieser freundliche Afrikaner sprach zwar nicht davon, daß sich die Republik Togo durch meinen Besuch geehrt fühle, aber er versicherte mir, wenn ich weitere vier Stunden im Warteraum bleiben könnte, hätte ich die Chance, das Staatsoberhaupt von Togo persönlich kurz sprechen zu können. Bei aller Sympathie für Togo und seinen Präsidenten zog ich es jedoch vor, mit stolz erhobenem Haupt an meinem Rübezahl vorbeizumarschieren. Ich schritt durch den Park – an dem ersten Zerberus vorbei, und dann stand ich wieder auf dem Asphalt von Lome. Ein kleines Amateurfoto des Präsidenten hatte man mir beim Abschied noch gönnerhaft in die Hand gedrückt.

Abends rieb ich mir an Bord mit einer Creme behutsam die rechte Schulter an der Stelle ein, wo die Tatze des schwarzen Tempelwächters hingelangt hatte.

Unerwünschter Besuch in Lambarene

Kapitän Sanfillippo war ein leidenschaftlicher Fischer. Ich sah ihm zwar beim Fischen stundenlang zu, durfte dabei aber kaum ein halblautes Wort flüstern; herausgezogen hat er indessen nie einen Fisch, der größer als eine Ölsardine war. Trotzdem mußten wir die von ihm gefangenen Fische am Kapitänstisch mit ihm zusammen andächtig verspeisen. Fische gab es fast immer, wenn dazu eine Möglichkeit war. Fachgerecht anatomisch wie ein Tierarzt zerlegte er die Tiere und begann sich dann von der Schwanzflosse her bis zum Kopf durchzufressen. Sogar die Fischaugen zerdrückte er genüßlich stöhnend am Gaumen, während er seine eigenen Augen mit Andacht schloß. Wenn er dann schließlich das winzige Fischgehirn kunstvoll herausoperiert hatte und auf die Gabel legte, begann er strahlend zu dozieren, daß es kein Wunder sei, wenn sich Fische immer wieder massenhaft und naiv fangen ließen, weil sie eben nicht mehr Hirn hätten.

Mit seiner pausenlosen Fischesserei hörte er erst dann abrupt auf, als ihm ein Witzbold bei Tisch mit todernster Miene von einem medizinischen Fachartikel erzählte, wonach bei einseitiger Fischernährung durch den übermäßigen Proteingehalt enorme Störungen im Hormonhaushalt sowie in der männlichen Potenz auftreten. Das genügte, um unseren Speisezettel zu normalisieren.

An einem Sonntag gegen Mitternacht rasselte unser Anker knapp vor der Küste in Port Gentil auf den Meeresgrund, und am Morgen – noch in der Dämmerung – pfiff ich einem unweit von uns vorüberblubbernden Fischerboot. Für ein paar Päckchen Zigaretten brachte mich der Bootsführer zur Küste. Bei einer Tankstelle für Motorboote kletterte ich an Land und hatte es sehr eilig, da ich genau wußte, daß laut Flugplan in einer knappen Stunde eine Maschine nach Lambarene fliegen würde. Der Flugplatz lag auf einem Ölfeld, vier Kilometer von der Stadt entfernt, doch mußte ich gleich erfahren, daß die unweit außerhalb abgestellte DC-3-Maschine bereits vollkommen ausgebucht war. So machte ich mich an den Flugkapitän heran und bat ihn, doch zu versuchen, mich mitzunehmen, da ich das Urwaldhospital von Dr. Albert Schweitzer besuchen müsse und mein Schiff in zwei Tagen bereits wieder abfahre. Der junge Franzose hatte Verständnis für mich und schleppte mich abseits der Polizeikontrolle als »Überfracht« ins Cockpit der »Transgabon«-Maschine. So hockte ich, zwischen den Funkgeräten eingeklemmt, dicht hinter den beiden Piloten. Bis dahin gab es noch keinen schwarzen Piloten in Gabon, die Weißen waren noch unentbehrlich. Die unverwüstlichen DC-3 flogen tagtäglich kreuz und quer über die Dschungelgebiete. Nach einem mißlungenen Startversuch, wo ein Motor abstarb, gelang es endlich doch, hochzukommen, und mit einer weiten, tiefen Kurve über den Hafen, in dem ich undeutlich meinen Frachter MS »Baden« liegen sah, drehten wir auf Kurs nach Lambarene. Ein Gewirr von Flußarmen, unabsehbaren Sümpfen und endlosem Dschungel lag unter uns. Nur ab und zu konnte man eine kleine Fahrstraße erkennen, auf der die Edelhölzer an die Flüsse gebracht wurden. Es existiert keine Landverbindung nach Lambarene. Man legt die Strecke entweder in achtzehn Stunden mit einem vollgerammelten alten Motorschiff oder in 45 Minuten mit einem ebenso vollgestopften Flugzeug zurück. Der Kopilot las seinen Schmöker und griff – ohne hinzusehen – mitunter einmal nach einem Hebel oder Knopf. Der Motorenlärm war so stark, daß eine Unterhaltung nur dann möglich war, wenn man sich gegenseitig in die Ohren brüllte. Knapp vor Lambarene machte mich der Pilot darauf aufmerksam, daß er über dem Urwaldhospital, über dieser Dschungelinsel inmitten des Ogowe-Flusses, noch eine Schleife ziehen werde, damit ich ein paar gute Aufnahmen machen könne. Und das tat er dann auch und wandte sich zur Seite, damit meine Sicht nicht behindert war. Auf einer roten Sandstraße setzte das Flugzeug danach auf, eine rote Staubfontäne hinter sich herziehend, und rollte vor dem kleinen Flughafengebäude aus. In der prallen Sonne standen wir da in Lambarene. Die Fliegen summten, und ein paar Hühner gackerten in der »Halle« des Gebäudes, das nicht größer als eine winzige Bedarfshaltestelle der Bundesbahn war, aber deren eine Wand ein graphisches Kunstwerk eines einheimischen Negers zierte. Die Maschine startete gleich darauf wieder und flog weiter in das Landesinnere von Gabon – ein Gebiet von der Größe der Bundesrepublik Deutschland, doch mit nur 500000 Einwohnern.

Vor dem Gebäude stand der Wagen der »Transgabon«-Luftfahrtgesellschaft, ein geschlossener Lieferwagen, bei dem ein Scheinwerfer und eine seitliche Tür fehlten. Wo einst der Benzintankverschluß war, steckte ein Zeitungspfropfen, den ein Schwarzer hin und wieder herauszog, um in diesem Patentverschluß zu blättern. Gelegentlich benutzte auch ein benzinloser Wagenlenker die Möglichkeit, für sein Vehikel schnell mit einem Schlauch ein paar Liter Kraftstoff »auszuleihen«.

Zuerst mußten wir Passagiere alle warten. Außer mir waren da noch ein zweiter Weißer – ein junger Franzose –, ferner eine Negermami mit ihrem schmatzend saugenden Sprößling und ein halbes Dutzend anderer Schwarzer. Als dann schließlich der Capo dieses einäugigen Vehikels soweit war, wurden wir aufgefordert, den Wagen anzuschieben, weil die Batterie leer war. Wir schoben den Transgabon-Wagen samt seinem Fahrer, den ich im Verdacht hatte, daß er ständig auf der Bremse stand, weil der Kerl hämisch zu uns herausgrinste und uns zu einem sportlichen Endspurt anfeuerte. Uns trat der Schweiß aus allen Poren, bis der Motor endlich ansprang. Unsere bunte Schar stieg ein. Sitzgelegenheit gab es keine, man mußte stehen und irgendwo eine Gelegenheit ausfindig machen, wo man sich ankrallen konnte. Die junge Negermutti hatte es sich auf dem Postsack mit den eingeschriebenen Briefen bequem gemacht und gab weiter ihrem Baby die Brust, als wir dann endlich losfuhren. Wie die wilde Jagd stoben wir in einer roten Staubwolke dem Fluß entgegen. Unser toller Autopilot wich den Passanten auf der Straße immer erst im letzten Moment aus. Wir Insassen wirbelten dann jedesmal durcheinander, was für den Fahrer eine wahre Freude war. Der junge Franzose landete nach der dritten rasanten Kurve genau dort, wo das Baby noch vor wenigen Sekunden seine Nahrung gefunden hatte, und das Baby suchten wir gemeinsam zwischen den anderen Postsäcken heraus. Der Hut eines Negers flog durch die Türöffnung davon, und der Hutbesitzer begann wütend zu schreien, während ich mich wie ein Abstürzender in der Eiger-Nordwand mit dem Zeigefinger in einem Loch des Daches festzuhalten trachtete, dabei aber ganz vergessen hatte, daß oben auf dem Dach zwei blinde Passagiere hockten, die auf meinem Finger herumzutrampeln begannen.

Es dauerte alles aber nicht lange, dann »landeten« wir am Ogowe-Fluß. Die eigentliche Stadt liegt auf der anderen Flußseite, aber es gab eine Menge Fluß-Taxi – schmale Einbäume, die hinten einen starken Außenbordmotor haben und wie die Pfeile durch den träge dahinfließenden Ogowe schießen. Es war ein sehr wackeliges Unternehmen, in dem schmalen, langen Gefährt Platz zu nehmen, und ich bangte um meine kostbare Fotoausrüstung, die bei einem Kentern unweigerlich verlorengegangen wäre. Da der Bootsbesitzer aber ebenso um seinen Motor zitterte, ging alles gut. Die Fahrt ging flußaufwärts in den Dschungel, und etwas später tauchte auf der rechten Seite die Insel auf, die ich bereits vom Flugzeug aus fotografiert hatte. Billig sind diese Einbaumfahrten zwar nicht, aber sie bilden das einzig mögliche Transportmittel am Fluß.

Ein breites Ufer mit Sand- und Morastbänken nahm mich auf. Weiter flußabwärts wuschen viele Frauen Wäsche, und gleich unmittelbar neben unserem Anlegeplatz hockte, wie ein Denkmal mit spezifischer Note, ein alter Neger, offenbar zur Begrüßung der Gäste aus einer anderen Welt. Mich überkam ein Grauen, als ich in sein verwüstetes Gesicht sah. Dort, wo einst die Nase war, gähnte ein großes rotes, eitriges Loch – Lepra. Er schien zu grinsen, dieser Totenkopf, aber er lebte und hob die Hand zum Gruß und als Aufforderung für eine Münze. Ich gab ihm ein Geldstück, beugte mich ganz tief zu ihm hinunter und fing dieses jammervolle Gesicht mit der Kamera ein.

Ich schritt der Hospital-Ansiedlung entgegen. Von den hohen Palmen stoben Hunderte Fledermäuse quiekend auf, als ich den schmalen Steig neben der Wäscherei emporstieg. Schmutz und Unrat und ein Gewirr von Menschen. Die Baracken des Hospitals standen sehr eng beisammen. Ich fragte mich nach einem Doktor durch und wurde zu dem Schweizer Arzt Dr. Munz gewiesen, vor dessen Tisch eine lange Schlange von Menschen beiderlei Geschlechts wartete. Als ich mich vorstellte, erfuhr ich eine eher kühle und reservierte Begrüßung. Um in Albert Schweitzers Urwaldhospital willkommen geheißen zu werden, muß man krank sein – Besucher sind nicht gern gesehen. Zu viele Stimmen der Kritik waren bereits damals laut geworden, so daß es nicht verwunderlich war, daß man in Lambarene die Presse und Presseleute für gänzlich überflüssig hielt. Nachdem mich Dr. Munz einige Minuten alleingelassen hatte, kam er mit der Mitteilung zurück, daß ich fotografieren könne, was ich wolle. Dr. Albert Schweitzer sei über neunzig Jahre alt und derzeit schwer krank – er müsse das Bett hüten. Man stellte mir in Aussicht, daß ich ihn vielleicht am darauffolgenden Tag sehen und sprechen könne.

So schlich ich mich durch dieses Elend, durch diesen bestialisch stinkenden Schmutz und Dreck, an den rauchgeschwärzten Baracken vorbei, wo überall die Feuerstellen qualmten. Die Wassergräben und Rinnsale strotzten von Abfällen, und wenn man einen Blick in die Baracken warf, sah man die Patienten zusammengepfercht neben- und übereinander. Ziegen und Hühner liefen dazwischen herum, und bei den Kranken hockten auch noch deren Familienangehörige. Mehr als 500 Menschen waren dort auf engstem Raum beisammen, ohne Wasserleitungen und ohne Aborte. Nachttöpfe und Leibschüsseln mit den Exkrementen wurden durch die Gegend getragen, irgendwo ausgeleert und dann im Fluß gewaschen, wo sich viele ihr Trinkwasser holten. Ich war von diesen hygienischen Mißständen schockiert. Der Operationssaal hatte sein offenes Fenster zum Dschungel, und es war für mich ein Rätsel, wie man unter derartigen Bedingungen noch ein Krankenhaus führen und operieren konnte.

Ich marschierte weiter auf dieser Urwaldhospital-Insel. Zwischen unzähligen Gräbern führt der Weg durch dichtbewaldete Gebiete. Bunte Vögel kreischten auf und flatterten davon, und nur ganz selten traf ich einen Eingeborenen, die aber alle freundlich grüßten. Am nahen Ufer spielte eine kleine Gruppe Negerjungen. Einige hockten auf dem Boden und trommelten auf Hölzern, während ein anderer in einem Blätterkostüm einen grotesken Tanz aufführte.

Über eine kleine Hängebrücke führte der Pfad weiter in den Dschungel hinein, der manchmal so dicht war, daß man den Himmel nicht mehr erkennen konnte, weil die hohen Bäume mit ihren weitausladenden Kronen alles verdeckten – als wäre man in einem grünen Tunnel. Nach einer Stunde hatte ich eine Lichtung erreicht, die mit der einen Seite an das Flußufer grenzte. Eine

Mission – mit einer Schule; wenn man die alte Holzkirche aus der Entfernung betrachtete, wurde man an Europa erinnert. Der schmale Weg schlängelte sich den Hang hinauf bis zur Kirche, deren Türen und Fenster offenstanden und deren einziger Schmuck aus einem Holzkreuz bestand. Ein einfacher Tisch diente als Altar, und die Bänke standen militärisch genau ausgerichtet und ließen einen Mittelgang offen. Dabei herrschte eine lähmende Stille. In der letzten Bank ließ ich mich nieder, und als ich mein Gesicht in beide Hände legte, tauchte der Leprakranke vom Flußufer mit dem riesigen roten Loch anstelle der Nase wieder vor mir auf, als wollte er mich verhöhnen und mich vor die grausamen Realitäten einer anderen Welt stellen.

Ein Motor-Einbaum brachte mich am Abend zurück nach Lambarene, wo ich in einem kleinen Hotel übernachten konnte; es war das einzige Hotel im Ort, ganz modern eingerichtet und genauso modern in den Preisen. Das Hotelpersonal strömte gleich in Scharen herbei, und ich merkte sehr bald, daß zwischen den Moskitos und dem Hotelmanager insofern kein wesentlicher Unterschied bestand, als sich beide auf mich stürzten und mich auszusaugen versuchten. Ich war in dem Hotel der einzige Gast, und es muß sehr dekorativ gewirkt haben, als ich in dem Riesenspeisesaal mutterseelenallein saß und eine Schar von Bediensteten mir das Abendessen reichte.

Ich war hundemüde, duschte und ging zu Bett, nachdem ich vorher noch das Moskitonetz dicht vorgezogen hatte. Diese kleinen Biester schienen aber die örtlichen Verhältnisse weit besser gekannt zu haben, denn zwei Stunden später hatten sie den Weg bis zu mir gefunden. Wenn das hohe Summen abstarb, wartete ich immer gespannt, wo diese Quälgeister auf meinem Körper landen würden, und so ohrfeigte ich mich nächtlicherweise selbst, um so viele wie nur möglich zu töten. Außer mir selbst traf ich jedoch kaum ein anderes Lebewesen, und das steigerte meine Wut, denn das Gesumme hörte nicht auf. Schließlich wurde es mir zu dumm. Ich sprang aus dem Bett, um den Lichtschalter anzuknipsen, damit ich meine Moskitojagd erfolgreicher fortsetzen könnte, vergaß dabei aber, daß mein Bett von dem Moskitonetz eingehüllt war, in dem ich im Dunkeln wie ein Fisch im Netz herumzappelte. Bei Lampenlicht nähte ich das so zerrissene Netz wieder zusammen, denn diesen Schaden hätte mir der clevere Hotelmanager sicherlich in Rechnung gestellt. Als ich endlich ohne weitere Moskitobelästigung eingeschlafen war, hatte der schwarze Hotelhund ausgerechnet vor meiner Zimmertür eine Katze aufgestöbert, und durch das ohrenbetäubende Bellen und Fauchen wurde ich so aufgeschreckt, daß ich beinahe nochmals im Netz gelandet wäre.

Punkt acht Uhr am Morgen zischte ich mit meinem Einbaum wieder zur Insel hinüber und suchte nach der Tochter von Dr. Schweitzer. Eine nette Dame mit weißem Arbeitsmantel und blauer Strickjacke kam mir entgegen und führte mich in ihr schlicht eingerichtetes Zimmer. Sie erzählte mir vom Prinzip dieses Hospitals im Urwald, das von sechs weißen Ärzten, fünfzehn weißen Krankenschwestern und fünfundzwanzig afrikanischen Hilfskräften betreut wurde. Die Patienten kamen aus allen Teilen des Landes, oft Hunderte Kilometer weit her. Grundsätzlich muß in Lambarene für die Hospitalbehandlung niemand etwas zahlen, aber es wird jedem Patienten anheimgestellt, dem Hospital ein Geschenk zu machen. Einmal sind es zwei Eier und ein paar Geldmünzen, und gelegentlich kommen auch reiche und einflußreiche Gabonesen, wie zum Beispiel die Frau des Präsidenten, die mit ihren Spenden großzügig sind. In jenen Jahren gab es in ganz Gabon nur drei schwarze Ärzte; einer saß im Ministerium und praktizierte nicht mehr, der zweite war in politische Ungnade gefallen und durfte nicht mehr arbeiten, und der dritte Gabon-Doktor war verschollen. In Dakar (Senegal) gab es eine Art Medizinische Universität, die schwarze Doktoren im Schnellverfahren »produzierte«. Diese verursachten mitunter peinliche Pleiten und begannen, in aufgeschnittenen Bäuchen die richtigen Organe zu suchen, während eine Schwester in einem Lehrbuch vorlas und Direktiven gab.

Alle Patienten in Lambarene bringen – wie überall üblich in Krankenhäusern und Kasernen in Afrika – ihre ganzen Familien und mitunter auch die Haustiere mit. Aber nur dem Kranken wird im Urwaldhospital ein Bett zur Verfügung gestellt, der Anhang muß sich sonst irgendwo in der Nachbarschaft der Baracken Platz suchen. Während des Krankenhausaufenthaltes arbeiten die Angehörigen für das Hospital und verpflegen auch ihre kranken Familienangehörigen. Dem Patienten wird allerdings vom Hospital eine Grundnahrung verabfolgt, was bei den hungrigen Mäulern schon eine beträchtliche Menge ausmacht: hauptsächlich getrocknete Fische aus Norwegen, Reis und wöchentlich an die zehn Tonnen Kochbananen und Maniok.

Im Durchschnitt kam in Lambarene jeden Tag ein Kind zur Welt, aber die verschiedenen Infektionskrankheiten, Tbc und Lepra vermag man nicht zu isolieren – meinte die Tochter Dr. Schweitzers, Frau Rhena Eckert-Daurich, die mit einem Orgelbauer verheiratet war und meist die eine Hälfte des Jahres in Lambarene und die andere bei ihrer Familie in Europa lebte. Der Schmutz und Dreck waren die ärgsten Feinde bei allen Bemühungen.

Auf einem Rundgang zeigte mir Frau Rhena die wenigen Baracken, die primitive Einrichtung des Operationssaales, die Zahnstation und die Röntgenanlage, und dann standen wir wieder vor den qualmenden Feuerchen an den Krankenbaracken. Dr. Schweitzer hütete noch immer das Bett und schlief fast die ganze Zeit oder war ohne Bewußtsein. Man konnte ihn von der Tür aus im Halbdunkel seiner Baracke erkennen – er sprach nicht mehr. Später hörte ich, daß er bereits in Agonie lag.

Verschiedene Komitees in den europäischen Ländern sammeln für dieses Urwaldhospital und erhalten es faktisch mit diesen Spenden. Die Arzneimittelindustrie war auch großzügig, und der Staat Gabon gab als einzige Hilfe für dieses weltbekannte Dschungelhospital die Erlaubnis, diese Medikamente zollfrei zu importieren.

Später traf ich dann in Port Gentil und Libreville zwei europäische Ärzte, die zu den Bewunderern Dr. Schweitzers zählten und die ich um ihre Meinung über Lambarene befragte. Dr. M. sagte ganz offen: »Wir alle schätzen die Persönlichkeit von Dr. Albert Schweitzer ohne jede Einschränkung – er ist einer der wirklich Großen unserer Zeit; darüber gibt es gar keine Kritik oder Diskussion. Unabhängig davon muß aber gesagt werden, daß in diesem Urwaldhospital grauenhafte sanitäre Zustände herrschen, von Hygiene im medizinischen Sinn kann überhaupt nicht gesprochen werden. Es ist kein Argument, wenn man sagt, die Schwarzen hätten es so lieber. Diese Methoden kann man heute nicht mehr gutheißen, denn es geht doch nicht allein darum, einen humanen Willen auszudrücken, sondern um die Medizin.«

Der zweite Arzt, den ich befragte, Dr. R., sagte: »Ich kenne Dr. Albert Schweitzer persönlich schon viele Jahre und zähle zu seinen aufrichtigen Verehrern. Er ist nicht nur ein großer Humanist, Philosoph, Musiker, Schriftsteller und Missionar, sondern er hat der Welt ein neues praktisches Christentum vorgelebt. Er ist ein großartiger Mensch und eine einmalige Persönlichkeit. Das ist die eine Seite von Lambarene. Was das Krankenhaus von Lambarene betrifft, das von Dr. Schweitzer gegründet wurde und geleitet wird, so muß ich als Arzt sagen, das ist ein medizinischer Skandal. Im vergangenen Jahr hat es Epidemien auf der Insel gegeben, mit verheerenden Folgen in all dem Schmutz. Eine Sache und Methode, die vor zwanzig oder dreißig Jahren noch gut und richtig war, muß es heute nicht unbedingt mehr sein. Wir wollen doch den Fortschritt und dürfen uns nicht krampfhaft an Traditionen klammern, wenn wir einsehen, daß der alte Weg nicht mehr gangbar ist. Ich bin entschieden dagegen, daß man heute noch auf eine solche Art medizinisch helfen will. Man sollte endlich den Mut finden, einen radikalen Strich zu ziehen und mit heutigen Erkenntnissen zu arbeiten – auch wenn man all die düsteren, verdreckten Baracken wegreißen müßte. Zuerst mit dem Schmutz und Unrat gründlich aufräumen, dann erst kann man helfen und zu heilen versuchen.«

Damals war Lambarene bereits ein heißumstrittenes Thema in Ärztekreisen, wenn auch niemand an der Persönlichkeit des »grand docteur« Kritik übte. Aber die Diskussion wurde sogar in den Reihen seiner Mitarbeiter in Lambarene sowie in den verschiedenen Hilfsorganisationen geführt, die das Hospital mit ihren Mitteln und mit aufgebrachten Spenden am Leben erhielten.

Zum letztenmal ging ich zwischen den Patienten und deren Verwandtenscharen umher, sah die Tragbahren und den schweißtriefenden Arzt im Operationssaal. Oben auf den Blechdächern waren die gewaschenen Verbände zum Trocknen ausgebreitet, und dazwischen flogen die Urwaldvögel herum und ließen ihren Kot zurück. Überall in und vor den Baracken wurde gearbeitet, und das Stromaggregat tuckerte, solange der Arzt operierte. Oben rechts in der zweiten Baracke lebte Dr. Schweitzer, der große Menschenfreund, der wie kein anderer die Nächstenliebe praktizierte. Gleich neben seiner Baracke war das Gehege für seine Lieblingstiere.

Am Abend flog ich von Lambarene wieder zurück nach Port Gentil. Es gab noch eine kleine Aufregung, weil wieder viel mehr Flugtickets verkauft worden waren, als die Maschine Plätze hatte. Über dunkelgrauen Regenwolken mit wenig Sicht erfolgte der Rückflug. Die Gabonesen hatten die Maschine schon arg zugerichtet, denn mit Nägeln und Messern ritzten sie regelmäßig ihre Namen irgendwo sichtbar ein, so wie Liebespaare bei uns ihre Namen an Bäumen im Wald verewigen.

Ahnungslos stieg ich in Port Gentil aus der Maschine und

wollte durch den Ausgang eilen, als mich ein Polizeioffizier schroff nach meinem Namen fragte, mir gleich meinen Paß abnahm und mich zu einem Kollegen führte. Ich wurde in einen Peugeot 403 verfrachtet, und gewitzigt, wie man durch die Praxis wird, brachte ich gleich alle meine kostbaren Lambarene-Filme unbemerkt in meiner Unterwäsche in Sicherheit. Mit heimlichem Vergnügen rechnete ich mir aus, was ich durch diese feudale Sonderfahrt an Taxispesen eingespart hatte. Bei der »Sûreté Nationale« – dem Sicherheitsdienst von Gabon –, die sinnigerweise in der »Villa Primavera« (Villa Frühling) untergebracht war, fand dann die erste Vernehmung statt. Der Kommissar sprach nur Französisch, ich hingegen drei andere Sprachen, aber dafür kein Wort Französisch; so mußte ein Dolmetscher ausfindig gemacht werden. Ich wurde mit einem Schwall von Fragen überschüttet. Warum ich ohne Genehmigung nach Lambarene geflogen sei? Warum ich dort ohne Genehmigung Fotos gemacht hätte? In dieser Tonart ging es weiter, wobei man auch meinen Trick wissen wollte, wie ich die Polizeikontrolle am Flughafen umschlichen hätte. Man glaubte mir nicht, man suchte vergeblich ein Visum für Gabon in meinem Reisepaß, und schon war ich zum Staatsfeind Nr. 1 avanciert. Treuherzig schilderte ich, daß mein Schiff hier im Hafen liege und daß ich normal mit dem Reisepaß in der Hand die Maschine bestiegen hätte. In barschem Ton verlangte man die Herausgabe meiner Lambarene-Filme. Wütend und verbittert suchte ich drei neue Filme, deren Endschlaufe ich in den Schlitz zurückgeschoben hatte, aus meinem Fotokoffer und legte sie protestierend auf den Kommissartisch. Ich erhielt den Bescheid, daß ich am nächsten Tag nach der Hauptstadt Libreville zum zuständigen Ministerium fliegen müsse, während die Fernschreiber bereits zu rattern begannen, um den Bericht über diese Staatsaffäre durchzugeben. Ich gewann den Eindruck, daß diese Beamten mit meinem »Fall« eine willkommene Möglichkeit zum Nachweis ihrer Existenzberechtigung gefunden hatten. Bereits um acht Uhr morgens sollte ich mich im »Bureau Spécial« des Ministeriums melden. Ich machte indessen den Gabonesen klar, daß ich kein Geld für eine Flugreise hätte. Wie man das alles arrangiert hat, weiß ich nicht, jedenfalls kam ich am nächsten Morgen zu einer Gratisflugreise. Bereits um sieben Uhr schob man mich in eine kleine Maschine der »Air-Gabon«, in der noch sechs andere Passagiere Platz fanden, und flog kostenlos nach Libreville, wo wir nach 45 Minuten landeten. Ratlos stand ich in der Abfertigungshalle des modernen Flughafens, als ich durch den Lautsprecher schon ausgerufen wurde.

Das Sonderbüro des Ministeriums war fast ausschließlich noch mit Franzosen (»Beratern«) besetzt, und ein solcher nahm sich meines Falles und meiner Person gleich an. Er stellte mir dieselben Fragen wie zuvor die Sûreté in Port Gentil, worauf ich ihm zur Antwort gab, daß ich eine Schiffsreise mit der »Baden« machte und darum kein Visum für die Anlegehäfen benötigte. Außerdem hätte ich ja die beiden Gabon-Polizeikontrollen an den Flughäfen ordnungsgemäß passiert und mit Interesse die Gabon-Touristikplakate gelesen. Abends flog ich die 300 Kilometer wieder zurück, und meine »Baden« lief um Mitternacht aus. Wie ich erfuhr, hatte ein englischer Kollege einige Zeit vorher Lambarene ebenso illegal besucht und das Urwaldhospital vernichtend geschildert und kritisiert. Das war der Grund, warum man nicht gern Journalisten zum Ogowe fliegen lassen wollte. Journalisten brauchten eine Sonderbewilligung für Lambarene, und die gab man nicht.

Drei Tage später hörte ich in den Radionachrichten, daß Dr. Schweitzer gestorben sei. Ich war der letzte Journalist, der den lebenden »grand docteur« noch in Lambarene besucht und gesehen hat, ihn aber nicht mehr sprechen konnte.

Von Schwarzen gefangen

Die Abfahrt von Matadi, dem Kongo-Flußhafen für Hochseeschiffe, ging spannend und beinahe dramatisch vor sich, da wir einen nicht voll ausgebildeten Lotsen auf der Brücke stehen hatten, der ständig im Affentempo von den einen zur anderen Seite lief und dauernd nervös an seinem rotblonden Schnurrbart herumzupfte. Gleich nachdem wir abgelegt hatten, gab er das Maschinenkommando »Volle Kraft voraus« und wollte so gegen den Kongostrom drehen. Die Strömung war jedoch beträchtlich und der Radius für die Flußabwärtsdrehung entsprechend größer. Etwas zu spät ließ unser Lotsenlehrling die Maschine stoppen, als er sah, daß es mit diesem Manöver nicht gutgehen konnte. Gleich darauf kommandierte er »Volle Kraft zurück«, als wir bereits dem anderen Kongoufer bedrohlich näher kamen. Der Maschinentelegraph rasselte und klingelte, und der Kapitän sah böse drein, als wollte er den Lotsen im nächsten Moment fressen. Die Maschine sprang bei dem neuen Kommando aber nicht an. Es machte nur pfff-pfff-pfff – dann kam kein Ton mehr und auch keine einzige Schraubendrehung. Unser Bug kam dem drohenden Felsufer schräg seitlich näher und näher. Noch dreimal machte die Maschine pfff-pfff-pfff, aber erst als wir nur noch knapp sieben Meter vor dem Anprall und Auflaufen waren, wurde die Maschine wieder brav. Wie in tausend Ängsten drehte sich die Schraube, und zögernd, als wollte es nicht so recht, richtete sich das Schiff stromabwärts. Ich ließ die »Leica« wieder sinken, und alle auf der Brücke sahen sich an, als wäre Weihnachten. Was dieser lange, schlaksige Lotse dann zu hören bekam, hätte für etliche Ehren-Beleidigungsprozesse gereicht, aber der Ahnungslose, dem selbst der Angstschweiß auf der Stirne stand, verstand die herrlichen und kraftvollen sizilianischen Vokabeln nicht und wehrte schüchtern und bescheiden den Redeschwall des Kapitäns ab, weil er ein Kompliment vermutete.

Es sind nur wenige Stunden Fahrzeit bis Pointe Noire, dem Haupthafen der anderen Kongo-Republik. Zwei Offiziere waren damit beschäftigt, rechtzeitig sämtliche Zolldeklarationen für die ganze Besatzung in x-fachen Durchschriften zu schreiben. Alles mußte angegeben werden, was als Gebrauchsgegenstand bezeichnet werden konnte, ebenso andere neuwertige Gegenstände, einschließlich der noch verpackten Toilettenseifenstücke.

Pointe Noire ist eine der modernsten westafrikanischen Städte, die von den Franzosen nach den neuesten städtebaulichen Gesichtspunkten angelegt wurde. Breiteste Straßen – mit sehr wenigen Fahrzeugen –, große Grünanlagen zwischen allen Häusern, modernste Bauten, alle sorgfältig im Winkel ausgerichtet. Mich interessierte aber weniger die moderne Stadt als vielmehr ein Tip, den ich erhalten hatte und dem ich nachgehen wollte. Etwa dreißig Kilometer außerhalb von Pointe Noire, an der Straße nach der Hauptstadt Brazzaville, sollte sich angeblich ein modernes und mustergültiges Jugendausbildungszentrum befinden. So mietete ich mir ein altes, klappriges Taxi, bei dem der Kofferraumdeckel bei jeder kleinsten Bodenunebenheit wie erschreckt hochsprang. Nachdem wir eine halbe Stunde um den Fahrpreis gefeilscht hatten, fuhren wir endlich los, in Richtung Brazzaville. Der Tip war richtig, denn nach etwa einstündiger Fahrzeit fuhren wir zuerst durch ein kleines Dorf, und unmittelbar dahinter waren an der linken Straßenseite bereits die Zelte und Baracken eines großen Camps zu sehen.

Ich ließ anhalten, stieg aus und wollte mich gerade erkundigen, als mein Taxi mit Vollgas davonfuhr und mich allein auf der Straße neben diesem rätselhaften Camp stehenließ. Irgendwie war mir nicht ganz wohl, denn ich sah meinen Rückweg abgeschnitten. Ob sich der Taxifahrer eine Wartezeit ersparen oder sich keine politischen Ungelegenheiten verschaffen wollte – ich wußte es nicht, hatte den treulosen Deserteur aber im Verdacht, daß er alles in Pointe Noire bereits einkalkuliert hatte. Meine Neugierde war aber größer als alle unguten Vorahnungen. Die schwarzen Muttis rannten mit ihren kleinen Bälgern davon und zerrten sie in die Hütten, als sie meine Kamera sahen. Aus weiterer Entfernung hörte man vereinzelt Schüsse. Ich versuchte, zum Leiter des peinlich sauberen Lagers zu gelangen. Auf dem freien Platz marschierten einige Gruppen, die Jungen hatten alle Gewehre oder Maschinenpistolen. Unweit davon lag ein klassischer Hindernisgarten, auf dem Halbwüchsige so geschickt wie Affen über die Plankenwände hinwegturnten und dann unter niedrig über die Erde gespannten Stacheldrahtverhauen schlangengleich hindurchkrochen, mit kraftvollen Sätzen über weite Wassergräben hinwegsprangen oder auf hohe glatte Masten hinaufkletterten. Außer ihren Waffen trugen sie meist nur einen breiten Ledergurt und kurze Hosen, und nur wenige hatten eine richtige Uniform mit grünen Armbinden. Ich konnte das Alter dieser Camp-Insassen schwer schätzen, aber sie dürften zwischen sechzehn und zwanzig Jahre alt gewesen sein.

Hinter den Baracken sah ich einen von Buschwerk eingerahmten kleineren Platz, auf dem in kurzen Abständen menschenähnliche Attrappen, aus Gras und Palmblättern gebildet, aufgestellt waren und durch in die Erde gerammte Pfosten aufrecht gehalten wurden. Diese Grasmännchen sahen schon sehr lädiert und zerzaust aus.

Mir kam die Sache nicht mehr ganz geheuer vor, denn mir schwante, daß ich mich da in eine etwas ungute Sache eingelassen hatte. So ließ ich die »Leica« seitlich, durch den Arm verdeckt, baumeln und schritt den Campzaun entlang, um den eigentlichen Eingang des Lagers zu finden oder – was mir empfehlenswerter schien – wieder zurück zur Hauptstraße zu marschieren. Inzwischen hatte man mich aber schon entdeckt, einige Rufe und Kommandos ertönten, und eine Schar der bewaffneten Halbwüchsigen versperrte mir den Weg, die Waffen drohend gegen mich gerichtet. Davonzulaufen wäre unklug gewesen, denn diese jungen Schwarzen waren sicherlich weit schneller als ich, und außerdem wußte ich nicht, ob die Waffen durchgeladen waren und ich ihnen ein willkommenes bewegliches Ziel für ihre Schießausbildung geboten hätte. Durch einen Fluchtversuch hätte ich mich außerdem selbst zum »Schuldigen« gestempelt.

Das unvermeidliche Schicksal, das mit langen Schritten und schwarzen Gesichtern auf mich zukam, nahm seinen Lauf. Ich steckte die eine Hand in die Hosentasche und machte mit der anderen eine Bewegung, die einen freundlichen Gruß darstellen konnte. Der kam aber nicht an. Der bewaffnete Haufen schob und trieb mich über den Platz – es wurden anscheinend immer mehr –, bis wir bei einer Baracke anlangten. Drinnen stand ein Tisch, sonst nichts, dahinter saß ein Neger mit der Figur eines Preisboxers, der gleichfalls auf seinem Hemdsärmel eine grüne Armbinde trug. Zuerst verlangte er meinen Reisepaß und wollte wissen, warum ich hier herumschnüffle. Ich sagte ihm, daß ich mich gerade auf der Suche nach dem Kommandanten befunden hätte. Das glaubte er mir nicht und verlangte den Film, den ich aus der Kamera herausnehmen und auf den Tisch legen mußte. Ich war gespannt, wie nun die Sache weitergehen würde, und überlegte krampfhaft, was die alles mit mir anstellen könnten. Der Armbindenmann warf den Film in die Ecke und gab dann einige Befehle. Daraufhin wurde ich von der Horde wieder hinaus auf den Platz geschoben, und ich landete in einer kleinen, leeren Negerhütte, in der außer dem glatten Lehmboden und einem undefinierbaren Gestank nichts vorhanden war. Ich kauerte mich in dem Halbdunkel in eine Ecke auf den Boden, während vor der Türöffnung einer der Helden, seine Maschinenpistole lässig in der einen Hand, als Bewachung auf der Erde saß. Neugierig und völlig ungläubig, daß er nun stärker als der gefangene Weiße war, ließ er mich nicht aus den Augen und besichtigte mich ständig von Kopf bis Fuß, als könne er seine Allmacht gar nicht fassen. Ich ärgerte mich nicht nur gründlich über den Taxideserteur, sondern auch über mich selbst, denn nun hatte ich die Bescherung. Am nächsten Morgen sollte mein Schiff wieder auslaufen, während ich da festsaß und mich die Schwarzen am Ende noch im Triumph nach ihrer Hauptstadt Brazzaville bringen würden, wie ich aus einigen Wortfetzen herausgehört hatte. Ich grübelte nach einer Lösung und fand keine. Es kümmerte sich niemand um mich, nur mittags bekam ich eine Schüssel mit Maniok hereingeschoben, aber der Wachposten blieb so wie ich am Boden.

Abends, als es dunkel wurde, bot sich mir dann völlig überraschend eine Lösung an. Der Lümmel vor meiner Türöffnung hatte anscheinend Hunger bekommen, und man hatte wahrscheinlich vergessen, ihm seine Mahlzeit zu bringen. Er verschwand ganz einfach still und leise, nachdem er vorher noch einen mißtrauischen und warnenden Blick zu mir hereingeworfen hatte. Als er hinter der nächsten Hütte verschwunden war, klingelten bei mir alle Alarmglocken, die bei einem Reporter eingebaut sind. Ich mußte blitzschnell handeln, sonst war die Chance verpaßt. Wie ein Wiesel kroch ich zur Türöffnung, und da ich niemanden sah, machte ich mich aus dem Staub. Sie mußten alle beim Essen sein, weil keine einzige schwarze Seele zu sehen war. Ich rannte so schnell wie selten in meinem Leben. Als ich keuchend die Straße erreichte, bog ich rechts ab und lief weiter, bis mir die Zunge heraushing und ich völlig außer Atem war. Oft blickte ich mich um, aber weit und breit war kein Mensch. Als ein Pkw hinter mir herkam, ging ich langsam weiter, winkte und versuchte ihn anzuhalten, aber die Neger, die drinnen saßen, winkten mir nur grölend zu und fuhren weiter. Nachts und noch dazu in solcher Umgebung wirken derartige Episoden immer weitaus deprimierender als bei Sonnenschein. So rannte ich verzweifelt weiter, bis hinter mir ein schwerer Motor dröhnte.

Ein riesiger Lastwagen mit drei mächtigen Edelholzstämmen blieb stehen. Dem Fahrer drückte ich einen Geldschein in die Hand und versprach ihm, daß er in Pointe Noire noch einen zweiten bekommen würde, sobald wir angekommen wären. Das Führerhaus war vollgepfercht mit Negern, die absolut ihren Platz nicht räumen wollten – wie sich herausstellen sollte, zu meinem Glück. Ich mußte notgedrungen auf die Baumstämme kriechen, die entrindet feucht und glitschig anzufassen waren. Ich konnte mich nur an den schweren Ketten festhalten und verspreizen. Aber in meiner Situation wäre ich wahrscheinlich auch auf ein Nagelbrett geklettert. Der Wagen rollte an, und mit Vollgas ging es über die Hauptstraße zurück nach Pointe Noire.

Meine Hochstimmung wurde aber nach einer halben Stunde empfindlich gedämpft. Vor einer Ortschaft wurde der Lastwagen von der Polizei angehalten. Vor uns stand schon eine ganze Kolonne von Fahrzeugen, die man alle genau durchsuchte. Sämtliche Wageninsassen mußten aussteigen – sie suchten einen Weißen. Ich lag wie angeklebt der Länge nach auf einem der Edelholzstämme, hatte meine Finger in die Kette gekrallt und verhielt mich völlig unbeweglich.

Mit viel Palaver und Gezeter ging die Kontrolle weiter, die fast eine halbe Stunde dauerte. Ich war froh, daß ich im Fahrerhaus keinen Sitzplatz bekommen hatte, und ich war auch recht zufrieden mit der Zahlungsvereinbarung, die ich mit dem Lkw-Fahrer ausgehandelt hatte. Ganz logisch kalkulierte ich, daß der Schwarze sicherlich ein Interesse daran hatte, mich nach Pointe Noire zu bringen, weil er sonst um den versprochenen zweiten

Geldschein kam, und außerdem würde er sich irgendwie mitschuldig gemacht haben, wenn er zugab, daß er den Gesuchten auf seinem Wagen hatte mitfahren lassen. In solch totalitär regierten Ländern mit maoistischem Einschlag werden oft harmlose Kleinigkeiten weit anders und schwerwiegender ausgelegt und interpretiert. Bei Tag hätten mich die schwarzen Polizisten unweigerlich schnell ausfindig gemacht, aber in der Dunkelheit bei der spärlichen Beleuchtung kam niemand auf die Idee, daß oben auf dem Holz noch jemand sein könnte. Die übrigen Lastwagen durchstöberte man zwar auch einschließlich der Ladefläche, wie ich bei vorsichtigem Blinzeln feststellen konnte; aber unser Laster machte mit seinen drei Holzstämmen anscheinend einen unverdächtigen Eindruck, nachdem man die Wageninsassen gründlich visitiert hatte.

Fluchend und schreiend stieg die Schar schließlich wieder ein. Gerade in diesem Augenblick begann mich ein fürchterlicher Hustenreiz zu quälen, den ich nur mit aller Kraft unterdrücken konnte. Ich atmete erst auf, als sich unser Fahrzeug wieder in Bewegung setzte. Wir fuhren weiter. Man vermag schwer die Gefühle in einer solchen Lage zu beschreiben. Dieses Holzvehikel erschien mir jedenfall prachtvoller als jede Luxuslimousine.

Meine Pechsträhne war inzwischen anscheinend wieder abgerissen, denn in Pointe Noire fuhr der Lkw sogar direkt in den Hafen, so daß ich auch die dortige Kontrolle umgehen konnte. Als der Fahrer dann anhielt, kletterte ich von meinem luftigen Versteck herunter und drückte dem Lenker nicht einen, sondern zwei Geldscheine in die Hand, was er lachend quittierte. Ich sprang auf eines der Holzflöße, das von einem Motorboot gerade zu meinem Schiff hinausgezogen wurde, und war bald darauf wieder an Bord.

In der Badewanne, wo ich gleichzeitig mich und meine Leibwäsche wusch, stellte ich dann berufsphilosophische Gedanken an. Bei einem Reporter ist die Neugierde ein Großteil seiner beruflichen Aufgabe, und alles was man anstellt, muß man grundsätzlich allein und ohne fremde Hilfe selbst ausbaden. Es interessiert weder den Leser noch den Chefredakteur oder Lektor, wenn man von Schwierigkeiten oder Risiko spricht – sie fragen alle nur, wie das Material beschaffen ist, das man heimbringt.

Nach diesem Erlebnis hatte die Stadt in Kongo-Brazzaville für mich jeden weiteren Reiz verloren – im Gegenteil, ich fand sogar, daß es gar keine bessere Bezeichnung für sie geben könnte als ihren Namen: Pointe noire (= Schwarzer Punkt).

Der Krokodilfarmer

Wenn ich jemandem das Ende der Welt zeigen sollte, würde ich ihn nach Mondah führen. Dort lagen wir seit drei Tagen vor Anker und warteten. Nach unserem ersten Eindruck war Mondah nichts weiter als ein Name auf der Karte. Zu sehen war nichts als eine buchtartige Flußmündung, auf drei Seiten umrahmt von undurchdringlichem Dschungel, der unvermittelt dort anfängt, wo das Wasser aufhört. Vorsichtig und langsam hatte sich unser Schiff zwischen den dicht unter der Wasseroberfläche liegenden Sand- und Schlammbänken und sonstigen Untiefen die schmale Fahrtrinne suchen müssen, und bei einer verlassenen roten Boje war dann der Anker in den angeschwemmten Schlamm gerasselt. Das nächste Ufer war drei Kilometer entfernt. Kein Haus, nicht einmal die kleinste unscheinbare Negerhütte – nichts, nur eine drückende, lautlose Stille, kein Windhauch. Unsere einzige Nachbarschaft waren der drohende, dumpfe Urwald voller Affen und Schlangen und die dahinterliegenden Sümpfe mit den Tse-Tse-Fliegen, dazu nur noch die Haifische, deren Dreiecksflossen im weiten Bogen unentwegt um das Schiff kreisten. Und doch ist Mondah ein wichtiger Punkt, denn weit drinnen im Dschungel waren die Holzfällertrupps am Werk, die an den Ufern des Mondah-Flusses die unzähligen Baumstämme zu riesigen Flößen zusammenbanden. Ganze Wälder wurden geschlagen, aber in dem tropischen Treibhausklima wächst dort alles weit schneller nach, als der Mensch zu roden vermag. Ein kleiner Motorschlepper pendelte dann zwischen den Holzfällern und dem Schiff, um die Flöße heranzuschaffen. Oft mußte die Schiffsbesatzung aber lange warten, ehe die ersten Flöße flußabwärts kamen, und solche leeren Wartetage ohne die Möglichkeit eines Landgangs können böse Aggressionen innerhalb der Besatzung erzeugen. Man durfte niemanden verkehrt anreden; und schon eine unbeabsichtigte Berührung konnte einen Streit oder gar eine Schlägerei verursachen.

Am nächsten Tag zogen schwarze Wolkenbänke wie eine wilde Schar apokalyptischer Reiter ganz niedrig über den Dschungel herauf, es regnete warm, und es wurde so dunstig, daß man kaum eine Sichtweite von zwanzig Metern hatte. Die Matrosen hatten schon dreimal die große Angel mit einem fetten Fleischbrocken ausgelegt, aber zweimal vernaschten die Haie den leckeren Köder und ließen den Haken leer zurück. Um die Mittagszeit gab es dann plötzlich ein Freudengeschrei am Heck. Wir rannten alle in höchster Eile zum Heckflaggenmast, wo der Schiffszimmermann wie verrückt herumgewirbelt wurde, ohne daß er jedoch die dicke Nylonschnur losließ. Mit zerschnittenen, blutigen Händen und einem wilden Triumph in den Augen hielt er einen jungen Hai fest. Der Motorschlepper kam gerade zur rechten Zeit, seine Besatzung band ein Tau um die gefährliche Schwanzflosse, und so wurde der geschworene Feind der Seeleute aus dem Wasser gezogen. Es war kein allzu großer Fisch, er wog nur an die hundert Kilogramm, aber seine Kraft genügte, um auf dem Deck des Motorschleppers die Schwarzen durch die Gegend zu schleudern.

Bösartig klaffte und schnappte das Maul mit den dreieckigen Zähnen, deren Schneideseiten noch fein gezahnt wie eine Säge waren. Mit einem schweren Vorschlaghammer drosch nun ein Schwarzer wohl an die zehn Minuten lang auf den Kopf des Haies ein, doch der zähe Fisch schien das nur als eine lästige Störung zu empfinden. Erst ein Matrose, der vorher auf Fischkuttern gefahren war, machte mit seinem scharfen Messer dem Todeskampf des Raubfisches ein Ende. Fein säuberlich wurde die Beute tranchiert, die Zähne wurden ausgebrochen und an die Mannschaft als Talisman verteilt. Abends gab es dann Haifischbraten. Haie sind bei den Seeleuten traditionsgemäß gehaßt und gefürchtet, weil sie in dieser Berufsbranche allzu viele Opfer auf ihrem Konto haben. Seltsamerweise schien sich des Schiffszimmermanns Petri Heil bei den uns umkreisenden Haifischen herumgesprochen zu haben, denn von da ab war die Mündungsbucht wie ausgestorben.

Ich hatte einige Zeit zuvor Jefferson kennengelernt, einen wahren Riesen von fast zwei Metern Größe, mit knallroten, tomatenfarbigen Haaren, die meist mit einem verbeulten Tropenhelm zugedeckt waren, obwohl man in Afrika schon seit langer Zeit diese Kopfbedeckung nicht mehr trägt. Sein rosiges Gesicht war von dunkelbraunen Sommersprossen übersät, was aussah, als wären zu viele Fliegen in dem Gesicht gelandet. Sein Hemd hatte keine Knöpfe und ließ eine behaarte Brust erkennen, die jedem Gorilla zur Ehre gereicht hätte. So hatte ich ihn noch in Erinnerung. Was mir aber außerdem von ihm im Gedächtnis geblieben war, das war seine Krokodilfarm am Ufer eines Seitenarmes des Mondah-Flusses. Über den Holzagenten des Schiffes bekam ich jetzt heraus, wo dieser Mann hauste, und ein Schlepper nahm mich gegen Zahlung eines Aufpreises gern mit, denn die schwarze Besatzung war froh, einen Nebenverdienst zu haben, weil sie nach der Ablieferung des Holzfloßes beim Schiff ohnehin wieder den Fluß hinauffahren mußte.

Gegen Abend, als die Sonne hinter dem Dschungel untertauchte, ließen mich die Schwarzen an Land, und wir vereinbarten, daß sie mich am darauffolgenden Abend wieder abholen sollten. Über ein paar leeren Benzinfässern waren etliche Bretter befestigt, und diese Plattform, die als Landesteg diente, war durch Stahlseile an den Uferbäumen verankert. Auf einer Holztafel war in kunstvoll geschwungener schwarzer Schrift »Krokodil-Farm« zu lesen, und ein kleiner Pfeil wies auf einen breiten Pfad. Lange mußte ich nicht gehen, dann stand ich vor dem großen Gebäude, das auf unzähligen Piloten etwa zwei Meter über dem Boden thronte. Über eine breite Holztreppe schritt ich hinauf, und als ich eintreten wollte, kam mir der Gesuchte – der Hausherr – mißtrauisch und mürrisch entgegen. Als ich ihn an unsere Bekanntschaft erinnerte und er mich dann erkannte, lachte er dröhnend und schob mich ins Haus. Eine kleine, zierliche Frau kam zu uns, sie machte einen etwas vernachlässigten und verlorenen Eindruck. Zwei achtzehnjährige Mädchen, auf den ersten Blick als Zwillinge erkennbar, vervollständigten die Familie, wenn man von den schwarzen Hausgeistern absah. Besuche waren in dieser Gegend selten, und die nächste Farm lag etwa sechzig Kilometer von dem Haus entfernt. Die Pisten, Pfade und Fahrwege waren nur darum noch nicht zugewachsen, weil die Holzfällertrupps außerhalb der Regenzeit ständig durch die Urwälder fuhrwerkten. Ihre gigantischen Zugmaschinen, Traktoren und Caterpillars walzten wie vorsintflutliche Ungeheuer die Flächen nieder und zogen die gefällten und zerschnittenen Baumriesen zu den Flußläufen.

Nach dem Abendessen, als die Damen des Hauses bereits ihre Schlafzimmer aufgesucht hatten und ich mit Jefferson allein am Tisch saß, meinte der lange Sommersprossige ganz geheimnisvoll: »Ich habe Ihnen seinerzeit davon erzählt, daß ich ein seltsames Hobby betreibe; können Sie sich noch an meine Worte erinnern?« Ich vermochte mich zwar nicht daran zu erinnern, nickte aber dennoch zustimmend, gleichzeitig aber auch ungläubig fragend: »Was – jetzt gegen Mitternacht wollen Sie mir Ihr Hobby zeigen?« Verwundert starrte ich in eine Glasvitrine. Er lachte eigenartig, beteuerte aber, daß jetzt dazu die einzig richtige Zeit sei. Schrill pfiff er durch die Zähne, und gleich darauf stand ein Schwarzer neben ihm, dem er ein paar Anweisungen in einem westafrikanischen Dialekt gab.

Sobald wir unsere Gläser leergetrunken hatten, gingen wir hinaus, wo der Jeep mit einem Rudel Schwarzer bereits auf uns wartete. Wie die Kletten hingen die Neger am Wagen, während Jefferson in den Dschungel fuhr. Schon nach knapp zwanzig Minuten bohrten sich die Scheinwerferkegel in das Ufer eines schmalen, sumpfigen Flußarmes. Wir stiegen alle aus. Zwei Schwarze nahmen blutige Fleischklumpen, die sie in einem Sack mitgebracht hatten, und befestigten sie an starken, angelartigen Widerhaken, die wiederum an dünnen, langen Stahlseilen angebracht waren. In weiten Würfen wurden die Haken mit den Fleischbrocken in das Wasser geworfen, nachdem man die Enden der Stahlseile an Baumstämmen festgebunden hatte. Kein Wort wurde mehr gesprochen.

Lange mußten wir nicht warten, bis wir das Geplansche und das Rudern von Krokodilen hörten. Langsam und bedächtig kamen einige Tiere näher. Aus dem Lärm konnte man entnehmen, daß sie sich um die vermeintliche Beute stritten, und dann spannte sich mit einem Ruck das erste Stahlseil. Wütende Schläge zeigten an, daß das erste Tier bereits an die Angel gegangen war. Die Bäume, um die die Seile gebunden waren, erzitterten bis in die Kronen hinauf, und ein Schnalzen und Klatschen, das Aufbäumen der an den Haken und Seilen gefangenen Krokodile bildeten ein unheimliches Inferno. Mit den Jeep-Scheinwerfern und einem aufmontierten drehbaren Suchscheinwerfer konnte man die schuppigen Leiber in ihrem Verzweiflungskampf erkennen. Mit vereinten Kräften zogen die Neger dann das erste Seil ein – es war ein junges Tier –, Blut, Schaum und Schlamm troff aus dem halboffenen Rachen, der die gefürchteten Zähne sehen ließ. Geschickt und behende sprang einer der Schwarzen mit einer schweren Holzkeule herbei, versetzte dem Tier hintereinander zwei wuchtige Hiebe auf den Kopf und mußte dann blitzschnell zurückweichen, weil das Krokodil mit dem Schwanz kräftig ausfetzte. Nacheinander wurden die Seile eingezogen, die Tiere erschlug man, und mit neuen Fleischfetzen ihrer Artgenossen warf man die Angeln wieder ins Wasser.

Jefferson sah teilnahmslos zu, er machte den Eindruck, als wäre er mit den Gedanken weit weg. Er wirkte unheimlich, als er seine Augen über diese nächtliche Schlächterei huschen ließ und sich dabei müde an seinen Wagen lehnte. Als wollte er sich entschuldigen, erklärte er mir: »Man darf sie nicht schießen, denn die Haut darf nicht durchlöchert werden, sie ist zu kostbar. Sie verdienen auch keine Kugel, sondern sie sollen so verrecken, wie sie leben – heimtückisch. Nachts ist die beste Zeit, denn da kommen auch genügend junge Tiere heraus. Mit diesen Krokodilhäuten verdiene ich mehr als mit allen anderen Dingen auf meiner Farm. Sie wundern sich wohl, warum ich das alles nicht nur mache, sondern auch mitansehe?«

Die Schwarzen hatten in der Zwischenzeit ein Feuer angezündet, bei dessen Schein sie die erbeuteten Tiere fachgerecht zerlegten, um die kostbaren Häute peinlich sauber und unbeschädigt zu lösen. Alles, was übrigblieb, warfen sie ins Wasser zurück. Jefferson bezahlte die Schwarzen sehr gut für ihre Arbeit, und deshalb rissen sie sich um diese Sonderkommandos, die monatlich ein- bis zweimal inszeniert wurden.

Wir fuhren schweigend zum Haus zurück, die Schwarzen bei ihrer blutigen Arbeit lassend. Wieder im Wohnraum angelangt, führte mich Jefferson zu der neben dem Fenster stehenden Glasvitrine, in die ich schon vorher überrascht hineingesehen hatte. Während er unsere Gläser wieder füllte, begann er zu erzählen:

»Wir hatten vor neunzehn Jahren einen kleinen Sohn – er war ein lustiger, kleiner Stoppel –, der überall seine Nase reinstecken mußte. Sie kannten ihn in den Eingeborenenhütten ebenso wie in den Farmen der Nachbarschaft, wenn diese auch noch so weit weg sind. Dann kam aber jener fürchterliche Tag, als der Kleine unten am Fluß spielte. Ein Schwarzer des Dorfes paßte auf ihn auf, aber wir haben beide nie wiedergesehen. Etliche Tage später fand ein Neger in der Schlammbucht, wo wir jetzt waren, diesen kleinen Schuh«, Jefferson zeigte dabei auf die Glasvitrine, wo zwischen Porzellangeschirr ein ganz verblichener, heller Kinderschuh stand, »das Fleisch stak noch drinnen, der Knochen war von den ekelhaften Krokodilen glatt abgebissen. Seit jenem Tag habe ich den Biestern Rache geschworen, und ich kenne kein Mitleid mit ihnen. Im Gegenteil, es tut mir mitunter direkt gut, wenn ich zusehe, wie meine Leute die Tiere erschlagen. Ich könnte, um ein junges Kalb am Leben zu erhalten, alles tun, was nur möglich ist, aber diese Biester ekeln mich an, weil sie mich immer wieder in furchtbarer Weise an meinen Jungen erinnern. Ich komme von meinem Rachegefühl einfach nicht los. Dabei sollte ich nicht undankbar sein, denn ich habe noch zwei prächtige Mädchen, die uns viel Freude bereiten.«

Nach einer kurzen Pause fuhr er fort: »Ja, und meine Frau sucht sich auf andere Art zu trösten. Das werden Sie ja bereits bemerkt haben. Sie säuft wie ein Loch, sie kommt nicht darüber hinweg. Wir wollten hier schon alles aufgeben, um nach Europa zurückzugehen, damit wir mit diesen ganzen bösen Erinnerungen fertig werden. Aber das geht leider nicht. Erstens kauft die Farm hier in dieser Scheißgegend niemand – sie ist nicht an den Mann zu bringen –, zweitens halten uns hier nicht nur die Haßgefühle, sondern die einsame Freiheit. Ich glaube nicht, daß wir uns nach diesem Leben in Europa noch eingewöhnen und zurechtfinden könnten, selbst auf dem Lande nicht. Wir sind in dieses Stück Afrika vernarrt und kämen nicht los davon, selbst wenn wir es wollten.«

Am nächsten Morgen schien bei Sonnenschein alles wie ein Spuk gewesen zu sein. Frau Jefferson hatte sich zusammengenommen, weil Besuch im Hause war, und die beiden Töchter, die mit ihren Haaren in einer Tomatensauce Kopf gestanden zu haben schienen, teufelten auf zwei Pferden durch die Gegend, daß ihre roten Haarschöpfe nur so flogen. Am liebsten wäre ich auf der Farm noch ein paar Wochen geblieben, aber mein Schiff wartete nicht länger. Jefferson gab mir noch schnell einen ganzen Berg eilig geschriebener Briefe mit und bat mich, einen Geldbetrag von ihm mit nach Europa zu nehmen, um ihn dort auf ein Schweizer Bankkonto einzuzahlen.

Drei lange Sirenenpfiffe am Abend ließen mich rasch aufbrechen. Nach einer hastigen Verabschiedung rannte ich zum Fluß zurück, sprang noch geistesgegenwärtig über eine dunkelbraune Schlange, die sich ausgerechnet auf dem Pfad zusammengeringelt hatte, und sah dann bereits den Schlepper, der sich an die leeren Benzinfässer heranarbeitete. Vier schwarze Arme halfen mir an Bord, und wir fuhren dann zuerst zu dem eine Stunde weiter flußabwärts liegenden fertigen Floß, hängten es mit einem langen Stahlseil an und tuckerten damit zur Flußmündung, wo unser Schiff auf diese letzte Ladung wartete.

Nachts, als die letzten Edelholzstämme verstaut waren und wir in der pechschwarzen Dunkelheit wie ein erleuchteter Stern ruhig dalagen, als keine Kranwinde mehr lärmte und die meisten an Bord schon schliefen, konnte man mitunter an der Grenze unseres Lichtscheines einen lautlos paddelnden Einbaum sehen. Neugierig, wie die Motten durch den Lichtschein angelockt, wagten sich die Schwarzen aus ihren Sümpfen heraus und bestaunten nachts diesen Lichtriesen, unser Schiff, doch wagten sie sich nicht näher heran, als ihnen die Dunkelheit der Nacht noch Schutz gewährte. Und in der Ferne konnte man die Neger trommeln hören. Das Ganze wirkte wie eine unwirkliche Welt, die eigentlich schon längst untergegangen sein mußte.

Am nächsten Nachmittag hatten wir den letzten Baumstamm an Bord mit Strahltrossen abgesichert, die Positionslichter wurden gesetzt, der Anker hochgezogen – und nun galt es für den Kapitän, die schmale Fahrtrinne zu finden. In der einbrechenden

Dämmerung stellte sich sehr schnell heraus, daß die wenigen in der Seekarte eingezeichneten Blinkfeuer und Leuchtbojen ganz woanders waren, als sie laut Karte sein sollten; anscheinend war sie schon zu alt und überholt. Der Funker stand am Echolot und rief laut die Tiefen unter unserem Kiel zur Kommandobrücke hinauf, zwei Deckoffiziere standen am Ausguck und peilten ununterbrochen die drei Leuchtfeuer an, während der Kapitän herzerfrischend diese ganze Kolumbus-Navigation verfluchte. »Drei Faden . . .« rief der Funker wieder monoton, und alle wünschten sich dabei schon draußen im offenen Meer. Als unser Marconi dann mit schriller Stimme »Zwei Faden!« brüllte, ließ der Kapitän die Maschine stoppen. Sachte, wie ein Fuchs die Hühner anschleicht, tastete sich das Schiff durch die Untiefen. Alles war gespannt, denn hier in dieser verlassenen Ecke Afrikas aufzulaufen war nicht allzu verlockend. »Vier Faden!« tönte es da nach einer endlos scheinenden Pause wieder vom Echolot her, und nach einer Stunde passierten wir die kleine Insel, wo das offene Meer begann.

Ein Mann verschwand in der Pfahlbaustadt

Cotonou ist nicht nur die Hafenstadt der winzigen westafrikanischen Republik Dahomey, es ist auch der einzige internationale Flughafen des Landes. Wenn man also auf dem Luft- oder Seeweg nach Dahomey kommt, muß man Cotonou passieren, sozusagen das Portal des kleinen Staates. Bereits die ganze Woche vorher hatte ich unter Zuhilfenahme von Kalender und Zirkel auf den Seekarten mit den Offizieren des Schiffes gerechnet und kalkuliert, ob unser Schiff wohl früh genug ankommen würde, damit ich noch die Anschlußmaschine nach Lagos erreichen könnte. Ich war schon überfällig und hätte längst daheim sein müssen, und deshalb wäre Cotonou für mich eine günstige Gelegenheit gewesen. Alle unsere Berechnungen stimmten aber nicht, da wir auf der Reede vier Stunden auf den Lotsen warten mußten, bis ein Platz am Pier frei wurde, und so hatte ich die »Coronado« verpaßt. Ich ärgerte mich darüber grün und gelb und begann, als gelehriger Schüler unseres Kapitäns auf sizilianisch zu fluchen, weil ich nun doch noch etliche Häfen weiter an Bord bleiben mußte.

So eine Schiffsbesatzung setzt sich aus einer Menge recht eigenwilliger und mitunter auch eigenartiger Individualisten zusammen. Der 2. Offizier schrieb still und heimlich Dutzende Hefte mit Gedichten voll; in Gedanken lebte er in einer ganz anderen Welt. Der 1. Offizier versuchte beharrlich, in einigen

Holzkisten Tomaten zu züchten, aber außer meterhohen Stauden kam wenig zum Vorschein; und Früchte trugen die Pflanzen aus naheliegenden Gründen nicht. Der Steward war ein leidenschaftlicher Figaro und schnitt der ganzen Besatzung nach den modernsten Illustriertenabbildungen die Haare. Der Kapitän verschanzte sich hinter seinen sechzig Briefmarkenalben, die er selbst buchbinderisch fachgerecht hergestellt hatte. Da war auch noch ein kleiner, freundlicher Schweizer vom Maschinenraum, der seinen ganzen Verdienst in eine hübsche Negerin investierte, die in Douala – in Kamerun – wohnte. Er hatte ihr dort eine bescheidene Wohnung eingerichtet, kleidete sie neu ein, und bei seinem letzten Besuch schenkte er ihr ein Moped. Er betrachtete sie als seine »Frau«, war sehr stolz auf sie, und wenn das Schiff zwei Tage und zwei Nächte im Hafen lag, so nahm er sich für die ganze Zeit Urlaub, ging abends in vornehme Restaurants mit ihr speisen und kehrte erst eine halbe Stunde vor dem Auslaufen mit traurigem, dünnem Gesicht an Bord zurück. Er zehrte von diesen wenigen Tagen und Nächten in Kamerun, und in jedem Hafen lag mindestens ein Brief von dem schwarzen Mädchen für ihn bereit.

In Cotonou entpuppte sich aber noch ein anderer Einzelgänger an Bord. Der Bootsmann, der Capo der Matrosen, hatte eine Information von einem Matrosen bekommen und rannte auf dem kürzesten Wege zum Kapitän, um ihm diese mitzuteilen. Alfredo, ein junger stiller Matrose aus Genua, hatte sich in Cotonou am ersten Abend mit seinen wichtigsten Sachen aus dem Staube gemacht. Seinem Freund erzählte er, daß er nicht mehr an Bord zurückkehren wolle. Er kenne ein junges Mädchen in einem riesigen Pfahlbaudorf – und zu ihr wollte er gehen.

Der Kapitän war mehr als nur Kapitän, er war gleichzeitig auch eine Art Familienvater, der auf die Sorgen, Probleme und Nöte seiner Besatzungsmitglieder einging. Er kannte auch die Familien seiner Leute ganz gut und machte darum ein grimmiges

Gesicht, als er die Neuigkeit über Alfredo erfuhr. Sicherlich hatte jeder an Bord das Recht, in jedem beliebigen Hafen abzumustern, aber diese Art des heimlichen Davonschleichens gefiel ihm nicht. Wie eine aufgeregte Glucke, der eines ihrer Küken aus dem Schwarm davongewuselt war, rief der Kapitän den Bootsmann und mich herbei und bestellte eilig ein Taxi.

Er trieb den Fahrer an, aber auf der glatten Asphaltstraße verloren wir den Auspuff des Wagens. In einem geduldigen Eselstrab rannte der schmächtige schwarze Taxifahrer zurück und suchte sich flink alle abhanden gekommenen Bestandteile wieder zusammen. Anschließend kroch er unter sein Auto und befestigte alles mit einem Stück Draht so kunstvoll, daß er davon selbst begeistert war und selbstzufrieden wieder einstieg. »Das passiert öfters«, meinte er sozusagen als Entschuldigung, und die Fahrt ging weiter. Nach einer guten Stunde Fahrzeit bogen wir in einer kleinen Ortschaft rechts ab, brausten durch eine lange Allee und standen dann verblüfft vor einem unendlich großen Lagunensee. Die Ufer und Inseln waren alle mit dichtem, schilfähnlichem Gras bewachsen, und unzählige Einbäume, aber auch größere Barken, besetzt mit buntbekleideten oder nackten Schwarzen, ließen die Nähe einer größeren Siedlung vermuten. Mit einem der Bootsbesitzer waren wir bald über die Passagegebühren handelseinig. Die Fahrtrinne zwischen dem Schilf war nur schmal und zeigte im offenen Wasser bestimmte Markierungen in Form von Ästen und Palmblättern, die einfach in den Schlamm gesteckt worden waren, weil man sich sonst in dem Gewirr der Uferinseln allzuleicht verirrt hätte. Gelegentlich passierten wir einen Fischer, der seine Netze bedächtig auswarf, oder Einbäumen mit malerischen Figuren. Auf dem offenen See angekommen, ließ eine starke Brise die schmutzigbraunen Wellen gegen das Boot klatschen. Es war wirklich ein riesiger See, dessen gegenüberliegendes Ufer nicht zu erkennen war.

Nach geraumer Zeit zeigte sich am Horizont ein undeutlicher

grauer Streifen, das erste Ziel unserer Fahrt. Man erkannte erst in unmittelbarer Nähe, was es mit Ganvié, der größten afrikanischen Pfahlbaustadt, auf sich hatte. Das war kein Dorf, sondern wirklich eine Stadt inmitten des Lagunensees – inmitten einer Wasserwüste. Fast könnte man diese eindrucksvolle Pfahlbaustadt ein westafrikanisches Venedig nennen.

Auf biegsamen Bambus- und Palmstämmen wiegten sich unzählige Pfahlbauten über den Wellen. Eng zusammengedrängt, als würden sie aneinander Schutz suchen, ließen sie nur schmale Gassen und Straßen im Wasser frei, auf denen überall ein hektischer Einbaumverkehr herrschte – wie in Zürich, Paris oder Wien der Autoverkehr. Die Zeit schien in Ganvié stillgestanden zu haben, denn so hatte es dort sicherlich schon vor hundert Jahren ausgesehen. An den Pfahlbauten sieht man keinen Nagel oder Draht, alle Holzverbindungen sind geschickt und kunstvoll zusammengeflochten. Jede Behausung ist nur über primitive hohe Bambusleitern erreichbar. Die Hütten besitzen nur einen Raum, in dem jedoch durchschnittlich zwanzig Personen hausen. Die einzige Einrichtung besteht gewöhnlich aus einem primitiven Lehmofen. Die Kinder werden anscheinend schon in frühester Jugend einfach ins Wasser geworfen, denn sie schwammen überall in Rudeln umher wie die jungen Hunde. Das Wasser ist immer kühler als die Luft, und darum sind die Pfahlhütten so geschickt mit porösen Wänden ausgestattet, daß die abgekühlte Luft in allen Richtungen zirkulieren kann. Die Kanalisation besorgt seit jeher der See mit seinen Wellen, denn alles, was nicht mehr gebraucht wird, landet im Wasser. Nicht weniger als 12000 Einwohner leben in Ganvié, die Kinder nicht mitgerechnet. Sie leben alle vom See, von den Fischen, die zum Teil sogar in das nicht allzu ferne Nigerien exportiert werden. An Land gehen die Pfahlbaustadt-Bewohner meist nur, wenn sie sich ganz reines Trinkwasser holen oder ihre Toten in die Erde betten, denn in Ganvié selbst gibt es keinen einzigen Quadratmeter Erde.

Es existieren über diese Pfahlbaustadt keine Aufzeichnungen; man weiß aus Überlieferungen nur, daß die Siedlung mehr als hundert Jahre alt ist. Überlieferungen, die von Generation zu Generation mündlich weitererzählt wurden, berichten von einer uralten Geschichte. Vor langer Zeit standen im Norden Dahomeys zwei Bergstämme in einem nicht enden wollenden fanatischen Kampf. Zwei mächtige Negerhäuptlinge rangen um die Macht und Vorherrschaft in den umstrittenen Bergen, bis sich dann eines Tages die Niederlage des älteren Stammesoberhauptes abzuzeichnen begann. Nachts flüchtete er mit den Überlebenden seiner Dörfer nach dem Süden. Viele wurden auf diesem Marsch noch niedergemacht oder kamen sonstwie um, aber der Rest erreichte den Lagunensee. Der alte Häuptling gab seinen Leuten noch den weisen Rat, im See Schutz zu suchen und im Wasser ihre Hütten zu bauen – dort wären sie sicher, und dorthin würde ihnen niemand folgen. Der Häuptling starb angeblich noch am Tage ihrer Ankunft am Ufer, aber seine Stammesgenossen befolgten den Rat – so soll Ganvié entstanden sein.

Unser Boot bog in die »Hauptstraße« ein, und der Kapitän begann nun mit Hilfe des Bootsführers seine Suche. Dieser zog zunächst einmal einen kleinen Negerjungen an den Kraushaaren aus dem Wasser und fragte den Zappelnden, ob er hier einen jungen Weißen mit einem schwarzen Mädchen gesehen hätte. Ein angstvolles Geschrei war die einzige Antwort. Mit einem Plumps ließ der Bootsführer den Bengel wieder ins schmutzige Wasser fallen, und die Fahrt ging weiter. In einer schmalen Gasse hielten wir erneut an und riefen zu den Bewohnern einer der Pfahlhütten hinauf. Eine junge Frau streckte ihren Kopf mißtrauisch heraus, aber offenbar kannte sie den Besitzer unseres Bootes, und es begann eine lebhafte Debatte. Irgendeinen Hinweis muß der Bootsführer bei dem Geschnatter erhalten haben, denn mit einem leisen Ausruf ging die Sucherei weiter.

Am äußersten Rande der Siedlung machten wir das Boot fest.

Wir kletterten eine zwei Meter lange Leiter empor und krochen in eine Hütte hinein. Dort hockte nur ein alter Mann am Boden und rauchte bewegungslos eine Pfeife. Als ihm immer wieder die Frage nach dem weißen Matrosen gestellt wurde, begann der Pfeifenraucher böse zu werden. Er schrie uns an und wies mit seiner Pfeife zur Türöffnung, um deutlich zu machen, daß wir auf dem schnellsten Wege verschwinden sollten.

Die lautstark geführte Auseinandersetzung hatte die umliegenden Hütten alarmiert, in den Türöffnungen und in den Einbäumen und auf dem Wasser versammelte sich eine ganze Schar Neugieriger, die gleich zwei Parteien bildeten. Beim Verlassen der Hütte entdeckten wir in einer Ecke aber noch den Seesack des Gesuchten, dessen Initialen den Besitzer identifizierten. Wir nahmen den Sack einfach mit, obwohl der Alte wieder zu zetern begann und uns wüst beschimpfte.

Als wir unser Boot wieder bestiegen, begannen die ersten Verkehrsschwierigkeiten, denn einige Boote versuchten unsere Weiterfahrt zu blockieren. Außenbordmotoren sprangen an, und Ruder wurden drohend erhoben. Unser Boot wurde festgehalten und gewaltsam unter die Pfahlhütten abgedrängt.

In dieser Situation flüsterte unser Kapitän seinem »Kollegen« vom Boot ein paar Worte ins Ohr und drückte ihm einige Münzen und Banknoten in die Hand. Lautstark, das ganze Durcheinander übertönend, schrie nun unser Bootsführer ein paar Sätze in die aufgebrachte Menge, und die Stimmung schien schlagartig umzukippen. Der Kapitän hatte nämlich eine Art Prämie für diejenige Information ausgesetzt, die zur Auffindung unseres Alfredo führen würde. Da die Summe für die dortigen Verhältnisse nicht unerheblich war, reckte sich ein baumlanger junger Neger in seinem Boot auf und ermunterte uns, ihm zu folgen.

Was da nun alles in Bewegung kam, war einfach phantastisch. Die ganze Meute folgte dem eilig vorausfahrenden Neger, und sogar etliche Kinder im Wasser hielten sich an den Bootsrändern fest, um so mitgenommen zu werden. Zwischen den Pfahlbauten ging es im Eiltempo dahin. Mitunter schaffte ein Boot nicht die enge Kurve und schlitterte in das Pfahlwerk unter den Hütten oder verfing sich an den zum Trocknen aufgehängten Fischernetzen. Durch Schreie verständigten sich die Bootsinsassen untereinander, bis schließlich der ganze Schwarm vor vier abseits stehenden Pfahlhütten anlangte. Abermals banden wir unser Boot fest und kletterten zu einer der Behausungen hinauf. Es war jedoch nur ein barbusiges junges Negermädchen da, dessen vordere Schneidezähne haifischartig dreieckig zugefeilt worden waren. Mit einem Redeschwall überschüttete uns das Mädchen, was den Bootsmann nicht daran hinderte, mit unverschämten Blicken den wunderschönen Busen des Mädchens eingehend zu betrachten.

Durch laute Rufe der draußen wartenden Schar wurden wir plötzlich alarmiert. Wir hasteten die Bambusleiter hinunter in unser Boot, von wo aus wir gerade noch sehen konnten, wie unser Alfredo in einem Einbaum mit Außenbordmotor auf den See hinausfuhr. Bei der nun einsetzenden Jagd, bei der es allein auf Tempo ankam, schieden sich bald die Paddler von den Motoren. Wir waren jetzt noch fünf Boote, die an der Verfolgung teilnahmen – anfangs weit voraus Alfredo, der ein zwei Kilometer entferntes kleineres Pfahlbaudorf anpeilte. Doch er schaffte es nicht, nach zwanzig Minuten hatten wir ihn eingeholt, weil er keinen Sprit mehr im Tank hatte.

Das Wiedersehen auf dem Lagunensee zwischen dem Kapitän und seinem ausgerissenen Matrosen war nicht gerade eine rührende Szene, sondern ein Donnerwetter mit sizilianischem Temperament. Immer wieder hörte ich den Namen Angelina heraus, die Braut des Matrosen, mit der Alfredo in letzter Zeit jedoch einige Differenzen gehabt hatte. Der so zusammengestauchte Matrose ließ mit hängendem Kopf alles über sich ergehen. Er wurde von uns in Schlepptau genommen. Nach einer Stunde waren wir

Die »IOANNIS NOMICOS« war ein richtiger »Seelenverkäufer«, lag schon einmal am Meeresgrund, wurde wieder gehoben und besaß nur mehr einen Schrotteisenwert.

Wir hatten eine Todesfracht an Bord – halbverhungerte Höckerrinder –, die wir im Schnekkentempo durch das Rote Meer schippern mußten.

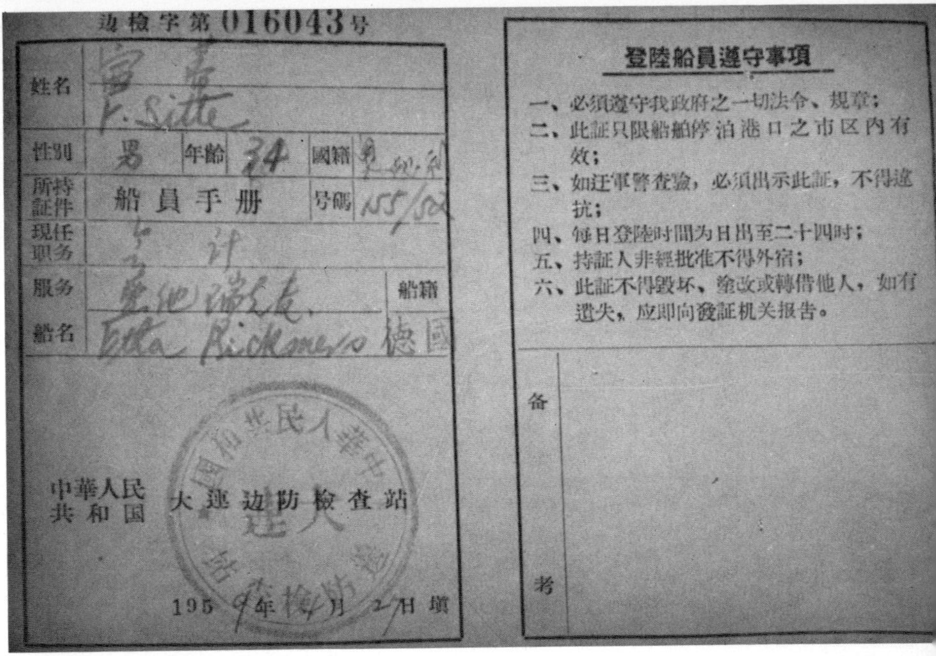

边检字第016043号

姓名	
性别	男
年龄	34
國籍	
所持証件	船員手册
号碼	
現任職务	
服务	
船籍	德國
船名	

中華人民共和国 大連边防检查站

195 年 月 日塡

登陸船員遵守事項

一、必須遵守我政府之一切法令、規章；
二、此証只限船舶停泊港口之市区內有效；
三、如迂軍警查验，必須出示此証，不得違抗；
四、每日登陸时間为日出至二十四时；
五、持証人非經批准不得外宿；
六、此証不得毁坏、塗改或轉借他人，如有遺失，应即向發証机关报告。

备考

Mein rotchinesischer Ausweis als »Schiffsbesatzungsmitglied«, mit dem ich 1959 ohne Visum auch in der Mandschurei an Land gehen konnte.

1959 in Rotchina: Damals gab es auf den Straßen noch keine Autos mit PS, sondern nur Karren mit MS.

Im berühmten Urwaldhospital Dr. Schweitzers in Lambarene kommen nach afrikanischer Tradition alle Familienangehörigen mit dem Patienten mit. Die gehfähigen Patienten stehen Schlange vor der Ambulanzbehandlung.

Straßenbild im Urwaldhospital, das lange Zeit hindurch von Ärzten und Fachleuten wegen seiner unhygienischen Zustände hart kritisiert wurde. Inzwischen hat sich viel geändert.

Mit dem Schweizer Motorfrachter »BADEN« klapperte ich Westafrika ab und hatte reichlich Zeit, auch während der langen Hafenliegezeiten landeinwärts zu kommen.

Kongo (Zaire), eines der reichsten und zugleich turbulentesten afrikanischen Länder. Mädchen mit der kunstvollen »Sonnenfrisur«. Die kleinen Zöpfchen werden mit Bindfaden umwickelt, haben oftmals Drahteinlage, können beliebig zurechtgebogen werden und halten wochenlang.

Westafrikas Edelhölzer sind ein lukrativer Exportartikel. Die Holzverlader schlafen jede freie Stunde auf den im Meer schwimmenden Stämmen.

Die größte afrikanische Pfahlbaustadt Ganvié (Dahomey) wird manchmal als das Venedig Afrikas bezeichnet. Für uns war es Schauplatz einer Verfolgungsjagd nach einem Matrosen.

Man kann diese Pfahlbaustadt nur durch Boote erreichen, weil diese Siedlung in einem riesigen See liegt.

»Hadschi«, der Hofnarr des einstigen Imams von Jemen. Er bekam in Kairo sein neues Gebiß und machte Pilgerreisen »en gros« für seine Landsleute, die nicht genug Geld für eine eigene Pilgerreise hatten. Die vielen Teilbeträge waren das Geschäft des Profi-Pilgers.

Die uralte englische Kolonialeisenbahn rattert in einigen Gebieten des Südsudans noch heute unverdrossen.

Mit einer Polizeipatrouille im Südsudan durch das Gebiet der aufständischen Rebellen.

Typisches Schönheitssymbol der Shilluk-Negerstämme im Sudan sind die tätowierten Narbenknollen auf der Stirn.

Wo Afrika noch am schwärzesten ist, wo kaum ein Weißer heute noch auftaucht, wo Sitten und Bräuche seit Jahrhunderten noch heute gleich bestehen – in düsteren Winkeln der Republik Tschad.

Fallschirmjäger der französischen Fremdenlegion im Tschad im Einsatz gegen die Aufständischen. Die Offiziere sind ausnahmslos Franzosen.

Die Unteroffiziere und Soldaten sind meist Deutsche und Österreicher. Mitunter versanken unsere Fahrzeuge in tückischen Sümpfen.

Sana'a, die Hauptstadt des romantischen Nordjemen, gilt als die älteste noch »lebende« Stadt unserer Erde, die bisher noch niemals zerstört worden war.

Während des blutigen Bürgerkrieges erklärten die Scheichs – wie seit Jahrtausenden – mit Kniefall und Handkuß ihre Loyalität. Feierliche Staatsakte in der wilden Bergwelt.

Die Krisenzone »Panama-Kanal« ist noch lange nicht stabilisiert. In dieser Weltverkehrsader überschneiden sich verschiedene politische Interessen.

1969 marschierte ich vom Kongo (Zaire) aus mit den Angola-Aufständischen Roberto Holdens 700 Kilometer illegal durch Nord-Angola.

Mit den Befreiungskämpfern durch portugiesisches Kampfgebiet in Angola. Durch mannshohes Gras, hüfttiefe Sümpfe und Dschungelgebiete führte der Weg. Trinkwasser meist nur aus den Sümpfen, die Verpflegung bestand wochenlang nur aus Raupen, Würmern, Insektenlarven und wildem Bienenhonig.

Von der UNITA-Befreiungsbewegung in Angola gefangener Portugiese. Rechts im Bild die heute noch als legendäre Guerillaführer kämpfenden Chiwale und Puna.

Bei den Guerillas in Angola begleiten auch heute noch die Frauen mit ihren Kleinkindern ihre Männer zum Kampf. Wenn erforderlich lassen die Frauen ihre Kinder in den letzten Dörfern zurück und greifen selbst zur Waffe.

wieder an Land, wo uns die ganze Schar der Verfolger umringte, als wäre soeben ein Löwe erlegt oder gefangen worden. Der lange Neger kassierte die ausgesetzte Prämie mit strahlendem Gesicht – es war der Bruder jenes Mädchens mit dem schönen Busen und den spitzen Zähnen. Widerwillig nahm Alfredo seinen Seesack auf die Schulter und marschierte mit uns zum wartenden Taxi, dessen Lenker schon wieder unter dem Wagen lag und an seinem Auspuff herumbastelte.

Die Fahrt zurück nach Cotonou ging völlig schweigsam vor sich, jeder sah am anderen vorbei. An Bord angekommen, nahm sich der Kapitän den Ausreißer nochmals vor. Eine volle Stunde marschierten sie nebeneinander auf dem Kapitänsdeck auf und ab, und nur gelegentlich hielten sie an, wenn der Kapitän den Matrosen an beiden Schultern packte und ihm ins Gewissen redete.

Beim Abendessen meinte Sanfillippo, als wollte er diesen Vorfall irgendwie begründen oder entschuldigen: »Auf den Schiffen herrscht eine andere Welt, und da sind auch andere Maßstäbe notwendig. Manche Männer fahren nur zur See, weil sie mehr Geld verdienen wollen – manche halten nicht durch, und viele bekommen mitunter einen regelrechten Koller, sie schnappen über oder vollziehen Kurzschlußhandlungen. Alfredo ist ein anständiger Kerl, und wenn wir nächstens in Genua sind, knöpfe ich mir mal seine Angelina vor . . .«

Noch nie in meinem Leben war ich so froh gewesen, ein Flugzeug versäumt zu haben, wie diesmal in Cotonou. Übrigens – Alfredo ist schon lange Jahre verheiratet mit einer Giulia, er arbeitet heute auf einem Fährschiff in Piombino, und in seiner Wohnung krabbelt ein halbes Dutzend kleiner Maffiosi herum.

»Hadschi« – der Hofnarr

Ich war wieder einmal mit einem kleinen Motorfrachter – MS »Arbedo« – unterwegs, für einige Monate im Zickzack durch das Rote Meer. Das Schiff war so klein, daß es nur als Küstenfrachter deklariert werden konnte, aber das störte mich nicht – im Gegenteil, das war ein Vorteil, weil wir so etliche Häfen anliefen, die große Schiffe nicht erreichen.

In Port Said, am Eingang des Suezkanals, hatte ich sozusagen einen »Kollegen« bekommen, der uns bis nach Aden als Passagier begleiten sollte. Wir trauten alle an Bord unseren Augen nicht, als eine biblische Gestalt die Gangway herauftrippelte, und mit ihr zusammen kam noch eine ganze Reihe farbiger Blechkoffer, Pakete und zusammengeschnürter Kartons. Es war ein Jemenite in seiner malerischen Kleidung, unter der eine amerikanische Uniformbluse hervorlugte, mit stilechtem Kopfputz und einem funkelnagelneuen Spazierstock in der Hand, der selbst in dieser arabischen Umgebung Aufsehen erregte. Sein Alter konnte man schwer schätzen, es dürfte zwischen 45 und 65 gelegen haben, vielleicht auch noch darüber. Seine mokkafarbene Haut, seine hageren und beinahe asketischen Gesichtszüge, seine scharfe Hakennase, die tiefliegenden flinken Mausaugen und sein zweiteiliger schütterer Ziegenbockbart ließen ihn als etwas ganz Besonderes erscheinen. Seine Hände waren schmal und lang, wie man sie sonst nur bei Hebammen und Taschendieben sieht. Er war noch nicht ganz an Bord, als er bereits einen Hagel arabischer Worte auf das Deck prasseln ließ. Er lachte und begrüßte alle Verladekulis und fuchtelte mit den Händen und dem neuen Spazierstock in der Luft herum.

Das also war unser »Hadschi«. Seinen richtigen und vollständigen Namen konnte man sich als Europäer nicht merken, geschweige denn aussprechen. »Hadschi« ist zwar an und für sich nur ein Titel, den ein gläubiger Moslem seinem Namen voranstellen darf, wenn er einmal eine Pilgerreise bis nach Mekka hinter sich gebracht hat. So nannten ihn alle an Bord nur »Hadschi«, und er fühlte sich dadurch besonders geehrt. Am Bug des Schiffes, wo sonst nur Taue und Ersatzteile lagerten, wurde eine kleine Kammer provisorisch eingerichtet. Dort zog er mit seinen Blechkoffern und Schachteln ein. Er war kein gewöhnlicher Jemenite, sondern schon sehr bald stellte sich heraus, daß er Hofnarr beim Imam von Jemen in Taiz war, einem despotischen und brutalen Herrscher, der sein Land hermetisch abgeriegelt hatte. Nebenbei war unser Hadschi auch noch Religionslehrer am Imam-Hof und mit der Imam-Familie ganz weitläufig verwandt. Er hatte sich einen etwas eigenartigen Nebenverdienst verschafft, denn er praktizierte den Beruf eines professionellen Pilgers. Nicht weniger als 56mal war er bereits in Mekka gewesen, aber nicht etwa aus überzeugter Gläubigkeit, sondern weil viele seiner armen Landsleute nicht genügend Geld für eine eigene Pilgerreise hatten und weil nicht alle Jemeniten, die nach Mekka pilgern wollten, vom Imam die Erlaubnis bekamen, vorübergehend das Land zu verlassen. Darum sammelte unser Hadschi bei seinen gläubigen Mitbrüdern Geldbeträge und pilgerte, wenn er genug beisammen hatte, nach Mekka, wo er für die Geldspender stellvertretend betete. So büßte er auch die Sünden anderer Jemeniten kollektiv ab und stellte dann, wieder daheim angekommen, ominöse Hadschi-Bestätigungen aus, mit denen sich die Daheimgebliebenen trösten mußten. Mindestens zweimal im

Jahr reiste so unser Hadschi »in Mekka«, für ihn ein sehr einträgliches Unternehmen.

Warum er diesmal von Mekka aus einen Abstecher nach Ägypten gemacht hatte, bevor er an die Heimreise dachte, hatte einen ganz speziellen Grund: seine neuen Zähne. In Ägypten bastelten sie ihm ein wunderschönes neues Gebiß, und wenn man überlegte, daß die Entfernung vom Jemen nach Ägypten ungefähr der Entfernung von Wien bis Madrid entspricht, so mußte man diesen Jemeniten ganz einfach bewundern. Nicht nur die daheimgebliebenen Mekkapilger hatten ihm bewußt oder unbewußt die zusätzlichen Reisekosten und das funkelnde Gebiß finanziert, sondern in Kairo fand er auch noch einige Exil-Jemeniten, die bei ihrer Rückkehr nach Sanaa den Kopf abgehackt bekommen hätten und die sich beim Imam wieder in Gnade bringen wollten, indem sie Hadschi mit neuen Kleidern ausstaffierten und ihm außerdem noch einen Geldbetrag von umgerechnet 1000 DM in die Hand drückten, in der stillen Hoffnung, daß sie damit einen Fürsprecher beim Imam gewinnen würden.

Unser Hadschi sprach grundsätzlich nur Arabisch und verstand kein anderes Wort. Seine Welt hörte dort auf, wo man begann, nicht mehr Arabisch zu sprechen, und der Jemen war für ihn so etwas wie der Mittelpunkt der ganzen Welt, wo die großen und wichtigen Dinge entschieden wurden. Daß wir auf dem Schiff kein Wort Arabisch verstanden, störte ihn nicht im geringsten, sondern er erzählte uns stundenlang die spannendsten Geschichten, unterstrichen durch sanfte Gesten. Er lachte und kreischte während seiner eigenen Erzählungen, in die er offenbar dauernd Witze einstreute, und zog zwischendurch bedächtig an einer schwarzen Schnur, an der, durch ein Lederetui geschützt, eine uralte »Roßkopf«-Taschenuhr hing. Diese stimmte allerdings mit unseren Uhren nicht überein, sondern war nach der heimischen Uhrzeit eingerichtet, damit er die Gebetszeiten richtig einhalten konnte. Viermal am Tag wanderte Hadschi mit seiner kleinen zusammengerollten japanischen Bastmatte, auf der in kitschigen Farben eine Moschee abgebildet war, in irgendeine Ecke an Deck. Wenn es ihm gerade einfiel, ließ er sich auch mitten auf der Kommandobrücke nieder, wo er dem Kapitän im Wege war. Er selbst ließ sich jedoch auch dann nicht in seinen Gebeten stören, wenn Matrosen über die zusammengekauerte Gestalt am Boden hinwegsteigen mußten. Die Anwesenheit von Menschen störte unseren Hadschi keineswegs, er legte zwischen seinen heruntergehaspelten Suren auch schöpferische Kunstpausen ein, in denen er schnell in seiner Nase herumbohrte oder sich mit zwei Fingern schneuzte, um dann gleich weiterzubeten. Nur ein einziges Mal geriet Hadschi in hellste Bestürzung und Verzweiflung, als wir im Bittersee ankerten und den Gegenkonvoi passieren lassen mußten. Der Jemenite betete gerade in der Mittagszeit, als wir uns um unsere Ankerkette in der Strömung im Kreise zu drehen begannen. Nun ist es aber für den gläubigen Moslem oberstes Gesetz, beim Gebet in Richtung Mekka zu schauen und sich in dieser Richtung zu verneigen, sonst kommen die Gebete nicht bei Allah an – und alles wäre umsonst. Hadschi drehte sich also anfangs ganz nervös mit dem Schiff mit und rückte mit seiner Gebetsmatte nach, zwischendurch nach der Sonne schielend, um die Mekkarichtung zu überprüfen, aber wir drehten uns weiter in der Strömung. Hadschi rutschte so im Kreise herum, um Mekka nicht aus dem Visier zu verlieren, was aber schließlich doch geschah. Da um die Mittagszeit die Sonne genau im Zenit stand, ringsherum nur Wüste und ankernde Schiffe, war eine Orientierung unmöglich geworden, und Hadschi gab es erstmals auf, weiterzubeten. Wütend über diese Sabotage schrie er seine Verwünschungen zur Kommandobrücke und zum Kapitän hinauf, der sich vor Lachen bog, weil er sich keiner Schuld bewußt war. Hadschi hatten wir an diesem Tag vergrämt, und er ließ uns das auch spüren.

Tagsüber geisterte der Jemenite im Schiff herum, sein knöchellanges, hemdartiges Kleid putzte alle Böden, und seine Finger spielten ständig mit den Holzkugeln seiner Gebetskette. Oder er hockte unter einem Rettungsboot und las eines seiner arabischen Bücher. Dabei sah er nie durch seine Brille, sondern grundsätzlich immer darüber hinweg, und gelegentlich schrieb er flink wie ein Wiesel mit seinem modernen amerikanischen Füllhalter Kommentare an den Rand der Druckseiten.

Für unsere Besatzung, die größtenteils erstmalig in diesem arabischen Raum fuhr, war Hadschi natürlich ein bestauntes Wundertier, und Gigo, unser Deckjunge – ein wenig primitiv und beschränkt, sonst aber ein braver Matrose –, starrte ganz entgeistert auf Hadschi, als dieser sich zum erstenmal an Deck zum Gebet niederließ und mit der Stirn immer wieder die Schiffsplanken berührte. Gigo setzte sich verstört zu dem Betenden, um ihm zu helfen, und rief verzweifelt aus: »Cosa fai?« (Was machst du?), aber der Jemenite nahm keine Notiz von diesem Störenfried.

Wenn in irgendeinem Hafen ein Verladekuli an Bord kam, so war Hadschi gleich bei ihm, fletschte seine neuen Zähne und informierte den erstaunten Zuhörer, daß er einen Hadschi vor sich habe.

Als Passagier hatte er das Recht, am zweiten Tisch der Messe mit den Offizieren zu essen. Als strenggläubiger Moslem aß er kein Schweinefleisch und trank keinen Tropfen Alkohol. Es war seine Gewohnheit, schon am frühen Vormittag in die Küche zu schleichen, wo er sich auf einen Hocker setzte und geduldig wartete, zwischendurch unverständliches Zeug murmelnd, bis ihm der Koch den einen oder anderen Brocken als Kostprobe verabreichte. Wenn dann die Glocke zum Essen läutete, schwirrte er mit seinem langen, wallenden Hemd als erster in die Offiziersmesse, nahm am Tisch Platz und zog sofort seine Beine hoch auf die Sofasitzbank, wo er sie nach alter Sitte und Tradition kreuzte, die Hand hastig gegen Stirn und Brust gedrückt. In dieser

Wartestellung begrüßte er jeden Eintretenden grinsend. Wenn dann der Steward mit den Schüsseln, Töpfen und Tabletts zu servieren begann, tippte Hadschi mit seinen langen, ungewaschenen Fingern auf die Speisen, die er haben wollte, oder tunkte seinen Zeigefinger nach Beduinenart tief in die Suppe oder Soße, um ihn nachher genüßlich abzuschlecken und die Auswahl mit einem Schnalzer seiner Zunge zu beenden.

Bedienen ließ sich Hadschi wie ein Fürst aus dem Morgenland. Am ersten Tag lief alles noch gut und manierlich ab, und die mit ihm bei Tisch sitzenden Offiziere und Ingenieure amüsierten sich über diesen Exoten königlich. Bereits am zweiten Tag war es aber mit dem guten Benehmen des Jemeniten vorbei. Wütend hieb er mit dem Tischmesser auf den vor ihm stehenden Berg von Spaghetti, weil ihm diese Dinge zu lang, verwirrend und zum Verspeisen zu kompliziert erschienen. Das Tischmesser legte er sehr bald zur Seite und entschied sich für das lange Brotmesser, dessen Handhabung ihm geläufiger war. Löffel und Gabel hielt er wie einen Spaten krampfhaft in beiden Händen und zertrümmerte damit den Tellerinhalt in lauter kleine Stücke. Das wäre aber noch nicht so arg gewesen, wenn er nicht sämtliche Semmeln und Brote vom Brotkorb mit seinen Werkzeugen auf dem Teller zusammengedrückt hätte, um sich danach die weichsten Stücke herauszufischen.

Der Höhepunkt dieses denkwürdigen Hadschi-Essens ließ dann nicht mehr lange auf sich warten. Alle seine Tischgenossen waren noch mit der Mahlzeit beschäftigt, als Hadschi mit einer verblüffenden Seelenruhe sein neues Gebiß herausnahm und auf den Teller legte. Mit einem Zahnstocher säuberte er zuerst gewissenhaft die Zahnprothese und anschließend seine Ohren, wobei ihn die Ergebnisse sichtlich erfreuten. Ordentlich, wie unser Jemenite nun einmal von Haus aus war, putzte er seinen Zahnstocher abschließend am Tellerrand ab und steckte ihn in eine seiner unergründlichen Taschen. Die neue Prothese war sein ganzer Stolz, und darum wollte er sie seinen Tischgenossen präsentieren. Als er so seine Reinlichkeit zur Genüge gezeigt hatte, ergriff er die Prothese, tunkte sie in das mit Mineralwasser gefüllte Glas seines Tischnachbarn und wusch sie darin ab. Den Offizieren blieben die Brocken buchstäblich im Munde stecken, es begann sie zu würgen, und einer nach dem anderen schlich sich aus der Messe an Deck. Es war ihnen allen der Appetit vergangen. Hadschi, der Ahnungslose, jedoch hängte sein sauberes Gebiß wieder dorthin, wohin es eigentlich gehörte. Abschließend fingerte er sich noch eine Ölsardine von der Platte und verschlang sie mit einem Schluck, sorgfältig darauf achtend, daß die Zähne damit nicht in Berührung kamen.

Seit jenem Essen spurteten die Offiziere alle zusammen bereits eine halbe Stunde vor der offiziellen Mahlzeit in die Messe und speisten ohne den Jemeniten, und wenn dann die Glocke bimmelte, thronte Hadschi allein mit gekreuzten Beinen vor dem Tisch und fühlte sich auch als Alleinherrscher sehr wohl in seiner Haut.

Wir nahmen damals einen ganz ausgefallenen Kurs: zum Golf von Akaba, dem einzigen Hafen Jordaniens, eine Schlucht im Meer hinter der Halbinsel Sinai. Im Jahre 1957 waren die Verhältnisse in dieser finsteren Ecke noch weit anders, als sie es heute sind, und jeder Kapitän, der diesen Golf befahren mußte, stöhnte oder fluchte, und das nicht ganz ohne Grund. Man mußte so fahren, daß man bei Tagesanbruch bei der Tiran-Insel anlangte, sonst fand man den schmalen Golfeingang nämlich nicht genau. Die Fahrzeit vom Eingang bis zum Ende des Golfes beträgt einen Tag, und bevor die Dunkelheit anbrach, mußte man die Hafenstadt Akaba erreichen, denn damals gab es im gesamten Golfgebiet keine Leucht- oder Blinkfeuer, nach denen man sich in der Dunkelheit hätte orientieren können.

So breit die Tiran-Straße, der Golfeingang, auch optisch schien, so tückisch ist sie in Wirklichkeit, denn erst wenn man ganz nahe ist, sieht man die hellgrünen Flächen, an denen sich die Wellen brechen, die gefürchteten Korallenriffe. Etliche total verrostete Schiffswracks lagen verstreut in den Untiefen und unterstrichen noch die Warnungen.

Die Einfahrt zwischen den Riffen mußte in einem ganz bestimmten Winkel gefahren werden, außerdem war die bestehende Strömung zu berücksichtigen. Wenn man die eigentliche Passage mit einer kümmerlichen Breite von kaum 200 Metern erreichte, sah man auf beiden Seiten in den Riffen zwei dünne, verbogene und verrostete Eisenstangen – das war die ganze Markierung der Fahrstraße.

War man dann »durch«, atmeten alle auf, und der Bootsmann konnte seinen Ausguck am Bug wieder verlassen und den Anker festzurren. Ein ständiger Wind pfiff uns entgegen und brachte meterhohe Wellen mit. Man konnte noch die ägyptischen Befestigungen und Drahtverhaue sehen. UNO-Truppen lagen dort am Golfeingang, in einer Wüste, wie sie trostloser nicht sein konnte. Granitfelsen begannen sich aufzutürmen, bis zu 2000 Meter hoch, aber es gab keinen Grashalm, keinen Strauch oder Baum. Im Golf von Akaba treffen sich die Grenzen von vier Staaten: Ägypten, Israel, Jordanien und Saudi-Arabien. An beiden Ufern ist der Golf ohne jede Besiedlung. Erst weiter drinnen konnte man auf saudi-arabischer Seite einige Hütten erkennen, ein winziges Fischernest. Wegen der auf beiden Seiten befindlichen hohen Berge geht im Golf die Sonne schon sehr bald unter, dann leuchten aber die Felsen blutrot auf, als würden sie brennen, und gleich danach ist der Golf von düsteren Schatten erfüllt. Manchmal brachte der starke Nordwind vom Wadi-Arab Sandwolken mit, die den Hexenkessel perfekt machten. Das Meer ist dort etliche hundert Meter tief, und man vermag nicht einmal zu ankern, wenn dies nötig wäre. Auf der Sinaiseite flackerten abends Lichter und Feuer auf, Lagerfeuer von Nomaden oder Wachen.

Der Höhepunkt des engen Golfes ist sein Ende, wo dicht beisammen die beiden einzigen Häfen liegen, westlich der israelische Hafen Eilath und nur wenige Kilometer östlich: Akaba. Jordanien besitzt sonst keinen anderen Zugang zum Meer. Eilath, das ursprünglich nur aus drei Lehmhütten der englischen Polizei bestand, war mit seinen silbrig glänzenden Öltanks, modernen Bauten und zwei vor Anker liegenden Kriegsschiffen deutlich zu erkennen. Wir steuerten aber Akaba an.

Unser Lotse, Sadek mit Namen, war gleichzeitig Schiffsversorger und einziger Motorbootbesitzer und besaß noch ein Geschäft mit Getränkeverkauf. Von ihm wurden wir in ein kleines Restaurant zum Abendessen eingeladen. Unser Gastgeber glich rein äußerlich eher einem Seeräuber. Er lachte dröhnend und patschte jedesmal mit der flachen Hand auf den Tisch, so daß mein Hammelkotelett fast vom Teller hüpfte. Sein Englisch mußte er bei den wüstesten Dockarbeitern gelernt haben. Als er vom Bier etwas angesäuselt war, begann er seine Visitenkarten zu verteilen, auf denen klar und deutlich die Berufsbezeichnung »Pilot« (Lotse) stand. Sadek war ein ausgesprochen heiteres Gemüt; als der Fisch serviert wurde, rief er uns zu: »Entschuldigt, Gentlemen, beim Fisch benutze ich immer nur die Finger . . .« Gesagt, getan; Sadek erwischte den über den Teller hängenden Fisch mit einem Schwung und zerriß ihn buchstäblich in der Luft. Fett und Öl troffen ihm aus dem Mund, dazwischen leerte er schnell zwei Gläser Arak. Die Fischgräten spuckte er zielsicher zwischen dem Kapitän und mir in die Nacht hinaus, und dabei erzählte er dauernd Witze, die niemand verstand und über die er immer allein lachte. Mit seiner fischöligen Rechten patschte er mir begeistert auf die Schulter und auf mein letztes frischgewaschenes weißes Hemd. Die Fischbrocken wischte ich ab, das Fett aber blieb.

Sadek berichtete dann, daß das Wrack dort draußen ein deutsches Schiff gewesen sei, das bei Sandsturm aufgelaufen war. Er zwinkerte dabei mit seinen Seeräuberaugen und rieb Zeigefinger und Daumen, um anzudeuten, was das damals für ein Geschäft gewesen sei, als er das Pech hatte, als Lotse das Schiff auflaufen zu lassen. Sein Mund näherte sich meinem Ohr, und er prustete hinein: »Das war ein Geld!« Denn dem Schiffseigner hatte die Versicherung zahlen müssen.

Unser Seeräuber-Lotse hob dann kurzentschlossen die Tafel auf – es war schon spät –, verpackte uns in sein Auto und zeigte uns das traurige Akaba bei Nacht. Die Straßen waren knöcheltief von Phosphatstaub bedeckt, die elenden Hütten lagen im Dunkel. Dann ging es links ab durch das »Geschäftsviertel«. Von einer Straße war keine Rede mehr, nur noch Schlaglöcher und Dreck. Im Scheinwerferlicht sah man Militärpatrouillen, denn die Grenze zu Israel war nur wenige hundert Meter entfernt. Die Fahrt ging steil bergab, um ein Autowrack herum, und dann bogen wir in Sadeks private Gefilde ein, von einer Meute von halbverhungerten Kötern umkläfft. Zwischen Palmen, leeren Konservendosen und abgenagten Knochen, umgeben von einer Wolke undefinierbarer, abscheulicher Gerüche, stand Sadeks Haus. Zuerst sah man nur eine niedrige Hütte, die Fensteröffnungen mit Säcken verhangen – dort wohnten die Damen, zu denen er arabisch hineinbrüllte. Ein spärliches Licht wurde sichtbar, und dann erst sahen wir das eigentliche Haus. Es war noch nicht bezogen, aber auf den Fußböden lagen Berge von Teppichen und Hausrat wirr herum. Sogar ein richtiges Bad und ein WC hatte Sadek sich einbauen lassen, und an der Kette mußten wir alle nacheinander einmal ziehen.

Sadek besaß 31 Hunde, zwei Frauen, ein Töchterchen, einen verbeulten amerikanischen Wagen und ein waffenpaßforderndes Mundwerk. Die Frauen waren in der Hütte eingesperrt, die durfte natürlich kein fremder Mann sehen, aber seine kleine Tochter, ein unscheinbares, verschüchtertes Mädchen von etwa zehn Jahren, kam herein und mußte uns Besucher bedienen. Ich konnte es gar nicht so schnell mitkriegen, wie auf dem kleinen, wackeligen Tisch fünf Whiskyflaschen, drei Cognacflaschen, sechs Bier- und ebenso viele Coca-Cola-Flaschen erschienen. Und dabei waren wir insgesamt nur sechs Mann. Puren Whisky soff Sadek wie Leitungswasser, und er schenkte uns ein, daß uns graute. An jenem Abend hatte nur Sadek gesprochen. Er schleppte dann auch noch ganze Kisten mit deutschen Zigaretten in den Raum, der Schweiß stand uns allen auf der Stirn, als plötzlich draußen die Hundemeute anschlug und Sadek innehielt. Es wurde unversehens mäuschenstill, Sadek horchte nach draußen und ging dann grinsend in den nebenliegenden Raum. Mit einer deutschen Wehrmachtspistole kam er zurück. »Man kann nie wissen – diese Israelis sind so nahe . . .«, murmelte er zur Erklärung und legte die Waffe erst wieder weg, als die Hunde Ruhe gaben. Das Haus lag einsam und abseits – es war eines der letzten Gebäude gegen die Grenze zu. Wir waren ehrlich froh, als wir unseren Besuch bei Sadek endlich abbrechen konnten. Abschließend verriet er uns noch seine heimliche große Leidenschaft: er sammelte Aschenbecher mit Firmenaufschriften und hatte davon schon einige Kisten voll in der Ecke stehen.

Mit Karacho ging es dann zum Hafen zurück, durch das elende Akaba, wo Hunde und Soldaten erschrocken zur Seite sprangen, als dieser Pirat durch die Straßen fegte. Als wir im Hafen ausgestiegen waren, setzte Sadek mit Schwung zurück, polterte gegen einige leere Ölfässer, das letzte intakte Rücklicht erlosch, aber das schien Sadek nichts auszumachen.

Hastig wurde am nächsten Tag verladen, und als Sadek mit seinem Motorboot anpreschte, um seinen Lotsendienst zu versehen, schob man ihn höflich die Gangway hinunter – wir fuhren allein in den Golf. Mit seiner Trillerpfeife antwortete er auf unser Sirenengeheul, und sein eleganter dunkler Anzug und sein arabisches Kopftuch mit der schwarzen Schnur waren noch eine Weile zu sehen. Wir verließen Akaba fast fluchtartig, um noch bei Tageslicht die Golfausfahrt zu erreichen. Wir nahmen Kurs zum Roten Meer zurück, erhielten noch ein Telegramm, daß die Frau des Kapitäns soeben ein Töchterchen geboren hatte, und stießen auf der Brücke mit den Gläsern an.

In der Offiziersmesse fehlten uns aber drei schöne Aschenbecher . . .

Drei Wochen später waren wir in Aden und verabschiedeten uns dort von unserem Hadschi. Es war der reinste Staatsakt, als der Jemenite mit seinem umfangreichen Gepäck von Bord ging und in die Barkasse unseres Agenten stieg. Seine wallenden Gewänder, der fuchtelnde Spazierstock, die gefletschte ägyptische Zahnprothese – es fehlte uns direkt etwas, als er weg war.

Für mich hatte Hadschi eine viel größere Bedeutung, als ich damals ahnte. Hadschi hatte in Ägypten ein in arabischer Sprache abgefaßtes Buch gekauft, das ein Exiljemenite geschrieben und veröffentlicht hatte. Fotos zeigten öffentliche Hinrichtungen, bei denen die Köpfe aufgespießt waren oder am Boden lagen, daneben den Imam und seine Schranzen. Brutalste Gewaltherrschaft und tief mittelalterliche Systeme und Methoden! Der Imam stempelte damals noch jeden einzelnen Brief selbst ab und bestimmte, welche Post ins Ausland gehen durfte. Die Postsäcke wurden noch mit Kamelen durch die Berge bis Aden geschafft, und wenn die Kameltreiber in der nächtlichen Kälte Feuer anmachten, verwendeten sie oftmals die Briefpost zum Anzünden. Ein rätselhaftes Reich, das hermetischer als einst Tibet abgeschlossen war. Hadschi gab mir den ersten Impuls, zu versuchen, den Jemen einmal gründlich kennenzulernen. Ich habe danach jahrelang alle meine Verbindungen und Empfehlungen angekurbelt und ausgenutzt, um die Erlaubnis zu erhalten. Damals wußte ich noch nicht, daß der Jemen eines Tages eines meiner Reportagehauptthemen werden würde. Ich konnte nicht ahnen, daß ich den Jemen viermal besuchen würde und daß meine Reportagen und TV-Filme über den Jemen rund um die Welt laufen würden . . .

Im Rebellengebiet des Südsudan

Neun volle Monate hatte ich eine Korrespondenz-Offensive gegen die zuständigen sudanesischen Ministerien in Khartoum geführt, neun Monate lang versuchte ich mit all meiner Überredungskunst, die zuständigen Stellen und Persönlichkeiten zu überreden, daß man mir für eine publizistische Dokumentation die Einreise in das Rebellengebiet im Südsudan gewähren möge. Dann geschah das schon unwahrscheinlich Gewordene: Mein Gerangel mit Sudans kompetenten Stellen hatte letzten Endes doch Erfolg – ich erhielt sämtliche erbetenen Sondererlaubnisse sowie ein Visum in meinen Paß gestempelt.

Natürlich flog ich auf dem schnellsten Weg nach Khartoum, der Hauptstadt der Republik Sudan, wo mein Optimismus gleich eine kalte Dusche erhielt. Deprimiert mußte ich zusehen, wie am Flughafen nach Verlassen der Swissair-Maschine meine Film- und Fotokameras, mein Tonbandgerät sowie mein gesamtes Filmmaterial beschlagnahmt und versiegelt wurden, obwohl ich die entsprechenden sudanesischen Sonderbewilligungen vorweisen konnte. Nicht nur das – die Zöllner verlangten von mir auch noch 200 Dollar Zoll für meine Rohfilme, die ich ja nicht im Lande lassen, sondern wieder heimbringen wollte.

Der nächste Tag ging mit einem Kreuzzug durch die verschiedenen Ministerien drauf, bis man sich zu einem weisen Entschluß durchrang: Ein Ministerium bezahlte dem anderen Ministerium den strittigen Zoll, und ich durfte meine plombierte Reporterausrüstung wieder in Empfang nehmen. Als ich dann noch von den verschiedenen zuständigen Persönlichkeiten im Informationsministerium, im Polizeihauptquartier sowie im Verteidigungsministerium besichtigt und ausgefragt worden war, tickte der Fernschreiber und übermittelte den drei aufmüpfigen Provinzhauptstädten die Order, daß man mich in Empfang nehmen und begleiten solle. Außerdem gab es eine Anordnung, wonach man keine nach dem Südsudan abfliegende Maschine benutzen durfte, wenn man nicht eine entsprechende Bewilligung von allen diesen Stellen bei der Luftfahrtgesellschaft vorweisen konnte. Als ich auch diese bürokratischen Hürden mit erlernter Beharrlichkeit überwunden hatte, stand ich wieder auf dem Flugplatz und flog nach dem Süden, meinem eigentlichen Reiseziel.

Man macht sich als Europäer keine auch nur annähernd richtigen Vorstellungen von den Dimensionen dieses flächengrößten Landes Afrikas, das mit 2,5 Millionen Quadratkilometern – also etwa der Größe von Europa – nur schätzungsweise 15 Millionen Einwohner hat. Volkszählungen gibt es dort nicht, sondern da wird nur über den Daumen gepeilt und geschätzt, und wenn man mit dem Flugzeug die 2000 Kilometer nach dem Süden fliegt, über die Wüstengebiete und endlosen Nilsümpfe hinweg, so bekommt man eine leise Ahnung von den dortigen Problemen. Die neun arabischen Moslemprovinzen standen damals mit zehn Millionen Einwohnern den drei zum Teil christlichen und völlig unterentwickelten Südprovinzen spannungsgeladen gegenüber, was schließlich zu einem regelrechten Guerillakrieg der Südprovinzen gegen die Zentralregierung in Khartoum führte, wobei nicht nur Sezessionsbestrebungen, sondern auch bereits die ersten, vorher im Kongo kämpfenden weißen Söldner im Spiel waren.

Ursprünglich wollte ich mit Nilschiffen mitfahren, denn so

hätte ich einen viel engeren Kontakt mit Land und Leuten bekommen, aber man hatte bedauernd abgewinkt, weil die Rebellen gerade in letzter Zeit sehr häufig die Flußschiffe, die den Personen- und Warentransport billigst besorgten, beschossen und mitunter auch versenkt hatten. Darum blieb mir nur der Luftweg übrig.

Schon auf dem Flughafen in Malakal, der Hauptstadt der Provinz Oberer Nil, nahm mich ein Polizeioffizier in Empfang und teilte mir mit, daß mich der Kommandeur sprechen wolle. Da die Gepäckstücke der Fluggäste noch nicht aus der gelandeten Maschine ausgeladen waren, gab er einem Taxifahrer die Anweisung, mein Gepäck in das Gästehaus zu bringen. Die Gepäckabschnitte löste ich vom Flugticket und gab sie dem Fahrer.

Malakal ist das Zentrum der Shilluk-Neger. Man erkennt sie an ihren kirschgroßen Narbenknollen, die sie als Zierde an der Stirn tragen.

In der Kommandantur wurde ich auf Grund des Fernschreibens aus Khartoum freundlich empfangen. Ich erhielt die Bewilligung, einen Militärtransport zu begleiten, der einen kleinen Konvoi mit Verpflegung zu einigen entfernt liegenden Stützpunkten bringen mußte. Im Gästehaus sollte ich mich für diese Mitfahrt fertigmachen und dort warten. In dem langgezogenen Regierungsbungalow angekommen, mußten wir aber feststellen, daß weder mein Gepäck noch der Taxifahrer da waren. Wütend fuhr der Offizier mit mir zum Flughafen zurück, wo man uns aber die beiden eingelösten Gepäckabschnitte vorwies – das Gepäck war ordnungsgemäß von dem Taxifahrer ausgelöst und abgeholt worden. Die Sache war nicht nur für die Behörden, sondern vor allem für mich selbst sehr peinlich, weil sich ein großer Teil meiner Kameras und das gesamte Filmmaterial in diesen Taschen befand.

Schleunigst fuhren wir zurück, zuerst nochmals zum Gästehaus und dann in die Stadt. Bei einem Rudel Taxifahrer hielten wir an, und der Offizier teilte den Negern wütend den Sachverhalt mit. Schnell hatte man herausgefunden, um welchen Taxifahrer es sich handelte, und als mein Begleiter nun drohte, daß er an allen Taxis die Autoreifen eigenhändig durchschießen werde, wenn nicht innerhalb kürzester Zeit der ausgerückte Taxifahrer mit meinem vollständigen Gepäck zur Stelle wäre, begann eine wilde Jagd durch die Straßen und Gassen der Stadt, an der sich alle Taxis beteiligten. Es dauerte genau 35 Minuten, bis die Taximeute den Sünder samt Wagen und meinem kompletten Gepäck zu uns brachte. Der zerknirschte Taxilenker war über die kollektive Aktivität seiner Berufskollegen erschrocken. Er bezog denn auch gleich an Ort und Stelle von ihnen eine jämmerliche Tracht Prügel. Mit diesem internen Justizakt war der Fall bereinigt, und ich konnte mich im Gästehaus für die Fahrt mit dem Militärkonvoi vorbereiten.

Die aufständischen südsudanesischen Rebellen griffen häufig Siedlungen, aber auch Polizeistationen, öffentliche Einrichtungen und Fahrzeuge aus dem Hinterhalt an, um dann blitzschnell wieder in ihren Sumpfverstecken zu verschwinden. Transporte waren damals im Südsudan nur noch in Konvois von zwanzig bis 200 Fahrzeugen möglich, wobei schwerbewaffnete Polizei und Militäreinheiten den Schutz während der Fahrt übernahmen. Es war ein aufreibender Kampf, in dem man auf der Guerillaseite mitunter bereits Ansätze von regelrechter Taktik und Strategie erkennen konnte; die ersten Resultate der von den Rebellen angeheuerten weißen Kongosöldner, mit dem Deutschen Rolf Steiner an der Spitze.

Auf einer staubigen Landstraße standen hintereinander an die dreißig Lkws, vollbepackt zur Abfahrt bereit, an der Spitze der Kolonne, aber auch zwischendurch und am Ende, Militärfahrzeuge mit aufmontierten Maschinengewehren und mit schußbereiten Soldaten besetzt. Der zuständige Offizier gab Verhaltungsanweisungen und bestimmte die Abstände zwischen den einzelnen Fahrzeugen. Dann ließ er den Konvoi starten. Mich hatte man in einen Jeep inmitten der Kolonne gesetzt, ein junger Leutnant war mir als Sicherheitsoffizier zugeteilt.

Immer wenn wir anhielten, sei es auf freier Strecke im Busch oder in kleinen Ortschaften, sprangen die Soldaten von ihren Fahrzeugen und igelten den Konvoi nach allen Seiten ein. In den ersten beiden Tagen lieferten wir die Waren für einige Dörfer und drei Militärstützpunkte ab. Nachts wurde eine Art Wagenburg gebildet, rundherum wurden kleine Feuer angezündet und alles mit Wachen abgesichert; wir schliefen auf der Erde neben den Fahrzeugen.

Nicht nur alle maßgeblichen Regierungsstellen waren damals in den drei unruhigen Südprovinzen mit Moslems aus dem regierungstreuen Norden besetzt worden, sondern auch alle Polizei- und Militäreinheiten kamen aus dem arabischen nördlichen Sudan. Die Soldaten und Polizisten trugen um den Hals und um die Oberarme kleine Lederkästchen, die mit Schnüren festgebunden waren. In diesen Behältern befanden sich irgendwelche rätselhaften Pülverchen, Knochenmehl, kleine zerriebene Blätter oder Papierstreifen mit geheimnisvollen Sprüchen. Familienangehörige hatten ihren Soldaten diese »Zaubermittel« mitgegeben, weil die kleinen Lederkästchen angeblich einen Mann unverwundbar machen und er so die Sicherheit hat, wieder gesund nach Hause, nach dem Norden zurückzukehren, wenn der Krieg zu Ende sein würde. Die Soldaten hielten zwar die modernsten Waffen in ihren Händen, aber den Zauber hatten sie sich nach alter Tradition als Selbstschutz mitgebracht.

Drei Wagen hatten wir in einem Camp wegen Motorschaden zurücklassen müssen, als wir am letzten Tag durch eine trostlose Buschlandschaft fuhren, eingehüllt in riesige Staubwolken. Es war ein breiter Fahrweg, der in der Mitte eine Erhöhung aufwies, weil die beiden Fahrrillen inzwischen tief eingeschnitten waren. Während eines Regens verwandelte sich dieser Weg in Minutenschnelle zu einer Schmierseifenpiste, auf der die Räder rettungslos durchdrehten.

Am frühen Nachmittag nun wurde der Motorenlärm der Fahrzeuge plötzlich unerwartet durch eine ohrenbetäubende Detonation übertönt. Im zwölften Wagen vor unserem Jeep wirbelten in einer Stichflamme der Autolenker, ein Vorderrad und die Führerhaustür durch die Luft, der Wagen geriet sofort in Brand, während durch Sprechfunk die Militärfahrzeuge den Befehl erhielten, die Kolonne mit Vollgas weiterzutreiben. Der kommandierende Offizier des Konvois preschte mit seinem geländegängigen Fahrzeug seitlich der Piste durch den Busch und an der Fahrzeugkolonne entlang, um sich dann gleich wieder an die Spitze zu setzen.

Den Autolenkern war bereits vor Beginn der Fahrt eingetrichtert worden, daß in einem solchen Fall unter keinen Umständen angehalten werden dürfe. In höchster Eile fuhren wir weiter, die Abstände verringerten sich, und bei dem auf eine Mine gefahrenen Lkw wichen alle Autos in einem Bogen aus. Der Wagen brannte; das Führerhaus mit dem Motorteil war durch die Explosion glatt abgerissen worden. Für die Beerdigung des Toten blieb keine Zeit. Einige Soldaten schossen von ihrem Wagen aus in die Büsche, weil sie glaubten, dort etwas Verdächtiges gesehen zu haben. Der mich begleitende Leutnant drückte meine schußbereite Kamera nach unten und erklärte mir, daß derartige Fotos unerwünscht seien. Die Rebellen verwendeten mit Vorliebe Minen, die erst bei stärkerem Druck detonierten, die also erst bei Lastwagen oder Panzern in die Luft gingen. Erfahrungsgemäß blieben derart angeknackte Konvois nicht stehen, sondern rasten in vollem Tempo weiter. Mit diesen Methoden vermochten sich die Guerillas mit Nahrungsmitteln und Waffen zu versorgen, ohne selbst ein Risiko einzugehen oder Verluste zu erleiden. Wie die Ameisen schleppten sie nach einem gelungenen Überfall ihre Beute in die Sümpfe oder sonstigen Verstecke.

Wieder in Malakal eingetroffen, war man auf offizieller Seite sehr bemüht, den Zwischenfall als ausgesprochene Ausnahme und Bagatelle hinzustellen, und legte mir nahe, meine Reise in die beiden anderen Provinzen fortzusetzen.

Allein im Südsudan leben mehr als hundert verschiedene Stämme, die an die 250 Dialekte sprechen und sich untereinander kaum verstehen können, doch ist die Amtssprache Arabisch. Einer der reichsten Stämme im Südsudan sind die Dinkas, die sich auf Viehzucht spezialisiert haben. Immer wieder begegnete man ihren großhörnigen Höckerrindern, die in unübersehbaren Herden einen märchenhaften Reichtum darstellen. Bei den Dinkas gibt es fast kein Geld, dort ist das Rind die Währung. Ein hübsches junges Mädchen aus angesehener Familie kostet den Bräutigam zwischen dreißig und hundert Rinder, heute noch genauso wie vor hundert Jahren. Oft steuert die ganze Verwandtschaft bei, um diesen Brautpreis aufzubringen.

Ich flog nach einigen Tagen weiter nach Juba, der größten, wichtigsten und südlichsten Stadt der drei aufständischen Südprovinzen. Dort war auch das Hauptquartier der 30000-Mann-Streitmacht der Zentralregierung, die mit modernsten Waffen einschließlich Kampfflugzeugen und Panzern Ruhe und Ordnung aufrechtzuerhalten versuchte. Dort angekommen, wartete ich auf Grund der gemachten Erfahrung auf die Ausfolgung meines Gepäcks und wurde dann zu dem »starken Mann« geführt, dem Dreisterne-Brigadegeneral Abd el Gadir, einem aufgeschlossenen, weltmännisch gewandten und bestens informierten intelligenten Offizier. Mit ihm konnte ich über alle Probleme und meine Wünsche diskutieren.

Juba, die Hauptstadt der Provinz »Äquatoria«, liegt direkt am Nil, und dort merkt man außerhalb der Stadt sehr schnell und deutlich, daß die Entwicklung der letzten hundert Jahre an dieser Ecke Afrikas anscheinend unbemerkt vorbeigeschlichen ist. Ich hauste wieder im Gästehaus der Regierung, einem etwas verlotterten Überbleibsel aus der britischen Kolonialzeit. Ich wurde einer Polizeieinheit »zugeteilt«, die mit sechs Fahrzeugen Hunderte von Kilometern den Busch nach Terroristen durchsuchte. Die Polizei trug blaue Hüte mit Federbüschen, die zwar etwas an Zirkus erinnerten, aber bei der Bevölkerung ein Schrecksymbol waren, denn wo diese Federbüsche auftauchten, gab es kein Pardon mehr. Diese ausgesuchten und härtest ausgebildeten Einheiten griffen nicht nur energisch, sondern sehr brutal zu. Sobald sie eine Ortschaft fanden, die nachweislich einem Terroristen Hilfe, Verpflegung oder Unterschlupf gewährt hatte, wurden die Häuser rücksichtslos angezündet; meist waren es aber nur elende Hütten.

Am nächsten Morgen holte mich die Patrouille ab – ich saß im zweiten Wagen –, und wir fuhren zuerst zum Fluß hinunter, wo das Nilfährschiff schon auf uns wartete. Dieser brückenlose Flußübergang so unmittelbar nahe der Hauptstadt war ein beliebtes Ziel der Aufständischen, die das Schiff schon mehrfach angegriffen und beschossen, aber es noch nie fertiggebracht hatten, die Fähre zu versenken. Auf diesem gedrungenen Flußdampfer waren überall Sandsäcke zu Wällen aufgeschichtet, hinter denen sowohl Soldaten als auch Polizisten mit ihren Waffen hockten und sehr mißtrauisch jeden ein- und aussteigenden Passagier musterten. Um die Fähre in ihre Gewalt zu bekommen, hatten die Guerillas schon zweimal den Trick angewandt, ihre Leute als Passagiere für die kurze Überfahrt einzuschmuggeln, die dann ihre Waffen aus den mitgebrachten Traglasten auspackten und einen Angriff versuchten. Seither wimmelte die Fähre Tag und Nacht von Bewaffneten, die überall auf dem Schiff postiert waren.

Auf der anderen Nilseite angekommen, fuhren wir in die unüberschaubare, drohende Buschlandschaft. Nach sechs Stunden Fahrt hielten wir in einer kleinen Ortschaft, wo wir unsere mitgebrachte Verpflegung verzehrten. Ich glaubte mich in die Steinzeit versetzt. Die hageren, hochaufgeschossenen schwarzen Bewohner des Dorfes lebten nur von der Jagd, sie hatten Pfeil und Bogen und kleinere Wurfspeere, aber die Spitzen waren nicht immer aus Metall, sondern bestanden mitunter aus zugespitzten Steinen. Die Männer waren unbekleidet und trugen statt der in diesen Breiten zumindest üblichen spärlichen Lendenschurze nur dünne Bänder oder Ketten um die Hüften. Sie kauerten sich um ein kleines Feuer, mit dem sie ihre kümmerliche Beute brieten. Argwöhnisch und feindlich sahen sie auf die Polizisten sowie auf mich und meine Kamera. Sie verachteten diese braunen Araber aus dem Norden, wie das auch umgekehrt der Fall war. Sie verkauften uns trotz verlockender Preisangebote kein einziges Stück Fleisch, und wenn sie von unserem Patrouillenoffizier angesprochen wurden, drehten sie ihm sofort den Rücken zu und setzten sich ostentativ auf die Erde.

Westlich von unserer Raststelle waren aus größerer Entfernung vereinzelt Gewehrschüsse zu hören, was unsere Patrouille zum sofortigen Aufbruch und die schwarzen Steinzeit-Sudanesen zu hämischem Grinsen veranlaßte. Wir fuhren weiter, scherten dann von der Piste aus und versuchten die Stelle zu erreichen, von wo wir die Schüsse gehört hatten. Man hatte Spuren gefunden, und der Polizeioffizier war der Überzeugung, daß eine kleine Gruppe von Terroristen vor kurzer Zeit dort gewesen war, weil man auch einige leere Patronenhülsen gefunden hatte, die noch rochen; die Munition war »Made in USA« – wie ein Experte gleich feststellte. Unser Pfadfinder setzte sich in den ersten Jeep unserer Kavalkade, vorn auf den heißen Motordeckel – was ihm aber nichts auszumachen schien. Mit Handbewegungen wies er die nachfolgenden Wagen ein und suchte wie ein Luchs die aufgenommene Fährte. Nach einer Verfolgungsfahrt von zwei bis drei Kilometern nahmen wir deutlich Brandgeruch wahr, und bald darauf sahen wir auch die ersten Rauchschwaden vor uns. Der Wagen rechts von uns gab plötzlich Vollgas und schoß mit Getöse nach vorn, fuhr in eine Buschreihe, die sechs Polizisten sprangen ab und rannten einer geduckt laufenden Gestalt nach, die sie kurz danach eingefangen hatten.

Inzwischen verdichteten sich die Rauchschwaden und verursachten starken Hustenreiz. Die Verfolgten hatten, begünstigt durch die Windrichtung, das Buschgras hinter sich auf einer langen Strecke in Brand gesteckt. Prasselnd züngelten uns die Flammen entgegen und veranlaßten unseren Patrouillenoffizier eiligst, das Kommando zur Umkehr zu erteilen, sonst hätten die Autopneus in kurzer Zeit in Flammen gestanden. So weit wir sehen konnten, war alles ein einziges Flammenmeer, und dichte Rauchwolken nahmen uns bald jede Sicht.

Den fliehenden Schwarzen hatte man zum Wagen gebracht. Haßerfüllt starrte er auf die Uniformierten, er selbst trug fast nichts am Leibe – auch keine Waffe. Er hatte offensichtlich den Anschluß an seine Leute verpaßt, und der Fluchtweg war ihm dann durch das Feuer seiner eigenen Kameraden versperrt worden. Er duckte sich in den Wagen, wo man ihm die rechte Hand mit einer Handschelle an einen Haltegriff des Jeeps gefesselt hatte, damit er nicht fliehen konnte. In voller Fahrt ging es zurück zum Nil nach Juba.

Gefangene auf beiden Seiten erlitten meistens ein höchst bedauernswertes Schicksal, weil man sie mit unmenschlichen Foltermethoden zu verhören pflegte. Viele von ihnen verschwanden für lange Jahre in düsteren Gefängnissen, andere wurden einfach umgebracht. Es ist schon erschreckend, was sich oft Menschen desselben Landes gegenseitig alles verbrecherisch antun, und zwar unter dem Schlagwort und Mäntelchen der »Gerechtigkeit – Ordnung – Ruhe – Sicherheit«. So abscheulich und grausam kann kein Tier sein.

Nachts erfolgte wieder einmal nach langer Zeit ein Rebellenangriff auf den Stadtrand von Juba und die erwähnte Fähre. Drei Stunden lang waren die Schüsse zu hören, aber mich ließ man nicht aus dem Gästehaus hinaus. Noch in derselben Woche flog ich von Juba nach der dritten sudanesischen Südprovinz Bahr el Ghasal, in deren Hauptstadt Wau, wo sich mir dasselbe Bild dieses heimlichen, dahinglosenden Krieges an der Kontaktstelle zwischen Braun-Afrika und Schwarz-Afrika bot. Es wimmelte von Militär, und man zeigte mir ganze Sammlungen von erbeuteten Rebellenwaffen, angefangen von Pfeil und Bogen bis zur funkelnagelneuen israelischen Maschinenpistole.

Die verschiedenen Stammeszugehörigkeiten der Eingeborenen konnte ich bald an den Gesichtsnarben unterscheiden. Schon im Kindesalter werden den Schwarzen in oft ekelhaften, unhygienischen Prozeduren während nächtlicher orgienhafter Feiern blutige Schnitte im Gesicht, auf den Oberarmen oder am Oberkörper beigebracht. Die Kinder werden meistens gewaltsam am Boden festgehalten, bis schließlich die schmerzzuckenden Körper blutüberströmt alles über sich ergehen lassen. Um aber die Narben knopfartig und gut sichtbar anschwellen zu lassen, werden die Schnittwunden mit bestimmten Farbstoffen, Kräutern, Pulvern und Asche eingerieben. Diese traditionellen Stammesmerkmale gelten dann als unauslöschlicher Ausweis. Die Narbentatauierung, über die wir Europäer oft überheblich lächeln oder uns empören, sind seit Jahrhunderten auch in der Südsee und waren früher bei den Indianern gebräuchlich, und sogar die Tätowierungen von Seeleuten sind zweifellos Nachahmungen dieser uralten Bräuche. Je größer und auffälliger die Tatauierungen bei einem Schwarzen sind, um so mehr werden sie bewundert – die Auffälligkeit ist ein Schönheitsgrad. Bei den Nilotenstämmen gibt es auch einen Stamm, der sich als Stammesmerkmal die Eckzähne ausbricht.

Mich interessierte Wau aber aus einem anderen Grund, weil dort nämlich der Sitz des Bischofs ist, und diesen schwarzen Kirchenfürsten wollte ich sprechen. Die Durchführung und das Ergebnis dieses Interviews wurden aber sehr fragwürdig, weil ich schon vor dem Wohnhaus des Bischofs zwei Militärposten stehen sah, und als unser Gespräch dann endlich beginnen konnte, setzte sich ein arabischer Regierungsbeamter zu uns und schrieb mit. Mit ängstlichen Augen schielte der schwarze Bischof immer wieder zu diesem offiziellen Kontrollorgan hinüber und gab auf alle Fragen nur äußerst harmlose und vorsichtige Antworten, um nur ja nicht bei der Obrigkeit Ärger zu erregen.

Wochenlang trieb ich mich im Südsudan herum, fuhr mit den riesigen Konvois durch das gottserbärmliche Land, redete Nächte hindurch mit Offizieren und Gouverneuren – die aus dem Norden gekommen waren –, ich war mit ihren Polizei- und Militärpatrouillen unterwegs und versuchte mir bei den nackten Steinzeit-Niloten Informationen zu beschaffen. Schließlich verpackten mich die südsudanesischen Behörden in die nächste Maschine nach Khartoum und gaben mir zu verstehen, daß ich eigentlich nicht nur reichlich viel, sondern fast zuviel zu sehen bekommen hätte. Der Name »Sudan« kommt aus dem Arabischen »bilad as-sudan« und heißt »Land der Schwarzen«.

So zog ich also ab und flog wieder einmal heim . . .

Wo Afrika am schwärzesten ist

Eines Tages rief bei mir eine ausländische Fernsehanstalt an und erkundigte sich, ob es mir möglich sei, in die zentralafrikanische Republik Tschad zu reisen und über die dortige Situation sowie über die militärischen Aktionen gegenüber den Aufständischen in Form eines Farbfilmreports zu berichten. Als Begründung für die Anfrage gab man an, daß die TV-Teams der eigenen Anstalt keine Einreisevisa erhielten und mir dies vielleicht als »Ein-Mann-Team« leichter gelänge, zumal ich Österreicher sei und damit aus einem völlig neutralen Land käme. Bei derartigen Problemstellungen bedarf es bei mir nie langer Überredungskünste, und schon begann ich mit der Realisierung einer solch komplizierten Reise.

1960 hatte General de Gaulle der Republik Tschad die Unabhängigkeit gegeben, aber der narbige Präsident Tombalbaye hatte sich bereits nach kürzester Zeit zum Gewaltherrscher gemacht, der ohne Gerichtsverhandlungen seine eigenen Minister einsperrte oder sie gar in den Kerkern umbringen ließ. Die Reaktion ließ nicht lange auf sich warten: der aus dem Gefängnis entflohene ehemalige Unterrichtsminister Dr. Abba Siddik gründete eine Untergrundbewegung, die namentlich bei den islamischen Nachbarn beachtliche Unterstützung erhielt. Präsident Tombalbaye mußte – ein völliges Novum für Afrika – seinen ehemaligen Kolonialherrn, die Franzosen, um militärische Hilfe gegen die eigenen Rebellen im Lande ersuchen. De Gaulle half sehr ausgiebig, indem er eine regelrechte französische Militärbasis im Tschad schuf, mit Spezialeinheiten: Luftwaffe, Fallschirmjägern und Einheiten der gefürchteten Fremdenlegion. Nebenbei drillten die Franzosen die in einem traurigen Urzustand befindliche Tschad-Armee. Das ist in groben Umrissen die damalige Situation, die einige führende Zeitungen bereits als eine afrikanische Vietnamparallele kennzeichneten. Ein britischer Reporter hatte bei den Kämpfen im Tschad schon den Tod gefunden, und zwei französische Kollegen von mir hockten seit Monaten im Gefängnis der Hauptstadt N'Djamena, die damals noch Fort-Lamy hieß.

Mit Ausdauer und den Empfehlungen von drei befreundeten Politikern schaffte ich es tatsächlich, als Reporter nicht nur das Visum, sondern auch die Foto- und Filmerlaubnis zu erhalten. Via Paris flog ich nach dem Tschad und fand mit Mühe und Not noch einen Platz im Hotel. Im zuständigen Informationsministerium trank ich stundenlang Tee und Kaffee, während man mich über die Urlaubsmöglichkeiten in der Schweiz und in Österreich und über die Schneeverhältnisse ausfragte und wissen wollte, ob die Banken wirklich Außenstehenden und Behörden keine Auskunft über die Konten und Kontenbesitzer gäben. Zwischendurch gelang es mir aber doch, meinen ganzen Wunschkatalog anzubringen, und innerhalb weniger Tage hatte ich zwölf ministerielle Genehmigungen für den Besuch der verschiedenen Rebellendistrikte und vor allem auch für eine Reise nach dem Norden, in das berüchtigte Tibesti-Gebiet, in der Tasche. Bei all meinen Bemühungen unterschätzte ich aber die Selbständigkeit und Souveränität der Republik Tschad, denn als ich eines Morgens zum französischen Militärflugplatz hinausfuhr und dem Oberkommandierenden General Cortadellas gegenübersaß, merkte ich sehr schnell, daß mir vor allem noch die 13. Sondergenehmigung des französischen Verteidigungsministeriums in Paris fehlte, weil ein Transport nach dem Norden und speziell innerhalb der aufständischen Distrikte nur mit französischen Militärflugzeugen möglich war. Cortadellas meinte zwar nachdenklich, daß wohl die französischen Soldaten, aber nicht ich nach dem Tschad gerufen worden sei, aber er wolle versuchen, mir zu helfen. Mit Telex holte der General die offizielle Zustimmung des Verteidigungsministeriums aus Paris ein, und so kam ich in den Besitz der 13. Genehmigung.

Einst holten sich die streitbaren Mohammedaner aus dem Norden die besten Sklaven bei den schwarzen Stämmen aus dem Süden, doch änderte sich dieses Verhältnis allmählich. Die Araber waren zu stolz, um eine Schulbank zu drücken, sie hielten seit jeher den Waffengebrauch und den Kampf für die ehrenvolle Männerbeschäftigung. Die Schwarzen im Süden hingegen verschafften sich zumindest in den Städten und Missionen teilweise einen Weg zum Alphabet und landeten so in den unteren Schichten der Administration. Dies wirkte sich nach Gewinnung der Freiheit und Unabhängigkeit entscheidend aus: Die schwarzen Stämme, insbesondere der große Sara-Stamm, rissen die Macht an sich und kehrten den Spieß um. Alle leitenden Stellen wurden mit den Leuten aus dem Süden besetzt, die Steuereintreiber machten sich mit ihrer Willkür und Arroganz bald reichlich unbeliebt, und zu guter Letzt versuchte man den Arabern im Norden auch noch den Waffenbesitz zu verbieten, eine Zumutung, die kein Wüstensohn einfach hinnimmt. Im Tschad waren so die Verhältnisse genau umgekehrt als im Sudan.

Es war noch stockdunkle Nacht. Da mein Hotel etwas außerhalb lag, war um diese Zeit kein Taxi aufzutreiben. So weckte ich den Hotelmanager, der mich dann – wenn auch nicht sonderlich begeistert – mit seinem Privatwagen zum französischen Militärflugplatz hinausfuhr. Zuerst mußte ich eine Versicherung abschließen und dafür bezahlen, und dann fragte ich mich nach meiner Maschine durch, die mich nach Largeau im Norden des Tschad mitnehmen sollte.

Eine ganze Gruppe von französischen und tschadischen Soldaten und Offizieren mit Waffen und Marschgepäck stand in einer Ecke bereit. Ein Unteroffizier vom Bodenpersonal rief uns auf und warf mir noch einen mißmutigen Blick zu, als könnte er es nicht fassen, daß da auch ein überflüssiger Zivilist mitkam. Wir mußten einen kleinen Bus besteigen und fuhren zunächst in die Stadt hinein und dann auf der anderen Seite wieder hinaus zum großen Zivilflughafen. In einer Ecke abgestellt stand eine französische »Transall«-Transportmaschine – eine deutsch-französische Gemeinschaftsproduktion –, ein Flugzeug, das eine beträchtliche Ladung aufnehmen kann, trotzdem nur eine relativ kurze Start- und Landepiste braucht und sogar außerhalb von Pisten starten und landen kann. Eine weitere Einheit der Tschad-Streitkräfte mit französischen Offizieren stieg bereits ein, und ich suchte mir im Innern des großen Flugzeugs einen Sitzplatz. Laufkran, Schienen, Flaschenzüge und Motoren waren innen eingebaut, das Heck der »Transall« stand noch offen, und große verschnürte Transportpaletten wurden hineingeschoben und festgezurrt. Ein Offizier der Besatzung marschierte mit einem Rechenschieber durch den Laderaum und berechnete die ganze Ladung sowie die eingestiegenen Männer samt Gepäck. Geringfügige Umverteilungen erwiesen sich wegen der Gewichtsverlagerung noch als notwendig, und dann heulten die vier Motoren auf – wir rollten. Spielend leicht hob sich der riesige und schwerbeladene Vogel ab, hinauf in den Himmel, an dem in etwas größerer Höhe schon die Sonne schien.

Der Kapitän ließ mich bald nach dem Start die zwei Stockwerke in die Pilotenkanzel hochkommen. Oben war es hell und geräumig, und fünf Besatzungsmitglieder saßen rundum verteilt. Wir flogen nach Norden, der Funker hatte bereits Kontakt mit einigen Bodenkontrollstellen, der Navigator gab dem Kapitän jeweils die wesentlichen Positionen bekannt, der wie auf einem Zahnarztstuhl über allen thronte. Man hatte eine herrliche Sicht über die Sümpfe und kargen Landstriche. Erst viel später begannen die Wüstenstreifen mit den kleinen Oasen, mit gelegentlichen Siedlungen und dem schmalen Band der Straße.

Largeau war der Hauptsitz der Kommandostellen im Norden, eine kleine arabische Stadt mit vielen Palmen, aber umgeben von einer unerbittlichen Wüste. Die »Transall« setzte auf einer gewöhnlichen Schotterpiste auf, eine riesige Staubwolke hüllte uns ein, wir wendeten und rollten zu einem kleinen Haus zurück, wo bereits die Soldaten für den Rückflug nach Fort-Lamy warteten. Als die Motoren zum Stillstand kamen und sich die Staubwolken verzogen hatten, stiegen wir aus. Postsäcke und Lasten wurden ausgeladen, Bekannte und Freunde riefen sich gegenseitig Grußworte und Fragen zu, und von mir nahm kein Mensch Notiz. Als sich fast alle bereits verzogen hatten und die Maschine zu ihrem Rückflug startete, trat ich an einen französischen Major heran und bat ihn um seine Hilfe. Es wurde gefragt und telefoniert, und dann holte ein Leutnant ein Funktelegramm hervor, das zwei Tage zuvor eingelangt war und meine Ankunft avisierte.

In der Offiziersmesse war man über diese Abwechslung nicht ungehalten, und gemeinsam wurde beratschlagt, wie man mir helfen könne. Nachts brachte man mich in einem verlassenen Haus ganz am Stadtrand unter, dessen Außenmauern schon bis zur Fensterhöhe von den Wanderdünen der Wüste eingegraben waren, und auch die unweit danebenstehenden Palmen ragten zum Teil nur noch mit ihren Kronen aus dem vordringenden Sand heraus. Es herrschte eine mörderische Hitze, und nachts turnten lange, flinke Eidechsen über die Mauern meines Raumes, und in dem Bad flüchteten Käfer und Ratten gleichzeitig, als ich eintrat. Ich war der einzige Bewohner dieses Hauses am Stadtrand, und die Nächte, die ich darin zugebracht hatte, vergaß ich lange Zeit nicht, weil mir die verfluchten Eidechsen ständig über die Bettdecke und das Gesicht liefen, und wenn ich wütend aus dem Bett sprang, trat ich auf Käfer und andere Insekten, während in der kleinen Küche eine eingeringelte tote Schlange lag, die wohl ein Vorgänger von mir erschlagen, aber nicht hinausgeworfen hatte.

Mit einem Major fuhr ich durch die kleine Stadt, wo die Lkws beladen wurden, die nach dem nördlichen Libyen fuhren oder von dort kamen, sofern sie von den kriegerischen und aufständischen Tubus durchgelassen wurden. Die Fahrer dieser Wagen hatten mit den Aufständischen jedoch Privatabmachungen getroffen, die selten gebrochen wurden. Wir fuhren weiter hinaus in die Wadis, wobei mir der Offizier zweifellos die Ungefährlichkeit der ganzen näheren Umgebung zeigen wollte. Wie es der Teufel aber wollte, blieben wir in einer Senke mit dem Wagen im Sand stecken. Die Räder drehten durch und fraßen sich bis über die Achse in den losen Treibsand, so daß dann auch der Allradantrieb nichts mehr nützte. Wir saßen fest – zehn Kilometer von Largeau entfernt, und die Sonne ging unter.

Zu zweit machten wir uns notgedrungen zu Fuß auf den Weg und stapften über die Dünen, hinauf und hinunter – bis wir nach drei Kilometern eine kleine Ortschaft fanden. Die ersten Lichter und Feuer brannten bereits, als wir nach einigen hilfsbereiten Männern suchten. Besonders beliebt waren die Franzosen anscheinend nicht in diesen Wüstenbreiten, denn wir sahen eher feindselige und abweisende Gesichter. Eine Woche zuvor war in diesem Dorf ein französischer Leutnant erschossen worden, und ein Unteroffizier bekam einen Oberschenkelschuß von unbekannten Heckenschützen der Rebellen, die fast nie gefunden werden konnten. Der Major erzählte mir die Geschichte bis in alle Details – ein Gemütsmensch. Es gelang ihm dann aber mit Hilfe einer Stange Zigaretten endlich, fünf junge Araber zu überreden. Sie gingen mit uns zum Wagen zurück und halfen uns, ihn wieder flottzumachen. Lange nach dem Abendessen trafen wir wieder im Hauptquartier ein, von wo man uns bereits mit einigen Fahrzeugen gesucht hatte.

Ich konnte die Tschad-Soladaten in ihren Ausbildungscamps besuchen und durfte ihre Patrouillen bis zu den entlegenen Oasen begleiten. Alle Offiziere und Unteroffiziere waren aber Franzosen, die auf dem Oberarm der Uniformbluse ein Schild mit dem Wort »Tschad« trugen und von der französischen Regierung sozusagen an den Tschad vermietet worden waren – als Berater, Instruktoren oder in anderen Funktionen.

Die Rebellen hatten keine Fahrzeuge, sondern Pferde und Kamele, und waren darum vom Gelände völlig unabhängig und weit beweglicher als die regulären Truppen. Der Tschad hatte von Frankreich aber auch einige Staffeln alter Propeller-Militärmaschinen bekommen, und mit diesen versuchte er seine Überlegenheit zu demonstrieren. Zwei Dörfer bei Zouar äscherte er mit kleinen Napalmbomben völlig ein, nachdem angeblich eine Rebellengruppe von dort aus in die Berge entwichen war und vorher einen tschadischen Militärlastwagen ausgeplündert hatte.

Mich interessierte vor allem das Tibesti-Gebirge, in dessen unergründlichen Schluchten sich die Aufständischen ungestört aufhalten und verstecken konnten, denn dahin wagten sich keine Franzosen und keine Tschad-Truppen. Für mich ergab sich eine günstige Gelegenheit, als eine Tschad-Maschine nach Bardai flog, einem Stützpunkt im Tibesti-Gebirge. Zwei französische Offiziere begleiteten mich. Die alte DC-3 hatte wohl ihre Tschad-Hoheitszeichen außen aufgemalt, stammte aber aus französischen Beständen, und auch die Piloten und sonstigen Besatzungsmitglieder waren Franzosen. Mühsam krebste die alte Maschine in die Höhe, um die immer näher kommenden Kämme des gewaltigen Tibesti-Gebirgsmassivs überfliegen zu können. Man gestattete mir, daß ich mit meinen Kameras auf den Kopilotensitz klettern durfte, und der Pilot flog für mich den kurzen Umweg zum riesigen Krater. Jeder Versuch, die Rebellen in diesen Regionen aufzustöbern, mußte jämmerlich scheitern, und darum wagte es auch niemand mehr. Im Gegenteil, den

Tubu-Scharfschützen war es bereits zweimal gelungen, die langsam fliegenden Militärmaschinen abzuschießen. Die Trümmer der Flugzeugwracks lagen noch deutlich sichtbar über die zerklüfteten Steilhänge verstreut.

Nach dem Krater überflogen wir den letzten Kamm und sahen eine weite Ebene vor uns, wir kurvten über Bardai und setzten dann zur Landung an. Seinerzeit war dort oben noch eine deutsche Sonnenbeobachtungsstation, späterhin wurde das Tibesti-Gebiet durch Entführungen von verschiedenen prominenten Deutschen und Franzosen bekannt, die den Tubus Millionenbeträge einbrachten. Eine kleine Schar Einheimischer sowie etliche Soldaten und Offiziere warteten auf ihren Abtransport. Überall standen bewaffnete Franzosen herum, Nachschub wurde aus unserer Maschine ausgeladen und Post verteilt. Ein völlig abgelegener Platz, aber wichtig und bedeutsam nach allen Seiten – ein Mekka für Wissenschaftler und ein Unruheherd, mit einer gewaltsamen Souveränität, an der modernste Technik und massivste Macht wirkungslos abprallten.

Noch am selben Tag flogen wir von Bardai nach Largeau zurück, wo ich mit meinen Kameras herumschnüffelte, wo es nur ging. Tibesti und die drei B.E.T.-Distrikte im Saharagebiet gehörten nur auf dem Papier zur Republik Tschad, die eigentlichen Herrscher und Machthaber blieben unsichtbar. Ein heimlicher Krieg, in dem Franzosen – Europäer – völlig unbegründet einen Kampf unterstützten, der schon lange jede moralische Berechtigung verloren hatte.

Mit der nächsten wöchentlichen »Transall«-Militärmaschine flog ich dann wieder zurück nach Fort Lamy, wo ich gleich Anschluß an die nächste Militärmaschine nach Ati, der Hauptstadt des Rebellendistriktes Batha, bekam. In der Maschine hockte ich mit meinen Kameras zwischen den Soldaten eingekeilt. Ich war diesmal besonders neugierig, weil ich bereits bei General Cortadellas gehört hatte, daß es sich in Ati um eine Fallschirmjägereinheit der Fremdenlegion handelte. Zwei Unteroffiziere nahmen mich in ihrem Munitions-Lkw mit und brachten mich außerhalb der Stadt in ein großes Camp, das ringsum mit einem Stacheldrahtverhau umgeben war. Beim Stab begrüßte mich eine kleine Gruppe französischer Offiziere, von denen zwei ein tadelloses Deutsch sprachen. Der Steward in der Messe tuschelte mir gleich leise ins Ohr, daß er von Salzburg sei und daß von meiner Heimatstadt – deren Namen er aus dem Gespräch mit den Offizieren mitgehört hatte – auch zwei Brüder im Camp seien. Man hatte mich eingangs gleich darauf aufmerksam gemacht, daß ich Angehörige der Fremdenlegion nicht gegen ihren Willen fotografieren dürfe, und man lege Wert darauf, daß ich nicht mit den Soldaten Unterhaltungen führe. Die Legionäre hätten das vertragliche Recht zugesichert erhalten, daß ihre Anonymität gewahrt bleibe, und in dieser Beziehung bestehe eben bei Kontakten mit Reportern eine gewisse Gefahr.

Ich blieb also bei den Offizieren und wurde in der Baracke eines Leutnants aus dem Elsaß einquartiert. Zuerst mußten wir einige Tschad-Dienststellen in der Stadt besuchen, und ich wurde auch dem jungen Gouverneur, einem persönlichen engen Freund Tombalbayes, vorgestellt, um überhaupt die Erlaubnis zu erhalten, daß mich die Franzosen in die offene Provinz mitnehmen durften. Nachdem ich den Gouverneur in allen nur möglichen Positionen, mit und ohne Zigarette, sitzend am Schreibtisch und stehend neben der Tschad-Trikolore, redend und schweigend gefilmt und fotografiert hatte, bekam ich dann auch alle erbetenen Genehmigungen. Ich blieb im Camp der Fremdenlegion einquartiert und begleitete die Legionäre, die mehr als zur Hälfte aus Deutschen bestanden. Insbesondere die Unterführer waren durchweg Deutsche, die wegen ihrer militärischen Disziplin bei den französischen Offizieren beliebt waren. Sie sorgten für einen mehr als preußischen Drill, und ich hatte in meinem Leben noch keinen so unheimlichen militärischen Haufen gesehen wie diese Fremdenlegionseinheit.

Wir fuhren meistens mit einem kleinen Militärkonvoi aus etwa zehn geländegängigen Fahrzeugen, die miteinander in Funkverbindung standen und ständigen Kontakt zum Basiscamp hatten. Gefahren wurde wie die wilde Jagd, querfeldein ohne jede Piste, durch die Büsche und unter Bäumen hinweg. Mitunter zogen pechschwarze Wolkenbänke auf, und wir saßen dann bald pudelnaß auf den Fahrzeugen, denn solche Tropenregen brachten schwere Wolkenbrüche, bei denen man keine zehn Meter weit mehr sehen konnte und die Landschaft in Minutenschnelle verwandelt wurde. Scheinbar saftige grüne Rasenflächen oder scheinheilige ebene Flächen entpuppten sich als Sümpfe und Moräste, in denen wir mit einigen Autos regelrecht bis zur Ladefläche im Schlamm versanken. Immer wieder sackten wir so ab und mußten uns gegenseitig mit Seilwinden, die überall vorn an den Wagen angebracht waren, herausziehen. Die Legionäre verstanden ihr Handwerk wie kein anderer, bei jedem dieser Zwischenfälle standen sie immer gleich schützend um die abgesoffenen Fahrzeuge herum. Gelegentlich waren kleine Reitertrupps zu sehen, die sich aber mit ihren langen Lanzen und umgehängten Karabinern außer Schußweite hielten und neugierig unsere Aktionen und Bewegungen beobachteten, um dann wieder flink in der Ferne zu verschwinden. Man konnte Freund und Feind nur schwer unterscheiden – außer wenn es zu spät war. Ausweispflicht gab es nicht, und es war darum nicht verwunderlich, daß auf den Märkten der Städte und sogar in der Hauptstadt oft Hunderte von Rebellen seelenruhig ihre Verpflegung einkauften und unerkannt wieder verschwanden.

Ich hatte den Eindruck, daß in diesem Distrikt Afrika am schwärzesten war. Außer dem uniformierten Franzosen gab es nur noch einen pensionierten Oberst, der den Tschadisten beibringen wollte, wie man Gummibaumplantagen anlegt, sonst weit und breit keinen einzigen anderen Weißen. Eines Tages preschten wir bei strömendem Regen in die Sultansstadt Koundjourou, wo wir fluchtartig die Fahrzeuge verließen und vor dem niederprasselnden Wolkenbruch in den Häusern Schutz suchten. Die Stadt schien wie ausgestorben, und erst zwei Stunden später, als die Sonne wieder durchbrach, begann sie in erstaunlicher Weise lebendig zu werden. Sie schien vor Menschenmassen überzulaufen, die nicht nur aus allen Häusern, sondern auch von allen Zufahrtsstraßen angeströmt kamen. Es war Markttag – und dieser Markt in Koundjourou war ein besonderer Mittelpunkt, zu dem selbst Händler aus Nigerien und dem Sudan angereist kamen. Am imponierendsten waren jedoch die mohammedanischen Nomaden vom Stamm der Gorane, ein ausgesprochen schöner Menschenschlag mit feingliedrigem Körperbau und edlen Gesichtszügen. Die Frauen ritten wie Amazonen auf Rindern und Kamelen, ihre schönen Zöpfe fielen über die nackten Oberkörper oder waren über der Stirn zu einer Rolle zusammengesteckt. In der Nase trugen sie Silberringe und an den Fußgelenken schwere Silberreifen. Urwüchsiger und phantastischer hatte ich Afrika weder vorher noch nachher gesehen, und als Europäer wünschte man sich, daß die Zivilisation diese Menschen noch möglichst lange verschonen möge. Die Männer hatten lange Lanzen und Bündel von dünnen Wurfspeeren in ihren Sätteln. Der Sultan preschte mit seiner berittenen Leibwache in vollem Galopp in die Stadt und verschwand schnell in seinem ärmlichen Palast, in den er dann die Offiziere und mich zu einem Essen einlud.

Die Franzosen hatten eine Art Miliz angeregt und ausgerüstet, damit sich diese regierungstreuen Städte und Siedlungen besser gegen die Rebellen verteidigen konnten, was aber nicht sehr effektvoll war, weil diese Milizsoldaten meist über kurz oder lang zu den Aufständischen überliefen.

Ich mußte während meines Aufenthaltes bei der Fremdenlegion ihre Uniform – einen getigerten Kampfanzug mit dem aufgebogenen Schlapphut – tragen, damit ich bei der Bevölkerung nicht auffiel. Gelegentlich bekam ich übrigens trotz des Verbotes einen gewissen Kontakt mit einigen Legionären, wenn die Offiziere nicht dabei waren, und ich hörte so manche erschütternde und tragische Lebensbeichte, mit denen man ganze Bücher füllen könnte.

Nicht umsonst hatte die Fremdenlegion einen schlechten Ruf wegen der Methoden ihrer Kampfeinsätze; diese Männer waren als die brutalsten und härtesten Burschen verschrien. Wenn ein Rebell den Legionären in die Hände fiel, so brachten sie ihn auf ihre Weise bestimmt zum Reden. Sie hängten ihn oft tagelang mit den Füßen nach oben an Baumäste und zündeten unter ihm qualmende Feuer an. Auch bei ihren Kampfeinsätzen kannten sie kein Erbarmen. Sie sprangen oft in Kompaniestärke mit Fallschirmen über den Rebellen ab und wurden dabei noch in der Luft reihenweise abgeschossen, aber der Rest – der zur Erde fand – räumte dann fürchterlich mit den Aufständischen auf. Natürlich herrschte dadurch ein abgründiger Haß auf beiden Seiten, der keine Menschlichkeit mehr aufkommen ließ. Bekamen die Rebellen gelegentlich Legionäre in ihre Gewalt, so wurden sie viehisch massakriert. Man fand oft die verstümmelten Leichen mit aufgeschlitzten Bäuchen und herausgerissenen Därmen, ausgestochenen Augen und abgeschnittenen und in die Mundöffnungen der Toten gesteckten Genitalien, an Türen angenagelt. Haß und Rache steigerten sich so von Tag zu Tag in grausiger Weise.

Der junge Leutnant, in dessen Baracke ich wohnte, war Pilot einer kleinen zweisitzigen Aufklärungsmaschine. Er nahm mich auf seinen Erkundungsflügen mit, bei denen er Rebellentrupps von der Luft aus im freien Gelände aufstöberte. Seine Maschinenpistole hatte er neben seinem Pilotensitz. Mit einer auf die Nerven gehenden Ruhe ging er im Tiefflug über die Reiterscharen hinweg, er wollte immer alles schrecklich genau und nahe sehen, und das ging einmal beinahe schief, denn als wir wieder in

Ati landeten, fanden wir ein Dutzend Einschüsse in den Tragflächen und im Leitwerk. Pedantisch wie er aber nun einmal war, klebte er am nächsten Vormittag die kleinen Löcher mit einer Folie zu und startete gleich wieder – diesmal allein –, um noch einmal nach dem Rebellentrupp zu suchen, der ihm seine Maschine so verschandelt hatte.

Als die Regenzeit immer heftiger einsetzte und mein Filmmaterial allmählich dem Ende zuging, flog ich mit der nächsterreichbaren Transportmaschine der Franzosen wieder nach Fort Lamy zurück. In meinem Hotel konnte ich nicht mehr untergebracht werden, weil in Fort Lamy gerade ein internationaler Kongreß abgehalten wurde und die zuständigen Regierungsstellen radikal alle Hotels in der Stadt für ihre Kongreßgäste requiriert hatten. Durch Zufall hatte ich jedoch in der Hauptstadt eine Wienerin kennengelernt, die mit einem Armenier verheiratet war. Sie nahm mich für die letzte Nacht bei ihrer Familie auf, sonst hätte ich unter den Palmen kampieren müssen.

Der Tschad war und ist, wirtschaftlich gesehen, völlig bedeutungslos. Er liegt eingeklemmt mitten in Afrika, ohne Zugang zum Meer, mit viel zu langen und kostspieligen Transportwegen an die Küste, die jeden größeren Transport unrentabel, ja unmöglich machen. Umgekehrt müssen alle Importgüter bis zu den Lebensmitteln und Bierkisten eingeflogen werden. Für Frankreich hatte dieses »kranke Herz Afrikas« jedoch wie ein Flugzeugträger eine strategische Bedeutung.

Als ich endlich alle Bilder im Kasten hatte, fuhr ich in einem gemieteten VW noch vor Morgengrauen hinaus zum Flugplatz, versteckte den Wagenschlüssel wie vereinbart im Handschuhfach und wartete auf die Kursmaschine der »Air Afrique« nach Paris. Auf seltsame Weise begann sich mit einem Male nicht nur das Flughafengebäude, sondern auch das ganze Vorfeld zu beleben. Ein roter Teppich wurde ausgerollt, Polizei tauchte überall auf, sich vornehm gebende Diplomaten standen in Gruppen beisammen, eine rotuniformierte Gardekompanie mit Säbeln und automatischen Waffen marschierte auf, und dann rollte ein Mercedes 600 mit dem gefürchteten und gehaßten Staatspräsidenten Tombalbaye heran, der mit allen Protokollformalitäten für einige Tage sein Land verließ, um in Paris neue Kredite und neue Direktiven für seine Herrschaft zu erbitten. So arm der Tschad auch ist, für einen monströsen Pomp stand alles zur Verfügung, zumindest in denselben Dimensionen wie bei einem amerikanischen oder russischen Staatsoberhaupt.

Das Selbstbewußtsein und die Arroganz dieses Präsidenten kennzeichnet folgender Vorfall: Als er eines Tages überraschend nach Brazzaville fliegen wollte, forderte er bei der »Air Afrique« eine Sondermaschine an, und innerhalb von zwei Stunden wurde für Tombalbaye eine »Caravelle« bereitgestellt. Diese genügte dem Sara-Häuptling jedoch nicht, sondern er ließ kurzerhand eine vierstrahlige DC-8 der »Air Afrique«, die gerade in Fort Lamy gelandet war, für seinen Privatflug requirieren, und die Fluggäste aus Nizza und Paris mußten fünfzehn Stunden auf dem Flugplatz warten, bis die Maschine wieder freigegeben wurde.

Diesmal war der Tschad-Präsident etwas gnädiger, er reservierte für sich kurzerhand nur den ganzen vorderen First-Class-Teil der Maschine, seine zahlreichen »weißen Mäuse« auf Motorrädern begleiteten ihn noch bis zur Gangway, und eine Gruppe von eigenen Sicherheitsbeamten stieg ein, um die Kursmaschine zu durchsuchen. Die Tür zur Touristenklasse wurde versperrt, und erst dann durften wir normalen Sterblichen das Flugzeug betreten. Ich prophezeite schon damals in meinen verschiedenen Berichten und Reportagen die Absetzung und den gewaltsamen Tod dieses schwarzen Diktators, erntete aber wegen dieser angeblichen Unkerei nur böse Kritik. Doch 1975 war es dann soweit: Tombalbayes Herrschaft und Leben endeten, wie von mir vorausgesagt.

Die ausländische Fernsehgesellschaft bekam durch mich den gewünschten Dokumentarfilm, und ich wirbelte mit meinen Berichten über dieses »kranke Herz Afrikas« viel Staub auf.

Mein tollster Flug

Ich hatte es mir grundsätzlich abgewöhnt, meine Reiseziele voreilig bekanntzugeben oder meine Themen im voraus zu offerieren, weil ich in der Praxis damit unangenehme Erfahrungen gemacht hatte. Ein Thema überhaupt zu finden und »aufzureißen«, es dann für die Verwirklichung vorzubereiten, Finanzierungsmöglichkeiten zu finden und endlich abzufahren – all das erfordert zuerst einmal eine Portion Phantasie mit Gespür und Fingerspitzengefühl dafür, ob ein Thema ankommt oder nicht, und zum anderen muß man dann mit den mehr oder weniger großen Komplikationen fertig werden. Wenn ich früher gelegentlich meine bevorstehenden Reportagenreisen ausplauderte, staunte ich nicht wenig, wenn ich dann plötzlich neben mir wohlbestallte Reporter und Kollegen von führenden Zeitungen, Zeitschriften und Illustrierten stehen sah, die von weniger phantasievollen Chefredakteuren einfach auf meine Fährten gehetzt wurden und die mitunter ohne die geringsten Finanzierungsschwierigkeiten schneller ans Ziel gelangten als ich mit meinen bescheidenen Mitteln. Aber nicht nur das. Einmal legte ich einer der größten westdeutschen Illustrierten eine komplette Bildreportage über ein bis dahin exklusiv gebliebenes Thema vor, doch wurde ich mit einer Entscheidung wochenlang hingehalten und so mit meinem Exklusivmaterial blockiert. In der Zwischenzeit setzte die Chefredaktion ein eigenes Reporterteam auf mein

Thema an, und erst dann lehnte man meine Großreportage ab und veröffentlichte den Report der eigenen Leute. Solche miesen Methoden sind in dieser Branche oft sogar bei größten Zeitungen üblich. So verkapselte ich mich notgedrungen immer mehr als Einzelgänger, als »Ein-Mann-Team«, um meine Erfolgschancen zu vergrößern. Still und leise packte ich immer meine wenigen Klamotten zusammen, zog meine alte braune Lederjacke an und verschwand für etliche Wochen oder auch Monate. Immer mehr zog es mich dabei zu völlig abseits liegenden, aber doch schwelenden Problemthemen hin, bei denen sich die Kollegen noch nicht gegenseitig auf die Füße stiegen, zumal dann nicht, wenn mit ihnen vielleicht auch noch ein paar Risiken verbunden waren.

So war es auch während des jemenitischen Bürgerkrieges, als ich endlich ein Visum bekam. Schon mit der nächstbesten Maschine flog ich nach Asmara in Äthiopien, genauer gesagt in die Provinz Eritrea. Wenige Tage zuvor hatte es im Jemen wieder einmal eine Revolution und Hausmachtverschiebung gegeben, nachdem man einen ägyptenhörigen jemenitischen General, der damals Jemens Staatschef war, während einer Auslandsreise flink abgesetzt und verbannt hatte. Aus Sicherheitsgründen waren die drei Flughäfen im Jemen noch für den Auslandsflugverkehr gesperrt. Vier blaue Rotchinesen mit Mao-Broschen und einem nie versiegenden Zahnpastalächeln, zwei Diplomaten, die in Taiz ihren Dienst antreten wollten, ein politischer »Heimkehrer« aus dem Exil und ich bevölkerten den Transitwarteraum des kleinen, aber modernen Flughafens von Asmara und warteten. Es gab seinerzeit nur eine einzige Möglichkeit, auf die andere Seite des Roten Meeres und damit nach dem Jemen zu gelangen, und das war die sagenhafte »Yemen Arab Airline«, die nur aus zwei uralten, schrottreifen DC-3-Maschinen bestand; eine davon flog, und die zweite wurde immer von ein paar bloßfüßigen »Spezialisten« zwecks Ersatzteilbeschaffung zerlegt.

Als der »Station-Manager« der jemenitischen Fluglinie hörte, daß bereits einige ausländische Fluggäste auf den Weiterflug nach Sanaa warteten, stürzte sich der Jemenite atemlos auf unsere dollarbringenden Flugtickets und riß sie hastig aus den Flugscheinheften heraus, als hätte er Angst, daß ihm dabei noch ein anderer zuvorkommen könnte. Auf meine Frage, ob die Maschine bereits da sei und wann der Flug nach Sanaa stattfinden würde, schüttelte der Jemenite nur traurig den Kopf, weil die Flughafensperre im Jemen noch nicht aufgehoben sei, zeigte aber dann strahlend auf die etwas abseits abgestellte vergammelte DC-3 und versicherte uns hoch und heilig, diese herrliche Maschine werde uns alle zusammen nach Sanaa bringen. Wann das sei, wisse er allerdings noch nicht.

Ich traute meinen Augen nicht, als ich die häßliche Maschine genauer betrachtete. Zuerst glaubte ich, daß dieser Schrotthaufen nur noch auf den Abtransport zum Abwracken wartete. Auf der einen Seite war das Gestänge des Fahrwerks etwas eingeknickt, ein Reifen war halb platt, Farbe und Schrift blätterten bereits merklich ab, die Tür stand offen und schien im Wind ständig zu uns herüberzuwinken. Damit das Flugvehikel nicht von selbst um- oder auseinanderfiel, hatte man es am Boden festgezurrt. Mir schien es völlig unmöglich zu sein, daß so ein Wrack sich überhaupt noch vom Boden erheben könnte. Was an dieser zerlemperten DC-3 noch besonders auffällig war, das waren die zahlreichen Metallstreifen, die am Rumpf und an den Tragflächen primitiv aufgenietet waren und wie verpfuschte Schuhdoppler aussahen.

Drei Stunden waren vergangen, als der Manager wieder den Warteraum betrat und ein Telegramm schwenkte. »Wir dürfen abfliegen und im Jemen landen . . .«, jubelte er, was uns veranlaßte, unser Handgepäck aufzunehmen und ihm zu folgen. Unsere Euphorie wurde aber rasch gebremst, denn der Jemenite teilte uns bedauernd mit, daß er von den Äthiopiern kein Benzin erhalte, weil die »Yemen Arab Airline« bereits zu hohe Schulden hinterlassen habe und er vorher eine Anzahlung von 500 Dollar leisten müsse. Er sah uns an, als wollte er ergründen, ob wir seinen diplomatischen Wink mit dem Zaunpfahl verstanden hätten, und schlich dann gleich routiniert die beiden Diplomaten um ein 500-Dollar-Darlehen an, eifrigst versichernd, daß sie das Geld in jemenitischer Währung in Sanaa sofort zurückbezahlt bekämen. Der Jemen-Rial war außerhalb seiner Landesgrenzen nicht einmal das Papier wert, auf dem er gedruckt war. Die empörten und so brutal Angepumpten wollten durchaus nicht auf diesen Trick und Kuhhandel eingehen und bedachten den jemenitischen Luftfahrtgewaltigen mit einer entrüsteten Schimpfkanonade. Die Chinesen hingegen lächelten den Manager nur an und waren zu höflich, um ihm ihre Meinung zu sagen, und auch bei mir blitzte er ab: »Nein, selbst wenn ich es hätte, dir und deinem Wrack würde ich es nicht geben. Bitte die Äthiopier um ein bißchen Benzin, damit wir endlich weiterkommen!«

Als ich mich dann noch bei ihm erkundigte, wo sie den häßlichen Vogel aus dem Schrotthaufen herausgezogen hätten, warf er sich mächtig in die Brust und beteuerte, daß die Maschine zwar einmal von den Royalisten abgeschossen wurde und notlanden mußte, aber sie sei nach der Reparatur wieder fast fabrikneu und fliege seit einem vollen Jahr wieder ohne Reparatur und ohne Wartung fehlerlos.

Er ließ uns zappeln, aber ich hatte das Gefühl, daß er seine Methode schon öfter praktiziert hatte. Gelegentlich eilte er geschäftig durch den Warteraum und äugte dabei lauernd nach den Diplomaten hin, um festzustellen, ob in der Zwischenzeit vielleicht eine Sinnesänderung eingetreten sei. Zwei Stunden später kochten die beiden Diplomaten über, riefen den Jemeniten herbei und drückten ihm die 500 Dollar in die Hand, die der Manager, völlig Herr der Lage, mit einer bereits vorbereiteten Quittung in Empfang nahm.

Nun begann der märchenhafte Start zum Flug über das Rote Meer. Ein Gepäckwagen wurde zum Flugzeug gezogen, und ein Benzintank fuhr zur Maschine. Der Jemenite eilte hastig von uns weg zum Flughafenmikrofon, und wir hörten verdutzt, daß wir uns beim Ausgang 2 versammeln müßten. Als hätte er uns dies nicht gleich im engsten Kreise sagen können! Er tat so, als handele es sich um die Passagiermenge eines Jumbo-Jets, die es zu entwirren und zu dirigieren gelte. Nach seiner Lautsprecheransage war er sogleich wieder bei uns, sammelte die Bordpässe ein und begleitete uns sorgsam über den freien Platz bis zur DC-3. Seine Managerqualitäten entfaltete er erst wirklich überzeugend, als er uns auf die wenigen freien Sitzplätze wies; alle anderen waren mit Kisten, Säcken, Ballen und Bündeln bis zur Decke vollgerammelt. Die Maschine glich im Innern völlig dem Äußern des Flugzeuges. Verludert und verlottert, verrostet und rettungslos vergammelt war alles. Die Sitzgurte waren ohne Verschlüsse oder überhaupt nicht mehr vorhanden, und ein mickriger Zivilsteward marschierte mit einem Tablett – auf dem klebrige Bonbons und anscheinend schon gebrauchte ohrenschmalzfarbene Wattebäusche durcheinanderlagen – von Mann zu Mann. Unser Manager zählte noch einmal mit tippendem Zeigefinger uns sieben Passagiere durch, als wollte er sichergehen, daß sich keiner von uns vielleicht noch im letzten Moment verdrückt habe, und dann winkte er uns zu, so wie man Astronauten vor dem Start Glück wünscht oder wie ein Lebender den Todgeweihten noch seinen letzten Gruß entbietet. Nach dieser Verabschiedung verschloß der Steward die Flugzeugtür von innen mit einem Draht, denn den Griff hatte ein heimischer Passagier anscheinend abmontiert. Der Steward – der Schlaumeier, der diese Luftkutsche aus der Erfahrung bestens kannte – plazierte sich auf etlichen Bündeln und Säcken und verspreizte seinen Körper mit Händen und Füßen nach allen Seiten. Ein Motor sprang dann mit einem lauten Knall an und kurz darauf der zweite. Unter der Motorenverkleidung schossen meterlange Feuerblitze, gefolgt von Fehlzündungen und schwarzen Rauchstößen, die unverbrannten Treibstoff gegen die kleinen Plastikfenster klatschten. Der Pilot gab Gas, und wir begannen zu rollen. Bewegen konnte sich dieser Schrotthaufen offensichtlich, aber hinsichtlich seiner Flugtüchtigkeit hatte ich noch arge Bedenken. Wie ein fauchendes Tier, das man aus seinem Schlaf gestört hatte, kroch die Maschine bis an das Ende der Startpiste, wo wir ruckartig wendeten.

Ich kam mir vor wie im Innern eines feuerspeienden Vulkans, der Flugkapitän ließ beide Motoren auf volle Touren drehen, so daß die DC-3 bis in die letzte Niete erbebte, als wollte sie sich in ihre einzelnen Bestandteile auflösen, aber dann stieg der Pilot von den Bremsen, und wir rollten zuerst langsam und allmählich etwas schneller werdend die Rollbahn entlang. Da die beiden Motoren sehr ungleichmäßig zogen und zeitweilig durch Fehlzündungen ausfielen, zog es uns nach links und rechts, und wir hasteten in einer Schlangenlinie weiter. »Wenn das nur gutgeht«, stöhnte ich insgeheim und warf einen Blick zu den vier blauen Chinesen hinüber, die verbissen in ihren kleinen roten Mao-Bibeln lasen, als hätte ihnen der große Genosse einen speziellen Absatz für diesen Notfall geschrieben. Ich hatte ein Empfinden, als ob jemand abwechselnd an den beiden Tragflächen herumrisse oder sie zurückziehe. Das Ende der Startbahn kam bereits in Sicht, als sich der Vogel widerwillig mit dem Heckrad vom Boden abhob und wir gleich darauf einen bis zwei Meter über dem Boden dahinflogen.

Wieder einmal atmete ich zu früh auf, denn die Kiste hatte es sich offenbar anders überlegt und liebte die Erde mehr als den Himmel, denn mit Gepolter sackte sie wieder ab. Wir mußten uns – ähnlich wie der clevere Steward – nach allen Seiten abstützen. Ich hätte mich nicht gewundert, wenn die Maschine nun endgültig auseinandergebrochen wäre. Aber der Pilot gab nicht nach, zog nochmals den total überlasteten Vogel hoch, so daß wir mit einer Handbreit eben über einen Drahtzaun hopsten und gleich darauf in den bleigrauen Wolken untertauchten.

Wir flogen – ich konnte es zunächst nicht fassen, daß dieser Schrotthaufen tatsächlich nicht nur rollen, sondern regelrecht fliegen konnte. Über die Bergwelt Eritreas – Asmara liegt auf einem Hochplateau von über 2300 Metern – ging es hinüber nach Massaua und Assab an die Küste des Roten Meeres, wobei es uns arg durcheinanderschüttelte, denn die zwischen der Land- und Meeresluft entstehende Turbulenz machte der zerlemperten DC-3 arg zu schaffen.

Sobald es wieder ruhiger wurde, schlich ich mich nach vorn ins Cockpit, weil ich von dort aus bessere Fotos machen konnte. Der Pilot Milo, ein Jugoslawe mit einer Preisboxerfigur, war mit meinen Wünschen diskussionslos einverstanden. Wir waren uns auf den ersten Blick sympathisch, als wären wir bereits jahrzehntelang beste Freunde. Er fuhr gerade den Funker an, nochmals Kontakt mit Taiz zu suchen. Der Flughafen Hodeida an der jemenitischen Küste ließ uns nicht zwischenlanden, weil ägyptische und russische Militärmaschinen für eine größere Aktion ständig starteten und landeten und wir somit unerwünscht waren. Die Jemeniten selber hatten damals dort wenig zu sagen, weil die »helfenden Brüder« das Heft in der Hand hielten. Nach Sanaa konnten wir gleichfalls nicht, weil die provisorische Flugpiste unter starkem Beschuß der Royalisten lag. Für eine Umkehr fehlte uns der nötige Sprit, weil wir inzwischen schon weit über die Hälfte unserer Flugstrecke zurückgelegt hatten. Milo beruhigte mich fürsorglich mit dem Hinweis, es sei statistisch bewiesen, daß noch kein Flugzeug oben geblieben sei. Endlich meldete sich Taiz, der dritte und letzte Flugplatz im Jemen. Wir erhielten die Landeerlaubnis, aber mit der Anweisung, sofort nach der Ankunft die Maschine vollständig zu entleeren und dann gleich weiter nach Aden zu fliegen, um dort etliche Kisten Dynamit für die republikanische Armee abzuholen.

Über der Hafenstadt Hodeida – die uns nicht haben wollte – zogen wir eine Schleife, überflogen die Küstenebene von Tihama und kurvten hinauf in die Bergwelt, die immer höher, wuchtiger und unheimlicher wurde. Wir flogen mitunter merkwürdige Kurven, wichen Bergkämmen aus und schmiegten uns wieder an andere ganz dicht an; Milo wußte genau, wo Freund und Feind hausten.

Nach insgesamt dreistündiger Flugzeit sagte mir Milo, daß wir gleich in Taiz landen würden. Ungläubig starrte ich auf die schroffen Berge; weit und breit war keine Hütte und schon gar kein Flugfeld zu sehen. Als wir dann aber einen hohen Bergkamm ganz niedrig und bereits mit gedrosselten Motoren überflogen hatten, sackten wir auf der anderen Seite zu einem kleinen Schotterfeld ab, an dessen Ende ein winziges gemauertes Häuschen – nicht größer als eine öffentliche Bedürfnisanstalt – zu erkennen war.

Das war der Flugplatz von Taiz, dessen Lande- und Startfläche ganz kurz war und hinter der gleich ein Abhang mit einigen ägyptischen Flugzeugwracks gähnte. Wir polterten auf den Schotterboden, rollten viel zu schnell über die kleine Ebene, die Bremsen quietschten, und dann hielten wir vor dem Mini-Flughafengebäude, das nur aus einem einzigen Raum mit einem Fenster und einer Türöffnung bestand. Die beiden gequälten Motoren machten noch ein paar Rülpser, und dann herrschte tiefe Stille – ich war im Jemen.

Milo versprach mir, mich am nächsten Tag mit nach Sanaa zu nehmen, und gab dann gleich Anweisung, die Maschine restlos zu entladen. Mit per Hand herangerollten Benzinfässern und Schwengelpumpen wurde die DC-3 wieder aufgetankt. Die Paß- und Zollkontrolle hatte ich in wenigen Minuten überstanden, und mit einem Taxi fuhr ich in die etliche Kilometer entfernte Stadt Taiz zu einem Hotel.

Wie ein Bergräubernest klebte Taiz an den Hängen der hohen

Berge. Ich lernte es als eine Stadt mit einer unglaublichen Betriebsamkeit kennen und diesen Teil vom Jemen als ein märchenhaftes Land, in dem alle Männer bewaffnet und Waffen ein Statussymbol waren wie bei uns Autos oder Swimmingpools. Bis 1962 war dieses Land, ärger noch als einst Tibet, mit allen radikalen und brutalen Mitteln hermetisch nach außen hin abgeriegelt, und nur ein Dutzend Ärzte oder sonstige unentbehrliche Spezialisten hatte der damalige Imam, das geistliche und weltliche Oberhaupt des Landes, in sein Reich hineingelassen. Jeder Fortschritt war vom Herrscher ängstlich ferngehalten worden, weil man darin eine Gefahr für die bestehende Ordnung sah. Als der alte Imam aber dann nach zahllosen überlebten Attentaten friedlich im Bett gestorben war, herrschte sein Sohn nur wenige Tage. Die Revolution brach aus, er wurde vertrieben und flüchtete in Frauenkleidern nach dem Norden, nach Saudi-Arabien. Ägypten und Rußland halfen der neu ausgerufenen Republik Jemen, und Saudi-Arabien und die USA halfen den Royalisten und dem vertriebenen jungen Imam. Mit dieser massiven Waffenhilfe gerieten sich die beiden Fronten blutig in die Wolle, und es tobte ein jahrelanger blutiger Bürgerkrieg. In dieser Situation, als die Hauptstadt Sanaa von allen Seiten eingekesselt war und die Royalisten und Söldner von den umliegenden Bergen in die Metropole schossen, kam ich in den Jemen.

Taiz war die zweite Hauptstadt des Landes, sie lag in den Bergen weitaus geschützter und nicht so exponiert wie Sanaa. Traditionsgemäß galt im Jemen von jeher das Waffenhandwerk als Broterwerb, und ein Stamm zählte nach der Anzahl seiner bewaffneten Männer. Einen Stamm konnte man sich kaufen, für oder gegen die Regierung; wer mehr zahlte, für den wurde gekämpft, und wenn am nächsten Tag der Gegner mehr zahlte, dann drehte man den Spieß oder vielmehr die Flinte herum und kämpfte gegen den gestrigen Geldgeber. So kauften sich die Royalisten mit den Saudi-Millionen einen Stamm nach dem anderen und brachten trotz ägyptischer Truppenhilfe, aber ganz besonders nach deren Abzug, die Republikaner in arge Bedrängnis.

Das Hotel stand hoch oben auf einer Bergkuppe. Dort bekam ich Verpflegung und konnte schlafen. Es war noch stockdunkel, als vor dem Hotel der von Milo geschickte Wagen fürchterlich zu hupen begann. Er weckte nicht nur mich, sondern das ganze Stadtviertel auf. Da nachts der elektrische Strom abgeschaltet war, landete ich mit etlichen blauen Flecken am wartenden Wagen, der mich wieder zum Flugplatz hinausbringen sollte. Alles war finster, Straßenbeleuchtung gab es keine, und auch die Häuser hatten lichterlose Fassaden, aber nach jedem Kilometer blitzten vor uns Taschenlampenfunzeln auf, und Schwärme von Bewaffneten sahen in das Wageninnere, erhielten vom Fahrer die gewünschte Erklärung, und erst dann wurden die auf der Straße liegenden leeren Ölfässer weggerollt, und wir durften bis zur nächsten Straßensperre weiterfahren. So wollte man verhindern, daß sich Royalisten nächtlicherweise in die Stadt mogelten. Lastwagen durften nachts grundsätzlich in keine Stadt fahren, sondern mußten in angemessener Entfernung bis Sonnenaufgang draußen warten.

Der Flugplatz bot ein malerisches Bild. Im Innern des winzigen Gebäudes brannte eine rußige Petroleumlampe, in deren Schein man nochmals meinen Reisepaß und Flugschein kontrollierte, und dann durfte ich mich mit dem Rücken zur Mauer auf die Erde setzen. Weiter drüben sah man ein paar Wachsoldaten bei einem lodernden Feuer an einer Kanone stehen, und daneben stand die zweite DC-3 der jemenitischen Luftlinie, auf der ein paar Barfüßige am Werk waren, um die Motoren zu zerlegen.

Nach einer Weile kroch die Sonne langsam über den Horizont hoch und ließ wieder die ganze wilde Umgebung erkennen. Gleichzeitig konnten wir das Brummen von Milos Maschine hören, der kurze Zeit später landete. Ein Motor war ihm ausgefallen, und er holte sich trotz des Protestes der Barfüßigen eine noch intakte Benzinleitung von der anderen Maschine und baute sie bei seiner ein. Da er eine ausdrückliche Order von General Hassan Al Amry hatte, wagte niemand weiter zu widersprechen.

Ein paar Jemeniten mit ihren unvermeidlichen Waffen und Patronengurten, ein alter Mann mit einer Ziege, die Milo nach einem wortreichen Dialog mit Schwung in das Flugzeuginnere beförderte, waren die Passagiere, und als letzter stieg ich ein. In der alten Maschine waren keine Sitze mehr vorhanden, dafür aber einige Dynamitkisten, auf denen Totenköpfe mit gekreuzten Knochen als Warnung aufgemalt waren. Als ich den Jugoslawen fragte, ob er die Sitze in Aden verscheuert hätte, beruhigte er mich, indem er alle Passagiere aufforderte, auf dem blanken Boden Platz zu nehmen.

Es war ein groteskes Bild, die Jemeniten mit ihren Gewehren auf dem Boden hocken zu sehen, dazwischen die meckernde Ziege, die vor lauter Angst ihre schwarzen Bohnen serienweise verlor. Wir versuchten, am Boden oder an den Rumpfwänden des Flugzeuges irgendwelche Ritzen oder Vorsprünge zu entdecken, an denen wir uns festkrallen konnten. Der Start nach Sanaa ging ähnlich vor sich wie tags zuvor in Asmara. Wir rumpelten über die Schotterebene, hoben zaghaft ab und polterten anschließend gleich wieder zurück, als wollte Milo trampolinartig seinen Start verwirklichen. Mit knapper Not gewannen wir genügend Höhe, um über den im Wege stehenden Felskamm hinwegzuturnen, und dann schwebten wir wieder am Himmel vom Jemen. Entweder war dies der Flugstil der »Yemen Airline« oder die persönliche Note unseres Prachtpiloten.

Nach dem Start winkte mich Milo wieder zu sich ins Cockpit, weil ich dort eine bessere Sicht hatte als aus den ölverschmierten kleinen Fenstern im Passagierraum. Beharrlich, aber mühsam kletterten wir bis auf eine Höhe von etwa 3000 Metern und waren damit auf der Höhe der neben uns aufragenden Gebirgsketten. Als wir nach einer geraumen Weile einen Bergkamm entlangflogen und uns einer hoch oben gelegenen Siedlung mit ausgedehnten Terrassenkulturen näherten, riß Milo plötzlich ruckartig die Maschine herum und raste im Sturzflug auf 800 Meter hinunter, als wolle er Kunstflüge veranstalten. Zur Erklärung brüllte er mir gegen den Motorenlärm ins Ohr: »Die Kerle schießen auf uns! Wir können nicht mehr höher – nur tiefer!« Wütend erzählte er mir, daß dieses Dorf drei Tage zuvor noch auf Seite der Republikaner gestanden habe, und nun ballere man auf uns. Wir mußten die schießwütigen Dörfer auf den Bergkämmen unterfliegen.

Bei dem unvorhergesehenen Sturzflug gab es im Passagierraum dramatische Szenen, denn die Passagiere purzelten haltlos in alle Richtungen, flogen übereinander, schrien und fluchten, krachten an die Dynamitkisten; Waffen flogen durch den Passagierraum, weil ihre Besitzer beide Hände vergeblich für die Suche nach einem Halt benötigten. Der glatte Boden bot nicht den geringsten Widerstand, die Leute trampelten sich in Panik und Verzweiflung gegenseitig auf die Körper, und jeder meinte, nun sei also das letzte Stündlein gekommen. Zu allem Überdruß stand plötzlich der Ziegenbock bei uns im Cockpit und machte sich mit seinem Gemecker protestierend bemerkbar.

Milo brüllte seinen Kopiloten an: »Bring das Biest auf der Stelle weg, und binde es an einer Kiste fest!« Eingeschüchtert befreite sich der Jemenite aus seinem Sitz und führte einen Zweikampf mit dem Tier auf, das unbedingt bei uns bleiben wollte.

Wir durchflogen das Tal tief unten und wichen möglichst allen Siedlungen aus. Nach einer Talkurve tauchte vor uns aber eine große Siedlung auf. Ganz deutlich konnten wir sehen, wie die Menschen aus den Häusern liefen und zu uns hinaufschossen. Milo bekam alle Hände voll zu tun und verlor nun auch zeitweise seinen Humor. Mit aller Kraft und saftigen Flüchen versuchte er die Maschine so steil wie möglich hochzuziehen, um aus dem

Geschoßhagel herauszukommen, was aber nur langsam gelang. Hinter uns gab es wieder ein Durcheinander, wobei der Kopilot vergeblich die Cockpittür zu erreichen versuchte, aber dann doch zappelnd bei den Dynamitkisten landete. Endlich war er doch wieder bei uns und schrie Milo ins Ohr: »Drei Treffer haben wir im Passagierraum abbekommen!« Dabei machte er mit Daumen und Zeigefinger einen Ring, um die Größe der Einschüsse anzudeuten. Milo hatte seine gewohnte Ruhe wiedergefunden und befahl dem schlotternden Jemeniten, Putzwolle in die Löcher zu stopfen. Als ich mich überflüssigerweise erkundigte, ob die Dynamitkisten getroffen worden seien, grinste er mich an und schrie mir zu: »Wenn die so richtig getroffen werden, brauchst du mich nicht mehr zu fragen . . .«

Nach einer Stunde überflogen wir eine weite Ebene, ein Hochplateau, dann folgte eine weitere hohe Bergkette, und dahinter lag die sagenhafte Hauptstadt Sanaa, angeblich die älteste noch lebende Stadt der Erde – ein ockergelbes Lehmhäusergewirr wie auf einem anderen Planeten. Milo zog eine weite Schleife und informierte mich dann mit voller Lautstärke: »Jetzt beginnt bald das Tontaubenschießen, wenn wir landen. Halte dich fest. Sobald die Maschine auf dem Boden steht – nichts wie raus, und renn so schnell wie möglich vom Flugzeug weg! Ich versuche zwar einen toten Winkel anzufliegen, aber uns bleiben nur ein paar Minuten, um Passagiere und Sprengstoff auszuladen, ehe sich diese Brüder in den Bergen auf uns eingeschossen haben. Dann muß ich sofort wieder hoch – das geht schneller, wenn ich ganz leer bin. Kapiert? Hoffentlich begegnen wir uns wieder einmal in irgendeiner Ecke auf dieser schäbigen Welt. Und such dir auch weiterhin die schönsten Urlaubsländer aus – wir haben anscheinend denselben Geschmack!«

»Wie komm' ich denn aus diesem Hexenkessel wieder raus?« brüllte ich Milo ins Ohr. Der schien sich aber vor Lachen zu schütteln. »Von ›raus‹ war nie die Rede, du wolltest doch rein nach Sanaa. Ob und wie du rauskommst oder drinnen bleibst, ist deine Sache!«

Milo kaute an seiner Unterlippe, überflog den letzten Bergkamm, und jetzt kamen sie uns wieder deutlich näher, diese wild herumschießenden Royalisten, die wie kleine Zinnsoldaten wirkten. Der ganze Flug wäre vielleicht heiterer gewesen, wenn wir nicht die Dynamitkisten in der Maschine gehabt hätten. Nun hatten wir den letzten Einkesselungsgürtel glatt überflogen, kreisten niedrig über der Stadt und schwenkten zum Flugplatz hinüber. Zwei abgeschossene Militärmaschinen brannten und qualmten auf der Piste, und als Milo schon zur Landung ansetzen wollte, winkten ein paar Jemeniten wie verrückt mit gelben Fahnen.

Der Jugoslawe sagte nur »Aha!«, brauste fünf Meter über den Boden weg, drehte abermals ab, kam wieder in den Feuerbereich der anderen Bergseite und suchte nach einer Ausweichmöglichkeit. Bei Rawda, einem Vorort, winkte ein Rudel Jemeniten mit bunten Tüchern. Eine Landstraße hatte man provisorisch verbreitert – dort mußten wir herunter. Milo schaffte das Meisterstück, aber er mußte die Maschine ganz stark abbremsen, so daß wir fast einen Kopfstand machten – eine Dynamitkiste hatte sich bereits selbständig gemacht und radierte mit zwei daranhängenden Jemeniten nach vorn, aber wir standen. Bei gedrosselten Motoren wurde die Tür aufgerissen, Milo, der Prachtbursche, schrie mir noch nach: »Mach, daß du rauskommst!«, und schon kollerten Kisten und Passagiere und dazwischen noch der verdammte Ziegenbock auf den Boden. Ich raffte meine paar Sachen zusammen und sprang nach. Nun hörte man auch die harten Einschläge und Detonationen der schweren Minenwerfer, die immer häufiger wurden und immer näher kamen.

Während ich mit ein paar Uniformierten zu den nahen Häusern hinüberrannte, knallte die Tür der DC-3 wieder zu, und mit zum Bersten aufheulenden Motoren fegte Milos Maschine in einer Staubwolke die kurze Schotterstraße entlang, auf der er millimetergenau gelandet war, und hob sich schwerfällig in den unfreundlichen Himmel. Fasziniert starrte ich seiner vergammelten Schrottkiste nach und drückte Milo unwillkürlich den Daumen, als er sich zur richtigen Höhe hinaufquälte und dann an einer günstigen Stelle die von den Royalisten besetzten Berge überflog.

Im Kessel von Sanaa war ich nun also, und in diesem Moment wollte ich mir nicht den Kopf darüber zerbrechen, wie ich wohl wieder herauskommen könnte. Auf einem abseits stehenden russischen Lastwagen waren bereits einige Dynamitkisten und Passagiere samt Ziege verstaut, und so rannte ich zu meinen Leidensgefährten und turnte auf das Fahrzeug hinauf.

Beim General und bei den Toten

Kaum hatte ich auf den Dynamitkisten noch einen freien Platz gefunden, als der Lkw wie von Furien gehetzt über Schlaglöcher hinwegpreschte und zahlreichen Granattrichtern in eleganter Slalomfahrt auswich. Im Vorbeifahren konnte man sehen, wie Tote und Verletzte geborgen wurden, und aus einigen getroffenen Gebäuden wälzten sich dicke Qualmwolken. Die Fahrt ging an einer kleinen Moschee vorbei, und dann waren wir auf der Hauptstraße, die in dem gleichen erbärmlichen Zustand war wie die Nebenstraßen.

Vor dem Al-Makha-Hotel quietschten die Bremsen, der Fallschirmjägerleutnant, der neben mir saß, reichte meine wenigen Gepäckstücke herunter, und der Lkw fuhr dann weiter in das Armeehauptquartier.

Durch das gähnend leere Hotel schlurfte ein neugieriger Jemenite herbei, begrüßte mich gelangweilt mit Handschlag und erkundigte sich bei mir wie ein Untersuchungsrichter:

»Diplomat?«

»Nein!«

»Russe?»

«Nein – Journalist!«

»Mach dir nichts draus, du kannst nichts dafür, daß du einen solchen Beruf hast, Allah wird schon wissen, warum«, antwortete er leise mit wehleidiger Stimme.

»Kann ich ein Zimmer haben?« fragte ich ihn.

»Du kannst alle Zimmer haben, die wir besitzen. Alle kannst du haben – du bist unser einziger Gast. Fensterscheiben sind keine mehr drin, weil diese Hunde von den Bergen aus alles kaputtschießen.«

Er begleitete mich hinauf in mein Zimmer Nr. 7 – meine Glückszahl – und wartete diskret und taktvoll noch so lange, bis er seinen Bakschisch bekam, wobei er mich gleich – um Mißverständnisse zu vermeiden – informierte, daß ihm ausländische Währung lieber wäre, weil das Jemen-Geld nichts wert sei.

Fensterscheiben waren tatsächlich keine mehr vorhanden, weder im Hotel noch in irgendeinem anderen Gebäude der Stadt. Vor den Geschäften und Schaufenstern waren Sandsäcke zu Schutzwällen aufgeschichtet, aber die schmalen Eingänge hätte man auch ganz schließen können, weil es ohnehin nichts zu kaufen gab. In unregelmäßigen Abständen hörte man irgendwo in der Stadt die Einschläge, einmal näher, dann wieder weiter weg. Von meinem Hotelzimmerfenster aus konnte ich einen Teil der Berge deutlich sehen, von wo die Royalisten herunterschossen. Ich kam mir sehr verloren vor. Solche Einsamkeit in mir und um mich macht mir auf meinen Reisen oft sehr zu schaffen, weil schwere Depressionen damit verbunden sein können. Auch damals verwünschte ich meinen journalistischen Eifer und stellte mir die Frage, ob es nicht besser gewesen wäre, einfach mit Milo und seiner Kiste zurückzufliegen.

Nach dem Essen, das ich zusammen mit dem Hotel-Jemeniten eingenommen hatte, marschierte ich zum »Informationsministerium«, das in einigen Räumen einer Wohnhausetage untergebracht war. Da ich damals der einzige Journalist in der eingekesselten Hauptstadt Sanaa war, stürzten sich die ministeriellen Beamten mit wahrer Begeisterung auf mich, um ihre Existenzberechtigung nachzuweisen. Man bot mir an, mit einem Propagandawagen des Ministers, auf dessen Dachträger man einen Lautsprecher montiert hatte, verschiedene Rundfahrten zu unternehmen. Man tat so, als könne man mir eine Rundreise durch die »Republik Jemen« offerieren und nicht bloß die paar kümmerlichen Kilometer innerhalb der eingekesselten Stadt. Da ich das Glück hatte, der einzige Journalist zu sein, herrschte ein angenehmes Geriß um meine Person, denn alle führenden Minister, Scheichs und Militärs wollten mich kennenlernen, um mir ihre Meinungen und Ansichten lang und breit darzulegen. Das half meiner Arbeit sehr, weil ich so den Kontakt zu allem bekam, was Rang und Namen hatte – wie kein anderer vor und nach mir.

Mein Hotel-Jemenite schärfte mir jeden Abend ein, kein Licht im Zimmer anzudrehen, weil die Royalisten mitunter nachts bis an die unmittelbare Stadtgrenze heranschlichen und dann auf alles schössen, was zielenswert wäre.

In einer Nacht schlief ich erst sehr spät ein, weil die Schießerei kein Ende nehmen wollte, Einschläge nicht allzufern vom Hotel zu verzeichnen waren und überflüssigerweise unzählige kleine Ameisen in meinem Bett herumkrabbelten. Gegen Mitternacht ließ mich das Sirenengeheul eines schnell dahinfahrenden Wagens hochfahren, der genau unter meinem Fenster vor dem Hoteleingang hielt. Ich hörte Getrappel und arabische Gespräche, und dann wurde meine Tür aufgerissen, und der Fallschirmjägerleutnant vom Dynamitwagen stand vor mir und forderte mich auf mitzukommen, nachdem ich beim Informationsministerium um ein Gespräch mit General Hassan Al Amry angesucht hatte. Mir wurde erklärt, da der General tagsüber kämpfen müsse, hätte er nur nachts für solche Besuche Zeit. Ich zog mich schnell an, hängte mir das Tonbandgerät um und marschierte mit dem Offizier mit. General Hassan Al Amry war der »Starke Mann« der Republik Jemen, der zwar Uniform trug, aber sonst alle arabischen Scheichqualitäten bis zur Vollendung an den Tag legte. Wenn es ihn nicht gegeben hätte, würde es heute mit Sicherheit überhaupt keine Republik Jemen (Nordjemen) geben. Nachts durften innerhalb der belagerten Stadt nur Militärfahrzeuge mit Sondererlaubnis fahren, weil man jeden Überfall oder Putsch in der Dunkelheit vermeiden wollte. Unser Wagen war mit einer Sirene ausgerüstet, deren Geheul durch Mark und Bein ging. Im Scheinwerferkegel huschten die Doppelposten an allen Straßenecken vorbei. Ich hockte neben dem fahrenden Leutnant, und hinter uns saßen zwei Jemeniten neben einem auf einer Stange montierten Maschinengewehr. Wie in einem Film sah ich Sanaa bei Nacht, die gelblichen Lehmhäuser und Lehmmauern, Paläste und Unrathaufen, jaulende Hunde und überall kauernde Krieger mit ihren Waffen in den Händen.

Durch eine schmale Tür betraten wir einen Hof. Unter einem Baum prasselte ein großes Feuer, um das an die fünfzig jemenitische Krieger herumstanden. Man schob mich weiter durch ein großes Gedränge, bis wir abermals zu einer schmalen Hoftür kamen, die nur nach vorherigen Klopfzeichen geöffnet wurde. Ein Scheich erwischte mich gleich beim Kragen und wollte mich hinauswerfen, doch mein Leutnant schlug ihm mit seiner MP auf seine behaarten Pranken und murmelte ihm eine halblaute Erklärung zu, worauf mich dieser Kloß von Jemeniten losließ. So ging es durch die dichtgedrängt Wartenden weiter bis zur Haustür; Karl May hätte seine wahre Freude gehabt, wenn er diese wüsten Gestalten hätte sehen können. Wir mußten eine schmale, steile Treppe hochsteigen, die nur Platz für jeweils einen Menschen bot. Überall standen die Wachposten mit Dolchen und Maschinenpistolen herum und ließen uns erst weitergehen, wenn mein Begleitoffizier ein paar Worte gesagt hatte.

In einem großen Raum stand eine Menge Diplomaten, Scheichs und Offiziere, die alle auf den General warteten. Das war für mich aber noch nicht die Endstation, denn ein herbeigeeilter Sekretär drängte uns in einen Männerraum – »Madschlis« genannt –, wo die Versammlungen und Palaver stattfanden. Der Boden war mit kostbaren Teppichen ausgelegt, an den beiden

Längsseiten standen geschnitzte Sitzbänke, die mit Seidenstoffen tapeziert waren, und dicke Vorhänge verdeckten die Fenster. Die Beleuchtung war schummrig, und man hörte nur halblautes Flüstern wie in einer Kirche. Die Jemeniten, wie auch viele andere Araber, sitzen grundsätzlich immer mit dem Rücken zur Wand, denn sie wissen aus ihrer Geschichte, daß sich allzuoft Überfälle und Angriffe bei solchen Versammlungen ereignet haben.

Unternehmungslustig machte ich mein Tonbandgerät einsatzbereit. Ich war gerade mit einer Mikrofonprobe beschäftigt, als die Tür aufging und General Hassan Al Amry mit einem Dolmetscher eintrat. Man sah ihm Schläue, Todesverachtung und Autorität auf den ersten Blick an. Seine Augen waren auch bei spärlichster Beleuchtung immer durch eine dunkle Sonnenbrille verdeckt, was seinen besonderen Grund darin hatte, daß Al Amry blaue Augen besitzt und diese bei den Arabern den »bösen Blick« bedeuten. Sein pockennarbiges Gesicht sah aus wie eine Maske. Er trat lachend auf mich zu und reichte mir die Hand. Als wir uns gesetzt hatten, schaltete ich das Tonbandgerät ein, aber der General hielt mit der Rechten die Leerspule fest, so daß das braune Tonband herausquoll und einen wirren Haufen bildete. Diese Art der Interviewbeschränkung war mir bisher noch nie passiert, und ich war darum reichlich perplex, als ich schließlich das Tonbandgerät abschaltete. »Ich mag diese braunen Streifen nicht – schalte den Kasten ab, wir wollen von Mann zu Mann sprechen, ohne diesen schwarzen Kasten da!«

Verärgert packte ich mein Tonbandgerät wieder ein, und das Gespräch begann. Al Amry wollte genau wissen, wie es mir möglich gewesen war, in die eingekesselte Hauptstadt zu kommen, und was die große, weite Welt über den jemenitischen Krieg denke. Etwa eine Stunde dauerte das Gespräch über militärische und politische Belange, und dann bat ich den General um die Erlaubnis, mit seinen Soldaten und Kriegern in die Berge zu gehen, damit ich einen solchen Kampf dokumentieren könne. Al Amry nickte mit dem Kopf und gab seinem Sekretär einige Anweisungen, die dieser eifrig notierte. Danach entschuldigte er sich damit, daß draußen noch zwei Dutzend Besucher warteten und er bei Morgengrauen wieder in den Kampf müßte.

Später war ich noch etliche Male Gast bei diesem mächtigen Jemeniten, der mir sehr geholfen hat und mir Türen öffnete, die allen anderen meines Berufes verschlossen blieben.

Einige Tage später holte mich der Leutnant mit dem Lautsprecherwagen des Ministeriums ab, und wir fuhren die in Richtung Hodeida führende Straße hinaus, nachdem die Republikaner versucht hatten, für kurze Zeit den Kessel auf dieser Seite aufzusprengen, damit Nachschub vom Roten-Meer-Hafen in die Hauptstadt rollen konnte. Auf einem Feldweg umfuhren wir eine Ortschaft, die noch von Royalisten besetzt war, und gelangten zu einer, mit Hilfe einer riesigen Schubraupe neu angelegten, primitiven Straße, die sich den Dschebel-Aiban hinaufschlängelte. Es ging über trostlose Berghänge mit dunkelbraunen Steinen, die überall wie hingeworfen herumlagen. Zwei Stammeskrieger mit ihren Krummdolchen im Gürtel und Maschinenpistolen in den Händen winkten uns zu halten. Man gab uns den Rat, den Wagen hier zu parken und zu Fuß bis zu der republikanischen Einheit hinaufzumarschieren. Weit oben am Berg lagen die Krieger mit ihren Waffen im Anschlag hinter Felsbrocken, und etwas abseits, durch einige riesige Felsbrocken geschützt, stand ein niedriges, olivgrünes Militärzelt, in das man uns führte. Bei der düsteren Beleuchtung konnte man nur undeutlich erkennen, wie sich ein Dutzend Jemeniten um den Teetopf scharte und schlürfend trank. Der Kommandant dieser Truppe war ein dürrer Jemenite mit stechenden Augen, der mit einem alten ägyptischen Militärmantel, an dem schon etliche Knöpfe fehlten, bekleidet war. Er hörte sich die Erklärung meines Leutnants an, nahm dann unseren schmalen, eng beschriebenen Begleitschein –

eine Art Mini-Paß, ohne den man nicht weit kam – in Empfang und studierte alles gründlich. Nun war der Bann gebrochen, wir erhielten Sitzplätze und Tee, und das Palaver begann.

Mein Begleitoffizier übersetzte mir dann schnell, daß die Kämpfe um den Gipfel des Dschebel-Aiban bereits drei Tage lang tobten und der Berg schon dreimal den Besitzer gewechselt habe. Etwa fünfzig Royalisten hatten sich oben verschanzt und wollten sich nicht ergeben. Da dieser Berg aber für die Beherrschung der Straße von Sanaa nach Hodeida wichtig war, wollte man nunmehr den Gipfel endgültig stürmen und in den Besitz der Republik bringen. Er erklärte mir dann noch offenherzig, daß General Al Amry diesmal befohlen hätte, Gefangene zu machen, aber die Krieger würden an diesem Befehl keine Freude haben. Wahrscheinlich war ich der Grund dafür.

Ich sollte an diesem Angriff als Augenzeuge teilnehmen und sah neugierig die Vorbereitungen abrollen. Patronen wurden an die Krieger und Soldaten schachtelweise verteilt, und die Unterführer kamen nacheinander herein, knieten sich mit einem Bein neben den Kommandanten hin und lauschten seinen Befehlen. Irgendwo hatte man noch schnell ein Schaf beschafft und am Feuer gebraten; die Fleischstücke wurden an alle Teilnehmer verteilt. Mein Leutnant schärfte mir immer wieder ein, während des Angriffs in seiner Nähe zu bleiben. Wir stritten dann noch, weil der Leutnant aus Sicherheitsgründen von der Frontlinie einen Abstand von 500 Metern einhalten wollte, was mir wegen der Aufnahmen zu weit war, weshalb ich vorschlug, gemeinsam mit den Angreifern mitzulaufen.

Zwei Stunden später spielte sich dieser Karl-May-Krieg dann planmäßig ab. Der Gipfel war von unserer Angreifergruppe nur noch etwa einen halben Kilometer entfernt, aber diese Distanz war für die Beine und Lungen länger als für die Augen, weil der Berghang sehr steil war. Viele Felsbrocken lagen herum, die den Verteidigern ebenso Schutz gewährten wie den Angreifern.

Drei kurze Feuerstöße aus der MP des Kommandanten waren das Signal für den Angriff. Man schrie, um sich gegenseitig Mut zu machen, Schüsse krachten, und die Royalisten warfen weiter drüben den Angreifern etliche Handgranaten entgegen, die aber ihr Ziel verfehlten. Ich flitzte meinem Leutnant nach, der nach links auswich, weil dort die Hänge nicht so steil waren, aber ausgerechnet dort versuchten die Royalisten durchzubrechen.

In solchen Momenten bin ich nicht mehr ich selbst; da steckt noch ein anderer in meiner Haut, und ich sehe alles nicht mit meinen Augen, sondern nehme alle Vorgänge nur durch die Objektive meiner Kameras wahr. Wie ein Automat überprüfe ich hastig und routiniert die Blenden- und Entfernungseinstellung und wähle schnell die günstigste Brennweite. So rannte ich unweit von Hussein – so hieß der Leutnant – nach vorn und sah hinter einem Felsen einen unserer Soldaten mit schmerzverzerrtem Gesicht auf dem Boden liegen. Sein ganzer Unterschenkel war aufgerissen und zerfetzt. Ich starrte entsetzt auf die weißen Knochensplitter unterhalb seines Knies. Er versuchte mit beiden Händen krampfhaft, den Blutstrom zu unterbinden. Als er uns beide sah, wollte er sich aufrichten; das hätte er jedoch nicht tun sollen, denn im gleichen Augenblick schleuderte ein Kopfschuß ihn wieder hinter seine Deckung zurück. Er war auf der Stelle tot, ohne daß seine verkrampften Hände das zerfetzte Bein losließen. Als ich den Leutnant keuchend und nach Atem ringend fragte, ob sie denn keine Sanitäter für die Verwundeten hätten, fauchte er mich grob an, daß sie wohl Munition, aber kein Verbandszeug hätten und mit Mullbinden auch nicht siegen könnten.

Der Angriff ging nur langsam voran und blieb schließlich fast gänzlich stecken. Als wir weiter nach vorn zu einem größeren Felsen laufen wollten, ließ uns konzentriertes Gewehrfeuer schnell wieder die Nase in den trockenen Dreck stecken. Ich lag ganz flach auf dem Boden und wollte mich zu dem etwa fünf Meter entfernt liegenden Hussein vorarbeiten, weil es bei mir bestialisch stank. Er gebot mir aber, sobald er meine Absicht erkannte, daß ich bleiben sollte, wo ich war. Da sah ich dann unmittelbar vor mir die bereits in Verwesung übergegangene Leiche eines splitternackten Jemeniten mit drei Einschüssen in der Brust – drei schwarze kleine Löcher. Der Mund des Toten war weit aufgerissen. Tückisch und höhnisch schien mich diese tote Fratze anzugrinsen, als wartete sie auf baldige Gesellschaft. Getötete Feinde wurden im Jemen grundsätzlich ihrer Kleider und Waffen beraubt, die dem Sieger gehörten. Meist bestattete man sie nicht – abgesehen davon, daß dies bei den Kampfhandlungen auf dem steinigen Boden überhaupt nicht möglich gewesen wäre.

Dieser eine schon verwesende Jemenite vor mir schien im Namen von Tausenden Landsleuten anzuklagen und das Unrecht hinauszuschreien: Krieg – Tod – Verderben und zerfetzte Leiber! Wofür? Wozu? Hatte dies alles einen Sinn?

Die ausbrechenden Royalisten hatten sich inzwischen ziemlich dicht an uns herangearbeitet, so daß ich kaum noch zum Filmen kam. Der Kommandant schickte fünf Fallschirmjäger zu uns herüber, und das brachte dann die Entlastung und Bereinigung. Schon wenige Minuten später war der Kampf um den Dschebel-Aiban beendet. Wie auf Kommando erhob sich ein Dutzend Royalisten und hielt die Waffen hoch über die Köpfe gestreckt – als Zeichen, daß sie sich ergeben wollten. Es fiel kein Schuß mehr, und unsere Krieger huschten wie die Wiesel den Gipfel empor und suchten alle Felsen nach lebenden Royalisten ab.

Eine tödliche Stille machte sich breit. Die Gefangenen wurden heruntergetrieben, und man nahm ihnen alle Waffen ab, worauf die armselige Kolonne im Gänsemarsch den Berg hinuntermarschierte. Mit einigen Steinbrocken wurde am Gipfel die republikanische Fahne verkeilt, die bis zur Hodeidastraße hinunter sichtbar im Winde flatterte. Nicht einmal dreißig Minuten hatte der Kampf gedauert, bei dem die Royalisten vierzehn und die Republikaner drei Tote zählten. Am Berghang jaulte der Motor der Schubraupe auf, mit der die Straße bis zum Gipfel ausgeschoben werden sollte. Tief unter uns lag die kleine Stadt mit den burgartig aneinandergeschmiegten Häusern, deren Bewohner die Royalisten die letzten Monate hindurch unterstützt hatten.

Gefangene werden im Jemen seit jeher und auch heute noch in Eisen gelegt – gleichgültig, ob es sich um Kriegsgefangene oder Kriminelle handelt. Mit schweren Ringen und Ketten werden die Füße so zusammengeschmiedet, daß nur winzige und schmerzhafte Schritte möglich sind. Die Gefangenen reißen sich oft einige Stoffetzen aus ihrer Kleidung und stopfen diese zwischen die Eisen und das wundgescheuerte Fleisch. Die Kettenschmiede gehen nicht gerade zimperlich mit ihrer Kundschaft um, denn mitunter geht solch ein kräftiger Hammerhieb gewollt oder ungewollt daneben und trifft die Beine der aufheulenden Ärmsten.

Wir kamen mit dem letzten Trupp unten am Fuße des Dschebel-Aiban an, auf den freien Platz, wo unser Lautsprecherwagen wartete, mit dem kleinen, dürren, barfüßigen Fahrer, der mit glasigen Augen den obligaten Kat-Knollen in der Backe kaute und in weitem Bogen dünne Saftstrahlen ausspuckte.

Wir fuhren zurück nach Sanaa, wo ich nach wie vor der einzige einsame Gast war und wo – wie jeden Tag – ein dürres, amselgroßes gebratenes Huhn auf mich wartete. Zwischen den aufgetürmten Sandsäcken verschwand ich für eine Nacht in meinem Zimmer Nr. 7.

Mit Eselkarawane durch den Sperrgürtel

Die Lage in Sanaa war in jenen Wochen so verworren wie nie zuvor. Morgens verkündeten die Lautsprecher in den Straßen und Gassen der Altstadt, daß General Hassan Al Amry die Royalisten wieder von einem Höhenkamm unmittelbar vor der Hauptstadt vertrieben hatte, und am Abend schossen die Royalisten erneut in den Randbezirken von Sanaa und eroberten ganze Häuserzeilen und Straßenzüge. Wo Al Amry auftauchte, gaben die Royalisten meist rechtzeitig Fersengeld, denn der General und Volksheld schoß an der Spitze seiner Leibgarde eigenhändig mit einer Maschinenpistole um sich, um seinen Leuten den Weg freizumachen. Der Kessel der jemenitischen Hauptstadt war wieder einmal hermetisch abgeriegelt worden, und die »Yemen Airline« mit ihrem Chefpiloten Milo kam schon seit meinem Eintreffen nicht mehr in die Hauptstadt.

Allmählich gehörte ich zu der »Republik Jemen« und zum Hexenkessel der Hauptstadt Sanaa, als wäre ich da aufgewachsen. Es kannten mich alle, man holte mich zu Rundfunkinterviews und quatschte in den jemenitischen Äther hinein; ich wurde von allen möglichen Leuten eingeladen und konnte bei General Hassan Al Amry, den Ministern oder beim Staatspräsidenten Iriani ein- und ausgehen, wenn ich irgendwelche Wünsche hatte oder Genehmigungen benötigte.

Eines Morgens wachte ich durch die Detonation von Geschützgranaten auf. In dieser bewegten Zeit hatte man ein sehr feines Gehör für die Unterschiede der verschiedenen Waffenarten und Kaliber bekommen. Geschützdonner war relativ selten, und darum stieg ich als noch immer allein gebliebener Gast des Hotels auf das Hoteldach hinauf und sah von dort aus die Einschläge bei den ersten Häusern der Stadt. Vier alte T-34-Panzer rasselten dröhnend durch die Hauptstraße und verschwanden in Richtung der nach Taiz führenden Straße. Beim Informationsministerium erfuhr ich dann, daß die Royalisten eine Ortschaft knapp vor Sanaa eingenommen hatten und nun von der Seite gegen die »Republik« drückten, während die Republikaner die Straße nach Taiz »öffnen« wollten. Wir fuhren zu einer Artilleriestellung auf den Hügeln, von wo aus man einen besseren Überblick gewann. Die Fontänen der Granateinschläge auf beiden Seiten interessierten mich weniger als ein Rudel republikanischer Panzer in der weiten Ebene vor dieser royalistischen Ortschaft. Meine Begleiter hielten von meiner plötzlichen Idee, zu den Panzern zu gehen, wenig, aber da sie meine Hartnäckigkeit schon kannten, gaben sie mürrisch nach. Wegen eines Minenfeldes mußten wir zuerst in die Stadt zurück und dann von der anderen Seite her im Schutze einer niedrigen Bergkette zum Rand der Panzerebene fahren. Da keiner von meinen ministeriellen Jemeniten mit mir kommen wollte, ging ich allein los und marschierte hinter einem durch knietiefen Sand mahlenden Panzer her, der in Stellung ging, um das Feuer gegen die feindliche Ortschaft eröffnen zu können. Für Film und Fotos waren diese Szenen einmalig und eindrucksvoll; jedesmal, wenn einer der Panzer schoß, verschwand der ganze Stahlkoloß in einer mächtigen Staubwolke. Die Abschüsse der Royalisten waren deutlich zu hören; ich ließ mich dann jedesmal blitzschnell platt auf die Erde fallen, denn die Sprenggranaten verstreuten in weitem Umkreis ihre tödlichen Splitter. In meiner Filmbegeisterung hatte ich anscheinend aber einmal einen solchen Abschuß überhört, denn ein Granateinschlag in meiner Nähe hätte meinem Reporterdasein beinahe ein Ende gesetzt. Ich filmte und hatte gerade die »Bolex« am Auge, als ich einen Schlag gegen meinen Magen verspürte, als hätte Cassius Clay mir eine verpaßt, und ich krümmte mich vor Schmerzen am Boden. Vorsichtig tastete ich mit den Händen in die Schmerzgegend, fand aber kein Blut. Ein vielzakkiger Granatsplitter »Made in USA« war mir in die vor meinem Bauch baumelnde offene Foto-Leicatasche gefahren und hatte dort seine Wucht ausgetobt. Kein Wunder, daß ich mich zunächst hinter dem schützenden Panzer verkroch und mich dann so schnell wie möglich buchstäblich aus dem Staube machte.

Obwohl ich mich an das Leben in der belagerten Hauptstadt mit allen Nachteilen und Schönheiten gewöhnt hatte, wurde mir klar, daß es allmählich an der Zeit war, mit all meinem Material heimzukommen. Da weder auf den Straßen noch auf dem Luftweg eine Abreise im Bereich der Möglichkeit lag, brachte ich das Thema bei meinen jemenitischen Freunden vor. Man führte mich in einen der prächtigen alten Wohnpaläste, wo ich im Männerraum ein halbes Dutzend hoher Offiziere antraf, die nicht nur ihre Wasserpfeifen rauchten, sondern auch ihre Kat-Büschel kauten und dabei über Politik, Persönlichkeiten und andere Themen diskutierten. Diese Kat-Blätter werden am Nachmittag im ganzen Jemen gekaut, sie üben eine anregende, euphorisierende Wirkung aus, zählen aber nur angeblich nicht zu den Rauschgiften.

Hussein, mein alter Begleiter, brachte in dieser exklusiven Runde mein Anliegen vor, und ich hörte zwischendurch immer wieder den Namen von General Al Amry. Nachdem sich alle Anwesenden ausgiebig an dem Gespräch beteiligt hatten, wandte sich der älteste der Offiziere an mich und erklärte mir, daß ich nur zu Fuß mit einer kleinen Eselkarawane die eingeschlossene Hauptstadt verlassen könne, und zwar in Richtung Taiz. Ich bekäme noch drei Offiziere als Begleitung mit, doch müßten wir sämtlich jemenitische Zivilkleidung tragen, um nicht aufzufallen. Ein herbeigerufener Schreiber stellte eine Menge kleiner Begleitpässe aus sowie Anweisungen für vier Esel und eine Menge Proviant für den bevorstehenden Marsch.

Einen Tag hatte ich Zeit, um alle meine Sachen so unverfänglich wie nur möglich zu verstauen und zu verstecken.

Nach Einbruch der Dunkelheit trafen meine drei Begleiter bei mir im Hotelhof ein, und ich mußte unwillkürlich hellauf lachen, als ich diese Offiziere nunmehr ohne Uniform und ohne getigerten Tarnanzug in der typischen jemenitischen Kleidung mit der Futa – einem Kittel, der über die Knie reichte – und dem Kopftuch wie biedere Eseltreiber vor mir sah. Sie forderten mich auf, gleichfalls die mitgebrachten Kleider anzuziehen, so daß ich gleich darauf stilgerecht zu ihnen paßte und, da meine Haut braungebrannt war, nicht mehr auffiel. Das Gepäck wurde schnell auf die Esel verteilt, mein Hotel-Jemenite kam kopfschüttelnd zu mir und verabschiedete sich noch in einer blumenreichen Karl-May-Sprache, er umarmte mich und wurde so seinen einzigen Gast los. Meine Begleiter schärften mir nochmals ausdrücklich ein, daß ich unter keinen Umständen – ganz gleich, was passiere – den Mund aufmachen dürfe.

Wir marschierten hintereinander, an der Spitze Hamid, der jeden Stein auf unserer Route kannte, hinter ihm Hussein, dem ich dann folgte, und am Schluß marschierte Abdul. Es war eine Nacht ohne Mondschein. Ich hielt mich an meinem Eselstrick fest und trabte brav und bieder nach. Kurze Zeit darauf hatten wir die letzten Häuser von Sanaa passiert, sie waren schon lange unbewohnt. Von der anderen Stadtseite – aus Rawda, wo ich einst mit Milo gelandet war – ertönte heftiges MG-Feuer.

Wir verließen die staubige Straße und bogen auf Felder ab, die wir in schneller Gangart durchschritten, denn wir wollten noch in der Dunkelheit die ersten Bergkämme erreichen. Unsere Marschbegeisterung teilten die störrischen Esel aber keineswegs, und oftmals mußten sie mit den Stöcken arg gedroschen werden, bis sie sich entschlossen, schneller zu traben. Das Gelände stieg leicht an, es waren zuerst Hügel und dann steilere Hänge. Manchmal sahen wir seitwärts Lichter von Siedlungen und Dörfern, Hunde begannen zu kläffen, Männerstimmen wurden laut, aber Hamid schien diesen Schleichweg schon öfter gegangen zu sein, denn entweder wich er geschickt aus, oder wir verharrten bewegungslos und warteten, bis sich die Hunde wieder beruhigt hatten. Der Marsch wurde immer beschwerlicher, wir mußten große Felsbrocken umgehen und fanden im Geröll nur schwer Halt für unsere Füße. Bei Morgengrauen hatten wir den Bergkamm erreicht und sahen vor uns drei Höhlen, wo wir uns nach dem achtstündigen Gewaltmarsch endlich niederlegen konnten. Die Esel bekamen ihr Fressen und wurden angebunden, wir labten uns an mitgebrachtem Wasser, und Hussein zerlegte fachgerecht eine kalte Hammelkeule. Wir wickelten uns dann in unsere Decken ein und schliefen. Ich hatte aber bemerkt, daß meine drei Begleiter nicht nur außen am Gürtel ihre Krummdolche mit sich führten, sondern unter ihren Gewändern auch noch Pistolen und Maschinenpistolen versteckt trugen.

Gegen Mittag wachte ich auf, meine drei Begleiter hockten an einem fast rauchlosen kleinen Feuer. Nun konnte ich erst die ganze Landschaft erkennen, ein märchenhaftes, wildes Bergland, dessen Gipfel über 2000 und 3000 Meter hoch waren. An den gegenüberliegenden Hängen klebten die Häuser, und die Terrassenkulturen schmiegten sich wie Schwalbennester an die kargen Felsflanken. Alles machte einen touristenmäßig friedlichen Eindruck. Zu viert aßen wir aus einem Topf die landesübliche scharfgewürzte Bohneneintopfspeise – Fuhl – und tunkten die omelettartigen Brotfladen darin ein, um die letzte Bohne und den letzten Tropfen Sauce herauszufischen.

Bei Tage mußten wir uns in den Bergen verstecken, abseits der Siedlungen und Dörfer, nur nachts konnten wir unseren Marsch fortsetzen. Zwei weitere Nächte, in denen wir uns durch das royalistische Gebiet durchmogeln mußten, standen uns noch bevor. Meine Schienbeine waren blutig aufgeschlagen von den Felsbrocken, an die man in der Dunkelheit mitunter stieß, und ich mußte sie zum Schutz gegen weitere Verletzungen mit Säkken umwickeln. Ein Esel desertierte, während wir schliefen, und wurde erst nach stundenlanger Suche weiter unten wieder eingefangen. Die Tiere waren anscheinend eine gemütlichere Gangart gewohnt und sträubten sich trotz verabreichter Schläge, unser vorgelegtes Tempo beizubehalten.

Eines Nachts gerieten wir in einer engen Schlucht an eine royalistische Sperre, wo die Stammeskrieger bei unzähligen kleinen Lagerfeuern lagerten. Nur mit einem Trick konnte Hamid die mißtrauischen Stammesangehörigen ablenken, weil er nicht nur die örtlichen Gegebenheiten, sondern auch den Scheich und etliche andere Familien in der unweit entfernt liegenden kleinen Stadt persönlich kannte und so Rede und Antwort stehen konnte, während wir uns vorbeidrückten, als alle Aufmerksamkeit auf Hamid und seinen Esel konzentriert war. Der Kommandant dieser royalistischen Einheit war aber dennoch mißtrauisch geblieben und gab einem seiner Leibwächter den Auftrag, Hamid zu dem von ihm als Referenz angeführten Scheich in der benachbarten Siedlung zu bringen und zu fragen, ob der nächtliche Wanderer einwandfrei und in Ordnung sei. Hamid erklärte sich damit sofort einverstanden, weil er keine andere Lösung sah, doch auf dem Weg zum Scheich tötete er den Begleiter mit seinem Krummdolch und eilte uns nach. Wir mußten unser Tempo danach nochmals verschärfen, denn am nächsten Morgen würde man sicherlich den Toten finden und daraus die richtigen Schlüsse ziehen.

Nunmehr übernahm Abdul die Führung, weil wir seinen Stammesbereich erreicht hatten und er sich da weitaus besser auskannte. Am nächsten Tag würde eine Hetzjagd auf uns einsetzen, wenn die Kuriere von Siedlung zu Siedlung gingen. Sooft wir in die unmittelbare Nähe von Dörfern und Menschen gerieten, mußten wir weite Umwege machen. Es ging jetzt alles nur um die Zeit, und meine drei Begleiter steckten oft geheimnisvoll ihre Köpfe zusammen, um in ihrer beliebten Hockestellung leise zu tuscheln und zu beraten.

Wir mieden nunmehr die zeitraubenden Berge und schlichen uns am Rand der Täler entlang, wo wir wenigstens eine raschere Gangart einschlagen konnten. Als wir in der dritten Nacht über eine kleine Ebene eilten, fuhren wir plötzlich erschrocken zusammen, weil uns aus kurzer Entfernung das Scheinwerferpaar eines Autos blendete. Meine Begleiter fluchten und zogen ihre Waffen, aber ein Warnruf in arabischer Sprache stoppte ihre Bewegungen. Wir versuchten nach rückwärts auszuweichen, woher wir gekommen waren, aber nun blitzten auch seitlich und schräg hinter uns Scheinwerferkegel auf. Motorenlärm wurde laut, und die Fahrzeuge fuhren langsam auf uns zu. Das war eine blödsinnige Falle, in die wir gelaufen waren, aber unter diesen Umständen hatte es wenig Sinn, an Widerstand oder Flucht zu denken. Das wäre glatter Selbstmord gewesen, und darum warfen meine drei republikanischen Begleiter eilig ihre Waffen weit weg. Ich fluchte innerlich darüber, daß meine Jemenreise mit einem solchen Fiasko enden sollte. Ich mußte mir die Hände vor die von den Scheinwerfern geblendeten Augen halten und sah nur undeutlich, wie Gestalten von Fahrzeugen sprangen und unter Zurufen die von meinen Begleitern weggeworfenen Waffen schnell einsammelten. Mit Kolbenhieben trieb man uns dann zu einem offenen Pritschenwagen, vier Mann Bewachung kamen noch dazu, und in voller Fahrt ging es in die Nacht. In kurzem Abstand folgte uns ein zweiter Wagen, der uns mit aufgeblendeten Scheinwerfern ständig im Lichtkegel behielt.

Zwei Stunden später bogen wir von der kaum erkennbaren Piste auf die Hauptstraße Sanaa-Taiz ein, und im Morgengrauen langten wir bei einer kleinen Ortschaft an. Wir wurden im Triumph in ein von Soldaten wimmelndes Steinhaus geführt und stiegen in das zweite Stockwerk hinauf. In einem weißgetünchten Raum, erhellt von zwei Petroleumfunzeln, sah ich vier Krieger am Boden hocken, die laut schlürfend ihren Morgentee tranken. An der Rückwand des länglichen Raumes saß ein Offizier, der emsig an einem Funkgerät hantierte und versuchte, eine Verbindung herzustellen.

Lange mußten wir nicht warten, bis drei Offiziere den Raum betraten. Sie musterten uns mißtrauisch. Der Ranghöchste stutzte einen Moment und platzte dann dröhnend lachend heraus:

»Hussein! Bist du Eseltreiber geworden?« Nun kannte ich mich erst recht nicht mehr aus, denn die beiden fielen sich in die Arme, und noch weitere Offiziere und Soldaten strömten zu uns herein. Erst nach einer geraumen Weile übersetzte man mir mit Stichworten, daß wir einer republikanischen Patrouille in die Hände gelaufen waren, die auf der Lauer lag, um Nachschub der Royalisten abzufangen. Die Straße von Taiz bis zur Falle war unter der zeitweisen Kontrolle der Republikaner. Die Offiziere kannten sich, weil sie nicht nur vom selben Stamm waren, sondern auch gemeinsam die jemenitische Offiziersakademie in Rawda besucht hatten. Wir mußten auf Polstern Platz nehmen, Tee und Essen wurden serviert, während Hussein all unsere kleinen Passierscheine und Pässe überreichte, die man uns in Sanaa ausgefertigt hatte. Hussein mußte Auskunft geben, wie die Lage in der eingekesselten Hauptstadt war, und besonders über General Hassan Al Amry, das Idol der Armee, wollte man nähere Einzelheiten wissen. Wenn Araber – und da bilden die Jemeniten keine Ausnahme – erzählen, dann geschieht dies ausführlich und bis in die letzten und kleinsten Details.

Da hatten wir also im letzten Augenblick noch Glück gehabt, daß wir den richtigen Leuten in die Hände gefallen waren. Noch am gleichen Tag wurden wir mit einem kleinen Konvoi nach Taiz gebracht, von wo aus meinem Heimflug nichts mehr im Wege stand. Taiz, die eigentliche Residenz des ehemaligen Imam, mit der Geiselburg, beherbergte auch alle diplomatischen Vertretungen, und dort war das Klima wesentlich angenehmer und freundlicher als in Sanaa. Ich lernte noch einen ehemaligen Leibarzt des Imam kennen, der in einem von einer französischen Stiftung unterhaltenen primitiven Krankenhaus arbeitete. Der alte Herr holte mit zittrigen Fingern eine Whiskyflasche hervor und erzählte von der jüngsten Vergangenheit. Er hatte die ersten Pneumothorax-Operationen mit Fußball-»Seelen« in Taiz praktiziert, begleitete lange Zeit den Imam und behandelte diesen nach den überstandenen Attentaten. Ein Pferd hatte der Arzt vom Imam laut Dienstvertrag bekommen, damit er seine Hausbesuche machen konnte, aber sein Monatsgehalt erhielt er in der Schatzkammer des Imam in zwei schweren Ledersäcken, die aus lauter silbernen Maria-Theresien-Talern bestanden und wegen ihrer Schwere mit einem Esel abgeholt werden mußten. Todesurteile wurden damals wie heute immer durch öffentliche Enthauptungen vollstreckt, und sie verliefen wie höchste Festlichkeiten, an denen die gesamte Bevölkerung teilnahm. Die abgeschlagenen Köpfe wurden von ihr angespuckt, als Zeichen dafür, daß man das Urteil für gerecht ansah. Zur Warnung – ob es sich nun um kriminelle oder politische Fälle handelte – wurden die Köpfe tagelang auf der Stadtmauer zur Schau aufgespießt, bis Geier und Ratten den Rest besorgten.

Der Jemen hat mich ungemein gefesselt; das Land und sein seltsamer Menschenschlag schlugen mich in seinen Bann. Ich besuchte den Jemen innerhalb weniger Jahre viermal, weil die ganze Problematik immer verworrener wurde. Ich lernte dieses Land in einem Zeitpunkt der Stunde Null kennen, als alles noch mehr nach dem mittelalterlich regierenden Imam ausgerichtet war. Ich denke dabei noch oft an das »Hauptpostamt Sanaa« in einem ebenerdigen kleinen Häuschen in der Größe von vier mal vier Metern. Es war ein einziger Raum mit einem vergitterten Fenster und einer Tür. Der Postmeister hatte Tisch und Stuhl – mehr Inventar gab es nicht. Wenn ich damals meine Briefe dort aufgab, die Wochen und Monate bis Europa brauchten – falls sie überhaupt ankamen –, wurde mir Kaffee serviert, und man holte aus dem Nebengebäude einen zweiten Stuhl für mich, damit ich Platz nehmen und mit dem Postmeister gemeinsam in seiner Tischlade wühlen konnte, um jemenitische Briefmarken auszusuchen und zu kaufen. Es war damals noch ein großes Ereignis, wenn ein Ausländer diesem Postamt seine Briefe anvertraute.

Ich war auch dabei, als sich der »Starke Mann« der Royalisten, General Munassar, nächtlicherweise mit Al Amry in einem Hain traf und diese beiden Blutsbrüder sich auf einen gemeinsamen Nenner und eine Munitionskiste voll Rial einigten. Munassar kam mit seinen Kriegern und Imam-Fahrzeugen zur Republik und kämpfte bereits am nächsten Tag gegen seine ehemaligen Brötchengeber, die Royalisten. Ich war bei den großen Feierlichkeiten, als Tausende Krieger zusammenströmten und die ehemaligen Widersacher sich in die Arme fielen. Ich hockte bei ihnen in den märchenhaften Stein- und Lehmhochhäusern auf dem Boden und zerriß die Hammelteile und tunkte das triefende Fett mit in den Fingern gekneteten Reiskugeln auf. Ich gehörte zu ihnen und kam immer wieder und war auch dabei, als die beiden jemenitischen Republiken – der Nordjemen mit der Hauptstadt Sanaa und der maoistische Südjemen mit der Hauptstadt Aden – in einen Bürgerkrieg gerieten. Ich lag wieder hinter den Panzern und fotografierte und filmte. Als die Nordjemeniten die den Südjemeniten gehörende Insel Kamaran besetzten, war ich wieder der erste und einzige Journalist, der Augenzeuge dieser Ereignisse wurde. Immer wieder zog es mich nach dem Jemen, dem ehemaligen sagenhaften Reich der Königin von Saba. Zu Fuß, mit dem Flugzeug, mit Esel- und Kamelkarawanen, auf

Lkws, mit den Luxuslimousinen der Ministerpräsidenten und sonstwie war ich kreuz und quer unterwegs in diesem Märchenland, das sicher bald ein Opfer des Tourismus und ein Ziel der großen Billig-Reiseunternehmen werden wird.

Ich wollte auch den maoistischen Südjemen besuchen und bemühte mich Monate hindurch, die zahlreichen Sonderbewilligungen für eine Reportagereise mit Foto- und Filmerlaubnis zu erhalten. Ich hatte das Thema bereits abgeschrieben, als plötzlich eines Tages die Bewilligung eintraf und sich zwei südjemenitische Minister mit meinem Vorhaben einverstanden erklärten. Ich flog nach Aden und mußte feststellen, daß man inzwischen ausgerechnet meine beiden Minister aufgehängt hatte – sie waren einer Säuberungswelle zum Opfer gefallen. Ohne ein Foto und ohne einen Meter Film mußte ich schnellstens wieder still und bescheiden verschwinden, damit ich nicht letzten Endes meinen beiden Gönnern Gesellschaft leisten mußte. Auch solche Pleiten kommen mitunter in meinem Beruf vor: Man verfliegt in wenigen Tagen für meine Begriffe horrende Beträge, um dann alles auf »Konto dubios« abzuschreiben.

Gerade meine ersten ausgiebigen Jemenreisen brachten mir die Bekanntschaft und Freundschaft von sehr einflußreichen Jemeniten. Jeder halbwegs angesehene Mann im Jemen war mindestens einmal schon Minister oder Deputy-Minister. Es gibt kaum ein anderes Land, das in seiner jüngsten Geschichte derartig viele Regierungen und Minister verbraucht hat. Alle Stämme, die an den Staat keine Steuern zahlen, sondern für ihre Loyalität vom Staat Geld, Waffen, Straßen, Schulen oder sonstige Gegenleistungen fordern, wollen ihre Leute zumindest zeitweise in der Regierung wissen, um so Einfluß zu gewinnen und mitreden zu können.

Viele von meinen jemenitischen Freunden sind auch heute noch in Amt und Würden, viele wurden in der Zwischenzeit aber ermordet – wie zum Beispiel General Munassar, der seinen eigenen Stamm begaunern wollte –; andere sind im Exil, wie der greise Staatspräsident Iriani oder aber mein alter Freund General Hassan Al Amry, dessen kometenhafte Laufbahn ein abruptes Ende fand und gerade darum erwähnenswert ist, weil dieses Schicksal spezifisch für den Jemen ist.

General Al Amry, dieses vergötterte Idol in der Republik Jemen, der sowohl von seinen Soldaten als auch von den meisten Stämmen bewundert auf den Schild gehoben wurde, als wäre er der ungekrönte Imam, leistete sich auf dem Höhepunkt seiner Karriere eine bedauerliche Affäre.

Er war an einem Abend mit seinem Konvoi von Bewachungsfahrzeugen in Sanaa unterwegs und wollte einen Hauptmann seiner Leibwache und seines Stabes daheim anrufen, weil er ihn dringend brauchte. Al Amry ließ beim Hauptpostamt anhalten, stieg dort aus und nahm sein kleines Notizbuch heraus, in dem er die Telefonnummer des Hauptmanns vermerkt hatte. Al Amry wußte aber nicht, daß der Hauptmann kurz vorher seine Wohnung und seinen Telefonanschluß an einen Fotografen verkauft hatte. Als der General sich meldete, glaubte sich der Fotograf von Freunden gefoppt und gab eine wütende Antwort mit wüsten Beschimpfungen. Al Amry ließ durch einen Wagen seiner Leibwache den nächtlichen Telefonpartner aus dem Bett zum Postamt holen, wo der Fotograf mit schlotternden Knien feststellen mußte, daß tatsächlich der jemenitische Regierungschef gesprochen hatte. Alle Beteuerungen und Entschuldigungen halfen nichts, der General steigerte sich in seine Wut hinein und befahl einem seiner Leibwächter, den Fotografen zu erschießen, was dieser aber verweigerte. Daraufhin riß ihm Al Amry die Maschinenpistole aus der Hand und streckte den Fotografen mit einer Garbe nieder. Der Leichnam wurde von seinen Soldaten außerhalb der Stadt gebracht, wo er prompt verschwand. Wäre der Erschossene irgendein x-beliebiger Namenloser gewesen, so wäre die Affäre wahrscheinlich rasch vergessen worden. Der Fotograf gehörte aber dem mächtigen Haraz-Stamm an, der im Gebiet zwischen Sanaa und Hodeida ansässig ist, und da zu jener Zeit die Republikaner noch sehr heftig um ihre Existenz gegen die Royalisten kämpften, also auf die Loyalität dieses Stammes in dem Schlüsselgebiet angewiesen waren, überstürzten sich die Ereignisse in den folgenden Tagen. Der Haraz-Stamm marschierte in Sanaa vor dem Regierungsgebäude mit mehreren hundert bewaffneten Männern auf und forderte den Kopf des Generals. Nachdem die Republik vorgegeben hatte, daß sie die Selbstherrlichkeit und Gewaltherrschaft des Imam abgeschafft habe, konnte sie sich diesen Skandal ihres »Starken Mannes« weder politisch noch moralisch leisten. Al Amry igelte sich mit einigen Eliteverbänden in seinem Amts- und Wohnsitz ein, und da man ihn nicht einfach einer Stammesfehde opfern konnte, folgte ein Regierungsbeschluß, daß der General innerhalb von 24 Stunden das Land verlassen und ins Exil gehen müsse. Die Armee konnte ihn nach diesem Vorfall auch nicht mit Gewalt halten, und so flog Al Amry mit seinem kleinen Sohn in Zivil via Beirut nach Ägypten, wo er noch heute lebt und seine Pensionsbezüge erhält. Derartige Gewaltakte konnte man sich anscheinend auch in der Republik Jemen nicht mehr leisten, aber es gibt sehr viele einflußreiche Jemeniten, die felsenfest davon überzeugt sind, daß General Al Amry eines Tages – so wie einst De Gaulle – heimkehren und die Macht ergreifen wird, wenn der Jemen in höchster Not ist.

Für mich war der Jemen ein Markstein in der beruflichen Laufbahn, weil ich mit meinen Reportagen, Berichten und TV-Filmen weltweit bekannt wurde.

Panamas Militärdiktator wollte mich nicht sehen

Wochenlang strolchte ich bereits kreuz und quer durch die kleine Bananenrepublik Panama, eine wahre Fundgrube für einen Reporter – mit den Indianerreservaten auf den Palmeninseln, den riesigen Distrikten der United-Fruit, eines mächtigen Bananentrusts mit allen nur erdenklichen trostlosen Nebenerscheinungen und schließlich mit der Kanalzone. Der Panamakanal teilt die kleine Republik in zwei Hälften, der Kanal selbst gehört dem US-Pentagon, und alle weiteren Lizenzrechte hatte man für einen Butterbrotpreis erstanden, nachdem auch die Freiheit und Unabhängigkeit dieses selbständigen Landes – einst Provinz Kolumbiens – unter merkwürdigen Umständen realisiert worden war. Oligarchien hatten sich in der Herrschaft auf allen Ebenen schiedlich und friedlich abgewechselt, und zwischendurch wurde durch Morde nachgeholfen, wenn es Schwierigkeiten gab. In der Kanalzone zu beiden Seiten des Panamakanals sind an die 15000 US-Elitesoldaten stationiert, in einem Dutzend Militärstützpunkten unter dem Befehl von zwölf Generalen. In dieser Zone befindet sich aber auch das Hauptquartier der CIA mit dem Einsatzbereich »Lateinamerika«, von wo aus Putsche und Revolutionen, Attentate und Kriege gesteuert werden; und von der Kanalzone aus fliegen auch die »grauen Fledermäuse«, die Maschinen der Air-America, im Auftrage der

CIA in manche anderen Hoheitsbereiche Mittel- und Südamerikas. Außerdem wurden in dieser Kanalzone unterirdische Raketenabschußbatterien installiert und Atomsprengköpfe eingelagert.

In diesem erzkatholischen Land gibt es heute mehr Banken als Kirchen, und an die zwei Milliarden Dollar »hot money« – finanzamtsscheues Steuerfluchtgeld aus aller möglichen Herren Länder – liegen dort in märchenhaften Bankpalästen gehortet. Nebenbei stöberte ich etliche ehemalige höchste SS-Offiziere auf, die während der Kriegszeit noch die Titelseiten und Wochenschaufilme füllten oder für Sondermeldungen sorgten und dann nach dem Kriegsende mit fremden Namen und Pässen in Panama Unterschlupf fanden. Auf kleinen Finkas und oftmals unter miesen und schmutzigen Verhältnissen fristen sie dort ungeschoren ihr Dasein und haben all ihre glorreiche Vergangenheit in Waschmittelkartons unter dem Bett stehen.

Von der turbulenten Bauzeit des Panamakanals bis zum Militärputsch, als die Obristen sich hurtig an die Futtertröge der Nation setzten und dort nach ihrer Version die Korruption weiterspannen, und bis zur Konterrevolution, als die CIA versuchte, den zu nationalistisch und antiamerikanisch scheinenden General Omar Torrijos anläßlich seiner Abwesenheit in Mexiko abzusägen, strotzt Panama von hochaktuellen Themen wie kaum ein anderes Land. Torrijos mietete sich damals nach seiner Absetzung ein Lufttaxi und flog in eine ihm ergebene Provinz zurück, von wo aus er die Wiedereroberung startete. Torrijos verkündete ganz kecke Parolen gegen die USA und stellte die Nationalisierung des Panamakanals als einen seiner Hauptprogrammpunkte auf. Er hatte dabei die Rückendeckung einer ganzen Reihe lateinamerikanischer Staaten und ließ nicht mehr mit seiner Forderung locker, diese gewinnbringende Weltverkehrsschlagader unter seine Fahne zu bringen und die verhaßten US-Truppen und Geheimdienste von seinem Territorium zu entfernen.

General Torrijos mußte ich darum sehen, das stand für mich fest, denn ich brauchte eine ganze Reihe von Fotos und Filmszenen. In einer Militärdiktatur sind derartige Vorhaben aber weit schwieriger als in demokratischen Ländern.

Für meinen Aufenthalt in Panama hatte ich einen »Begleiter« und Führer zugewiesen bekommen. Julio hieß dieser wichtige und gewichtige Bursche, mit einem riesigen Körperumfang, Plattfüßen und einem Leistenbruch. Mit einem vertraulichen Augengezwinker ließ er mich wissen, daß er früher einmal für den Geheimdienst gearbeitet habe, wobei er aber völlig offenließ, ob er dies noch weiterhin tat. Julio hatte jedenfalls die vertraulichen roten Telefonnummern aller einflußreichen Obristen und rief diese auch manchmal an. Er ließ sich von mir nicht immer abhängen, und ich mußte da schon Methoden wählen, die seinem Leistenbruch und seinen Plattfüßen Schwierigkeiten bereiteten. An und für sich verstand ich mich mit meinem Aufpasser ganz gut und erreichte auch alle Programmpunkte meines Konzeptes, wenn er mitunter auch schwitzend stöhnte und nicht mehr weiter mitmachen wollte. In einem Punkt aber biß ich bei Julio auf Eisen, und das betraf meinen Wunsch, zu General Torrijos zu kommen, um einige Bildserien von ihm machen zu können. Immer wieder bohrte ich deswegen bei meinem »Schatten«, aber jedesmal bekam ich Ausflüchte und hinhaltende Redensarten zu hören. In reiner Notwehr nahm ich schließlich diesen Programmpunkt selbst in die Hand, denn ohne Torrijos-Fotos wagte ich nicht den Heimflug anzutreten.

Durch einen vertraulich geflüsterten Hinweis eines Beamten bekam ich den Tip, mich an die Public-Relations-Abteilung (Direción de Relaciones Publicas) der Nationalgarde im Hauptquartier zu wenden. Dort sei die einzige weiche Stelle, wo es zumindest einen Hoffnungsschimmer gebe. Die »Nationalgarde« ist in Panama das Militär, die Wehrmacht, der Machthaber im Staate – deren Oberbefehlshaber General Omar Torrijos ist.

Mit einem Taxi fuhr ich in den alten Stadtteil von Panama-City, wo in einem riesigen Gebäudekomplex die Kommandantur der Nationalgarde untergebracht ist. Aus allen Dächern wuchsen riesige Funkantennenwälder, das ganze Areal war von einer hohen Mauer umgeben, Stacheldraht, Gitterzäune, Wachpostentürme mit Scheinwerfern und MG-Posten, überall patrouillierten Doppelposten mit schußbereiten automatischen Waffen, und zwischendurch war ein Gedränge von Fahrzeugen und Menschen. Sicherheitshalber hatte man auch das Zentralgefängnis gleich mit in dieses Hauptquartier einbezogen, weil es keinen sicheren Platz gab und weil insbesondere politische Häftlinge am sichersten in diesem waffenstarrenden Igel untergebracht sind.

Bis zur versperrten Gittertür ging alles glatt und einfach. Durch das Gitter hindurch mußte ich dem mißtrauischen Doppelposten einen Zettel mit meinem Namen und meinem Wunsch sowie meinen Reisepaß reichen. Der eine Soldat marschierte mit den Papieren in das Gebäude, der andere Posten ließ mich nicht mehr aus den Augen und blieb auf der anderen Gitterseite neben mir stehen. Nach einer Weile kam der Soldat zurück, und nachdem man schnell das Tor aufgesperrt, mich hereingelassen und gleich wieder hinter mir zugesperrt hatte, durfte ich durch den Vorhof bis zum Gebäudeeingang gehen. Dort wartete der nächste Uniformierte und führte mich steile Treppen hinauf bis zur nächsten Gittertür – wie in einem Gefängnis. Wieder gab es die gleiche Zeremonie, bis ich über Gänge und Treppen hinauf und hinunter in einen großen Raum geführt wurde, wo sich einige Abfertigungsschalter befanden. Die dahinter sitzenden Offiziere lasen Schundromanhefte oder Pornozeitschriften, oder aber sie telefonierten endlos lange. Diese Schalter waren aber mit Stahlrohrbarrieren abgesichert, damit die Bittsteller immer einen Mindestabstand einhalten mußten.

Dort brachte ich meinen Wunsch vor und erklärte klipp und

klar, daß ich General Torrijos fotografieren möchte, während er mit irgendeiner Tätigkeit befaßt sei. Der Offizier blätterte im Paß und las aufmerksam alle darin befindlichen Visa durch. Anschließend drückte er auf einen Klingelknopf, und ein Soldat erschien, der mich wieder über Gänge und Höfe eskortierte, bis wir in einem großen Büro landeten, das voll von Schreib- und Vervielfältigungsmaschinen war. Nun tauchte auch noch ein Dolmetscher auf, mit dem ich in ein halbdunkles Zimmer geführt wurde, in dem ein grimmig dreinblickender Hauptmann hinter seinem Schreibtisch saß. Gelangweilt hörte er sich meinen Wunsch an, gähnte zwischendurch und streckte sich nach rückwärts. Endlich raffte er sich auf und griff zum Telefonhörer, um das Programm von Torrijos zu erfragen. Um mich möglichst schnell loszuwerden, sagte er mir dann, daß am nächsten Morgen General Omar Torrijos in Rio Hato die Vereidigung von Rekruten vornehmen werde. Ich solle in meinem Hotel seinen Telefonanruf abwarten, denn er könne im Moment nichts versprechen, aber er würde in der Zwischenzeit General Torrijos fragen, ob er einverstanden sei, daß ich ihn bei dieser Gelegenheit fotografierte. Mehr war von dem Offizier, der ständig auf seine Uhr sah, nicht herauszuholen. Jedenfalls wußte ich, daß am nächsten Morgen von diesem Hauptquartier aus ein Konvoi nach Rio Hato abfahren sollte. Behutsam und mit allen Vorsichtsmaßnahmen fädelte man mich wieder durch sämtliche Gittertüren durch, bis ich nach endlosem Schlüsselgerassel endlich tief aufatmend auf der Straße stand.

Ich wartete den ganzen Abend vergeblich auf einen Anruf des Offiziers und gab dann alle Hoffnung auf. Die Nationalgarde war offenbar überhaupt nicht daran interessiert, daß sich ein ausländischer Reporter gewisse Einblicke verschaffte. Wahrscheinlich war dieser Hauptmann in seinem halbdunklen Zimmer der festen Überzeugung, daß er mich erfolgreich abgewimmelt hatte.

Am nächsten Morgen, es war ein Sonntag, fuhr ich mit einem Taxi abermals zum Hauptquartier der Nationalgarde. Nun kannte ich bereits die ganzen Zeremonien und steckte darum routinemäßig meine Zettel durch das Gitter, mein Reisepaß folgte hinterher; und wie am Vortag ging die Gittertür auf. Diesmal wurde ich in eine düstere Vorhalle geführt. Eine einsame Glühbirne, die am blanken Draht von der Decke herabhing, war die einzige Lichtquelle in dem fensterlosen Raum. Hoch oben, wie an einem Schaltpult, hinter schmutzigen Glasscheiben, thronte der Wachkommandant. Laute Kommandos hallten durch die Gänge, und Namen wurden gebrüllt. Die Wachablösung fand gerade statt, Gewehrverschlüsse klirrten. Ab und zu wurden Häftlinge – mit Handschellen gefesselt – mit blutverschmierten Gesichtern und zerrissenen Kleidern hastig vorbeigetrieben.

Um mich scherte sich kein Mensch. Dem neuen Wachkommandanten erzählte ich, daß ich am Vortag von einem Hauptmann den Auftrag bekommen hätte, mich hier einzufinden, um mit dem Konvoi nach Rio Hato zu fahren. Zettel wurden wieder an unsichtbare Offiziere geschrieben und mit Soldaten zugestellt. Frauen kamen mit Körben voll Essen für ihre Männer und Söhne, die entweder bei der Nationalgarde oder im Gefängnis saßen. Auf einer großen Tafel waren alle Bankfilialen verzeichnet, bei denen die Nationalgarde ihre Wachen stehen hatte.

Um mich kümmerte sich noch immer kein Mensch. Ich sah nur abweisende und gelangweilte Gesichter, die sich meine Wünsche nicht einmal aufmerksam anhörten und gleich wieder in Romanheften zu lesen begannen. Ich kochte allmählich vor Wut, zumal ich nach fast einer Stunde Wartezeit im Hof die Motoren der Busse und die Kommandos der angetretenen Mannschaften hörte. Soldaten rannten eilig an mir vorbei, da sie anscheinend auch noch mit nach Rio Hato kommen mußten, nur mich ließ man unter der traurigen Glühlampe stehen. Warum die bloß keinen Lampenschirm für diese Birne hatten?

Mir war schon alles egal, und so wartete ich ab, bis der Wachkommandant sich umdrehte. In diesem günstigen Augenblick marschierte ich den schmalen Gang entlang, hielt mich dicht hinter einem eilig vor mir marschierenden Offizier, sah durch das Gangfenster die Busse und Begleitfahrzeuge, deren Blaulichter schon aufblinkten, und wußte, daß es nunmehr höchste Zeit war, wenn ich mitkommen wollte. Die Türen wurden vor dem Offizier aufgerissen, und ich folgte ihm auf den Fersen, damit niemand auf den Gedanken kommen konnte, daß ich nicht zu diesem Voranmarschierenden gehören könnte. Soldaten salutierten, und ich tat so, als wäre ich schon jahrelang durch die Gänge des Hauptquartiers geschritten. Die letzte Gittertür ging vor uns auf, der Offizier merkte nichts von seinem Schatten, und ich stand auf dem Hof, vor den abfahrbereiten Omnibussen. Es kam nun darauf an, weiterhin absolute Sicherheit zu mimen; denn wenn ich suchend stehengeblieben wäre oder gefragt hätte, wäre ich zweifellos aufgehalten worden und zumindest rausgeflogen. Ich beobachtete das Durcheinander an dem Konvoi und drehte eine zielbewußte Runde im Hof, bis mir der Zufall half. Eine Musikkapelle mit lauter Zivilisten bestieg gerade einen Bus, und ein junger Leutnant der Nationalgarde stand am Eingang und kontrollierte die einsteigenden Musikanten. Zwischen den Uniformträgern wäre ich gleich beim ersten Versuch aufgefallen, aber unter dieser Zivilistenschar mit den Musikinstrumenten mochte es gehen. Ein älterer kleiner Musiker schleppte sich mit einem riesigen Instrumentenkasten ab und hatte außerdem noch eine Posaune zu tragen. Das war zweifellos zuviel für den alten Panamesen, und hilfsbereit, wie ich nun einmal bin, nahm ich dem Mann die Posaune ab. Der alte Mann strahlte über sein ganzes runzeliges Gesicht. Gemeinsam kletterten wir in den Bus – vorbei an dem Leutnant –, und meine Posaune ließ ich nicht mehr loß, denn die wirkte weit besser als jeder Sonderausweis.

Vorneweg preschten zwei Blaulichtwagen der Polizei und Nationalgarde, die uns die Straße freimachten, und dann folgte Bus auf Bus mit der Nationalgarde. Als wir nach einigen Stunden zu einer Kaserne abbogen – einem einstigen Luftwaffenstützpunkt der Amerikaner, bekannt dadurch, daß bei Starts und Landungen die quer durch die Anflugschneise führende Straße gesperrt werden muß –, passierten wir die Wachen, ohne angehalten zu werden.

Die Soldaten nahmen gleich nach unserer Ankunft Aufstellung im Karree um den Flaggenmast, und die Propagandaabteilung baute Mikrofone und Lautsprecher auf und verlegte bündelweise die Kabelstränge. Es waren da etliche uniformierte Kameraleute der Nationalgarde, zu denen sich noch zwei Panama-Reporter gesellten. Das schien auch für mich der beste Aufenthalt zu sein.

Es war bereits unangenehm heiß unter dem blauen Himmel am Meer bei Rio Hato, als endlich eine kleine Wagenkolonne ankam und aus einer großen Limousine General Omar Torrijos ausstieg. Offiziere grüßten und erstatteten Meldung, meine Musikkapelle begann lautstark ihr Tschinderassa anzustimmen, und ich konnte meine Bilder und Filme schießen. In diesen Minuten störte es keinen Menschen, daß sich ein ungebetener ausländischer Journalist hereingemogelt hatte. Während einer Nationalhymne kann man erfahrungsgemäß die besten Porträtstudien machen, auch von Persönlichkeiten, die sonst nicht sehr gern fotografiert und gefilmt werden wollen. In diesen feierlichen Minuten müssen auch sie respektvoll stillstehen und eventuell auch noch grüßen oder salutieren, und nicht einmal ein Staatsoberhaupt würde es wagen, in solchen Augenblicken das Gesicht abzuwenden. Reportern jedoch räumt man die Narrenfreiheit ein, sich frei zu bewegen, um solche Szenen dokumentieren zu können.

Anschließend marschierte Torrijos die Rekrutenreihe ab und

sah sich dabei sehr genau die Uniformknöpfe darauf hin an, ob auch keiner versehentlich offengeblieben war. Dann kam der Höhepunkt – dieser Putschgeneral und Kontraputschsieger, dieser Retter der Nation und Kämpfer gegen die nordamerikanische Unterjochung und Ausbeutung, schritt zu den Mikrofonen. Er erzählte den neuen Nationalgardisten von ihren großen Pflichten und Aufgaben und sprach von einem Vorposten, den Panama in Mittelamerika darstelle. Nach drei Minuten war die Rede vorbei. Zumindest ich war mehr als enttäuscht von diesem Volksführer, von diesem siegreichen General, der nicht nur denkbar kurz, sondern auch dünn und farblos sprach. Da war kein zündender Funke, der auf die Zuhörer übersprang, da war keine Rhetorik und keine Überzeugungskraft – das war eine leise und monoton heruntergeleierte Ansprache ohne jedes Temperament, ohne Schwung. Das war kläglich und jämmerlich, und ich hatte den General in Verdacht, daß dies der Grund war, warum er ungern europäische Reporter an sich heranließ. In vertrautem Kreis gab er oftmals selbst zu, daß er kein Redner sei und daß es besser wäre, auf den Inhalt seiner Reden zu achten, weil er keine Show veranstalten wolle.

Nach wenigen Minuten war die ganze Veranstaltung vorbei. Torrijos wechselte noch mit den Reportern ein paar belanglose Worte und stieg dann gleich in seine Limousine und fuhr davon. Für die Rekruten und Kaserneninsassen wurde es aber noch ein vergnügter Sonntag, denn die Zivilkapelle begann wieder laut und falsch zu spielen – sie hatte nur drei Melodien, die sie in buntem Durcheinander immer wieder darbot.

Der Technikertrupp begann die Kabelstränge wieder aufzurollen und die Mikrofone und Lautsprecherbatterien abzumontieren, und so machte ich mich an den Capo heran und bat ihn, mich mit nach Panama-City zu nehmen. Der Unteroffizier war einverstanden, aber mein Platz war oben auf der Ladefläche zwischen den Kabelrollen und Lautsprechern. Meine Fotos und

Filme von General Omar Torrijos hatte ich aber jedenfalls. An der letzten Straßenecke vor dem Hauptquartier hielt der Wagen an, ich sprang ab und trollte mich zu meinem Hotel.

Ich hatte in meinem Hotelzimmer den Fotokoffer noch nicht abgestellt, als das Telefon läutete und sich Juan am Apparat meldete, der Verbindungsmann zur Panama-Untergrundbewegung ELN, mit der ich bereits seit Wochen in Kontakt zu kommen versuchte. Mich interessieren grundsätzlich immer alle Perspektiven bei einem Problem. Diese erst kurz vorher gegründete Widerstandsbewegung hatte zwar noch keinerlei Taten oder Untaten vollbracht, aber ich wollte ein Interview, ich wollte die Leute einmal sprechen. Dieser Juan hatte mich zwar einmal getroffen und mehrmals angerufen, jetzt aber sollte es endlich klappen.

Ich erhielt von Juan telefonisch die Anweisung, in zwanzig Minuten in der Calle Estudiante zu sein, wobei er noch eine Hausnummer angab. Ich würde dort angesprochen werden, meinte er und schärfte mir noch ein, daß ich weder Kameras noch Tonbandgeräte bei mir haben dürfe.

Kurz vor Mitternacht war zwar nicht der ideale Zeitpunkt für derartige illegale Treffen mit dunklen Elementen, aber nachdem ich mich nun schon einmal wochenlang um diese Kontakte bemüht hatte, konnte ich jetzt nicht mehr gut ausweichen. Abgesehen davon war ich ja wirklich daran interessiert, diese Leute kennenzulernen, die es sich zur Aufgabe gemacht hatten, Torrijos abzuschießen – politisch und notfalls auch buchstäblich.

In der Calle Estudiante mußte ich mit einem mulmigen Gefühl feststellen, daß sich die Untergrundleute eine ausgesprochen düstere Straße ausgesucht hatten. Lateinamerikanische Guerillas waren von jeher nicht sehr wählerisch in ihren Methoden, und es überkommen einen daher bei einer Begegnung mit ihnen alle möglichen Gedanken und Befürchtungen, auch wenn man ihnen freiwillig einen Besuch abstatten will. Solche Extremisten nahmen Geiseln mit Gewalt, brachten Diplomaten, Minister, Politiker und Industriebosse kurz und bündig »um die Ecke«, arbeiteten mit Injektionsspritzen und ähnlichen Dingen. Andererseits hat unsereiner durch vieljährige Praxis ein Fingerspitzengefühl für Situationen entwickelt, wo es auch schiefgehen könnte, die berühmten kleinen Alarmklingeln in Reportergehirnen.

Erst nach einer halben Stunde traten zwei Schwarze auf mich zu, sprachen mich mit meinem Namen an und forderten mich auf, mitzukommen. Sie nahmen mich in ihre Mitte. Wir bogen in eine enge Seitenstraße ein, an deren Ende ein geschlossener Lieferwagen stand. Der eine Begleiter stieg mit mir in den fensterlosen Kasten, wo wir uns zwischen Säcken auf den Boden setzten, während der zweite Abholer anscheinend chauffierte. Wir fuhren kreuz und quer und nahmen offenbar unendlich viele Kurven, bis wir nach zehn Minuten Fahrt anhielten. Auf einem kleinen Platz stiegen wir schnell in einen anderen Lieferwagen ähnlicher Art. Ich gewann den Eindruck, daß alles nach einem festen Plan abrollte.

Eine Viertelstunde später rumpelten wir über eine Bordsteinkante, und der Motor wurde abgestellt. Es war ein unbeleuchteter Innenhof, dessen Tor zur Straße man gleich wieder von innen verschlossen hatte. Einige Männer standen um uns und das Fahrzeug herum, es wurde nur halblaut gesprochen, und dann geleiteten mich zwei Bewaffnete in das Haus. Es war ein uraltes Haus mit ausgetretenen Treppen und langen Gängen, ich stolperte über leere Flaschen und wurde schließlich in einen kleinen Raum geschoben.

Ein Mann stellte einen alten Waschmittelkarton auf den Tisch und forderte mich barsch auf, den gesamten Inhalt meiner Taschen auszuleeren. Ich fluchte zwar, aber folgte brav und warf vom Notizbuch bis zum Taschentuch alles in den Karton. Anschließend mußte ich die Hände hoch über den Kopf halten, und ein baumlanger Mestize tastete gewissenhaft meinen Körper nach verborgenen Waffen, Tonbandgeräten, Kameras oder Mikrofonen ab. Dabei gab man mir zu verstehen, daß grundsätzlich alle Besucher so fürsorglich behandelt würden.

Endlich schienen die Leute mit mir zufrieden zu sein, es öffnete sich eine weitere Tür dieses Vorraumes, und ich trat in das dahinterliegende Zimmer. Dort standen ein Schreibtisch, ein Bett, ein Schrank und eine verluderte alte Sitzgarnitur, aus der die Sprungfedern herausguckten. Beherrscht wurde der Raum von einer großen Vervielfältigungsmaschine der modernen Art, wie sie auch in Regierungsbüros stehen. Berge von Papier lagen überall und auch auf dem Boden herum, an den Wänden hingen bunte Che-Guevara-Plakate oder Abbildungen von schwarzen Fäusten mit erläuternden Sprüchen und Parolen.

Ich sah mich drei Männern gegenüber. Zwei hatten Bärte wie Fidel Castro, sie lümmelten sich auf dem Bett, während der dritte Mann am Schreibtisch saß, ein typischer Intellektueller mit dicker Hornbrille. Mich plazierte man ausgerechnet auf die Sitzbank, auf der ich die spitzen Sprungfedern wie auf einem Marterstuhl zu spüren bekam.

»Sie wollten mit uns sprechen, und wir haben lange überlegt, ob es überhaupt Sinn und Zweck hat, Ihnen ein Interview zu gewähren. Wenn wir dennoch zugesagt und Sie eingeladen und hierhergebracht haben, so haben wir dafür unsere Gründe. Ich bin Jurist, mein Name tut nichts zur Sache, aber ich will versuchen, Ihre Fragen so gut wie möglich zu beantworten.«

Nicht ganz eine Stunde blieb ich bei diesen »Untergründlern«, stellte Fragen und bekam Antworten oder Phrasen zu hören. Die ganze Bewegung befand sich angeblich erst im Stadium der Gründung und Formation. Die Männer waren bemüht, ihre Kader erst einmal richtig auszubilden und zu drillen, bevor sie ihre ersten Aktionen starten wollten. Torrijos bezeichneten sie als einen »nützlichen Idioten«, der zweifellos gewisse Vorarbeiten zur Loslösung aus der nordamerikanischen Umklammerung leiste. Solche Bewegungen überschneiden sich oftmals in ihren theoretischen und ideologischen Bemühungen, sie wollen sich gegenseitig überholen und splittern auf, sie bekriegen sich gegenseitig und sind Plattform von Machtkämpfen einiger Persönlichkeiten. Dieser Dr. X am Schreibtisch – das erfuhr ich einige Tage später – war ein sehr einflußreicher Beamter in einem Ministerium in Panama-City. Es ist schwer abzuschätzen, ob derartige Bewegungen überhaupt jemals an das Licht der Tagespolitik kommen.

Nach diesem Gespräch komplimentierte man mich wieder hinaus in den Vorraum, wo ich aus der Pappschachtel alle meine Taschenutensilien herausholen konnte. Ich wurde dann in den Hof gebracht, wo der Lieferwagen noch so dastand, wie ich ihn verlassen hatte. Man fuhr mich wieder eine Viertelstunde kreuz und quer, um mir keine Möglichkeit zu geben, mich zu orientieren, und ließ mich dann an einer völlig entlegenen Stelle aussteigen. Zum Abschied versprach man mir noch, daß ein Taxi kommen werde, das mich in mein Hotel zurückbringen würde. Kurze Zeit darauf tauchte tatsächlich ein Taxi bei mir auf, und der Fahrer erkundigte sich bei mir, ob ich ihn telefonisch gerufen hätte.

Das war der letzte Programmpunkt meines vielwöchigen Aufenthaltes in der Bananenrepublik Panama gewesen, den ich absichtlich knapp vor meiner Heimreise verwirklichte, denn offizielle Regierungsstellen haben für derlei Schnüffeleien von Journalisten im Untergrund wenig Verständnis, und man kann dabei sehr leicht in eine Zwickmühle geraten.

Ich flog wieder einmal heimwärts . . .

Illegal nach Angola

In Angola kriselte es. Obwohl die Portugiesen eine strenge Zensur über sämtliche Nachrichtenmedien verhängt hatten, sickerten zwischendurch bedrohliche Nachrichten in die Auslandspresse, und Augenzeugen berichteten über Greueltaten auf beiden Seiten der unsichtbaren Fronten – bei den portugiesischen Kolonialtruppen wie bei den Rebellen.

Ich bemühte mich um eine offizielle Besuchserlaubnis für Angola in Lissabon und staunte nicht wenig, als ich tatsächlich die Genehmigung erhielt. So flog ich nach Luanda, der Hauptstadt Angolas, und absolvierte ein Besichtigungsprogramm, angefangen in der Öl-Exklave Cabinda bis zum Süden, wo die schnurgerade Grenze zu Namibia (Südwestafrika) verläuft. Man zeigte mir die schönsten Straßen, Brücken und sonstige Bauwerke, ich marschierte im Norden bei Carmona durch die riesigen Kaffeeplantagen, in denen die Plantagenbesitzer in Betonburgen mit Stahlfensterläden und Schießscharten lebten, umgeben von Stacheldrahtverhauen mit Wach- und Scheinwerfertürmen, ausgerüstet mit modernsten Waffen und Funkstationen, mit denen man die nächste Milizeinheit zu Hilfe rufen konnte. Überall sah ich die Anzeichen zur Abwehr des unsichtbaren und doch allgegenwärtigen Feindes. Wenn ich meine offiziellen Begleiter danach befragte, meinten sie mit einer abfälligen Handbewegung, daß mitunter einige Diebe und Mörder über die Grenze von

Kongo (Zaire) kämen und man sich dagegen durch »Polizeiaktionen« schütze. So sehr ich auch bohrte, ich konnte über die Diebe, Mörder und Polizeiaktionen keine konkreten Informationen oder Auskünfte erlangen.

Einen Hinweis bekam ich aber: In Kinshasa, der Hauptstadt des Kongo (Zaire), hatte eine Angola-Exilregierung unter der Führung eines Roberto Holden ihren Sitz, und diese Befreiungsbewegung war dem Vernehmen nach auch für die Guerillatätigkeit in Nordangola verantwortlich. Als ich nach etlichen Wochen Angola verließ und dabei kaum wesentliches oder doch brauchbares Material hatte finden können, versuchte ich darum von Europa aus, über verschlungene Wege und Mittelsmänner den Kontakt zu dieser Angola-Exilregierung in Kinshasa zu bekommen. Dort legte ich meine Karten offen auf den Tisch und bat um die Besuchserlaubnis für die andere Seite, ich wollte diese »Rebellen« sehen und kennenlernen. Viel Hoffnung hatte ich nicht, daß man mich dort herumschnüffeln, filmen und fotografieren lassen würde. Als Journalist vermag ich nur meine Absichten offenzulegen und die Zusicherung für eine korrekte Berichterstattung zu geben. Es ist aber nur allzu verständlich, wenn derartige umstürzlerische Untergrundbewegungen sehr mißtrauisch sind und hinter solchen Bemühungen immer Spionage der Gegenseite vermuten.

Eines Tages erhielt ich aber ein Schreiben von Roberto Holden, in dem er mir mitteilte, daß ich willkommen sei und kommen könne; nebenbei erwähnte er auch noch, daß ich Gelegenheit finden würde, die »befreiten Gebiete« zu besichtigen. Darunter konnte ich mir allerdings nicht viel vorstellen.

Ich flog also nach Kinshasa und wurde gleich nach meiner Ankunft im Flughafen von diesen Angolesen durch die üblichen Polizei- und Zollkontrollen geschleust, in ein Auto verfrachtet und zu einem Hotel gebracht.

Am nächsten Tag traf ich den legendären Roberto Holden,

den Führer der Angola-Rebellen – übrigens ein Schwager des Kongomachthabers Mobutu –, der über ein ganzes Stadtviertel für seine Angola-Exilregierung, für seine Ministerien und Stäbe verfügte. Die Organisation war gut, vielleicht aber zu sehr aufgebläht. In den darauffolgenden zwei Wochen hatte ich damit zu tun, all die Installationen und Einrichtungen der Befreiungsbewegung zu besichtigen und zu studieren. Das war sehr zeitraubend, weil die Guerilla-Ausbildungscamps sowohl bei Matadi inmitten einer Wildnis als auch ganz im Süden des Kongo, in Katanga, versteckt waren. Nebenbei gab es aber auch Schulen, Flüchtlingslager und ein großes Hospital zu sehen. Mobutu hatte seine Kongo-Armee angewiesen, der Angola-Bewegung alle nur erdenkliche Hilfe und Unterstützung zu gewähren. Wenn also die Angolesen plötzlich Fahrzeuge oder auch Plätze in Militärflugzeugen brauchten, so bekamen sie diese.

Der letzte Punkt – der mir immer noch rätselhaft war – betraf die »befreiten Gebiete«. An einem Abend fuhren mich drei Guerillaführer, die alle ihre militärakademische Ausbildung in Indien erhalten hatten, zu einer kleinen Ortschaft an der Grenze, wo bei spärlichem Feuerschein ein Mordsbetrieb herrschte. Von Lastwagen kletterten uniformierte Befreiungskämpfer mit ihren Waffen und bildeten kleine Gruppen, während man mich in eine kleine Hütte brachte. Vom Hauptquartier waren etliche Guerilla-Offiziere gekommen, die an Hand einer Karte eine Route absteckten, besprachen und diskutierten, und zwischendurch zeigten sie immer wieder auf mich. Offensichtlich hatten sie meine Person in das ganze Palaver einbezogen.

Wir bestiegen dann einen der Bewegung gehörenden großen Mercedes-Lastwagen und fuhren in die Nacht hinaus. Wir bogen von der Hauptstraße ab, und nach einer weiteren Stunde wurden die Scheinwerfer ausgeschaltet, und ganz langsam und vorsichtig suchte sich der Fahrer bei Mondschein seinen weiteren Weg.

Es war eine verlassene Gegend, weit und breit kein Licht und kein Anzeichen von Zivilisation, die Straße war nur noch ein längst überwucherter Weg. Schließlich hielt der Wagen an, und ich stieg mit sechzig schwerbewaffneten Guerillas vom Fahrzeug. Eine kleine Gruppe eilte voraus, das Gros unseres Haufens formierte sich zu einer Gänsemarschkolonne. Die Offiziere flüsterten ihre Befehle, ich wurde in die Mitte befohlen, und so marschierte ich mit den Rebellen schwarz und illegal über die Grenze von Zaire nach Angola. Kein Wort durfte gesprochen werden, und das ganze Unternehmen erschien mir allmählich als eine reichlich ungemütliche Angelegenheit. Viel Zeit zum Nachdenken hatte ich aber nicht, denn ich mußte aufpassen, um meinen Vordermann nicht aus den Augen zu verlieren und nicht der Länge nach auf den Boden zu fallen, weil immer wieder Termitenhügel oder andere Unebenheiten im Wege waren.

Es war schon weit nach Mitternacht, als die Spitze hielt – wir waren bei einem Sumpf angelangt – und wir uns im Gelände verteilten, auf dem Boden zusammenrollten und zu schlafen versuchten. Ich hatte nicht einmal eine Decke bei mir und bekam von einem Offizier einen aufgeschnittenen alten US-Mehlsack, mit dem ich mich einhüllen und das Gesicht gegen die zu Tausenden anschwirrenden Moskitos abdecken konnte. Es war eine Qual; so heiß Afrika auch tagsüber sein kann, nachts wird es oft bitter kalt. Ich starrte zu dem Sternenhimmel empor, sah rund um mich die sechzig Guerillas als dunkle Haufen und dachte darüber nach, ob ich da nicht einen Unsinn mitzumachen begonnen hatte. Es war mir klar, daß ich bei dem illegalen Marsch nach Angola alle, aber auch wirklich alle Konsequenzen auf mich nehmen mußte, denn wenn wir von den Portugiesen gestellt und gefangen würden, konnte ich kaum auf Pardon rechnen.

Kaum war ich endlich eingeschlafen, rüttelte mich Sonny, der für meine Sicherheit zuständig war, an den Schultern und forderte mich auf, mich für den Abmarsch bereitzumachen. Wir befanden uns bereits ein Stück in Angola. Die fahle Morgendämmerung ließ in der noch herrschenden Finsternis kaum Einzelheiten erkennen. Ein Offizier huschte durch die verstreuten Gruppen und trieb uns wieder zu einer Gänsemarschkolonne zusammen. Wir stapften in den Sumpf. Das Wasser und der Morast waren kalt. Feine nebelartige Dunstfahnen stiegen auf, irgendwo quakten Frösche, und aufgeschreckte Vögel stimmten ein empörtes Gezeter an. Es wurde heller, und bei Sonnenaufgang hatten wir den Sumpf durchwatet. In einem Niederungsdschungel hielten wir an und verzehrten die erste Mahlzeit – Maniok, die Einheitsnahrung, sowie etwas Reis und Sardinenkonserven, die paradoxerweise den Aufdruck »Made in Portugal« aufwiesen. Ich mußte mich in dem Dschungeldickicht meiner Zivilkleider entledigen und trug dann einige Monate nur die olivgrüne Uniform der Angola-Rebellen.

Die Landschaft von Nordangola ist vorwiegend hügelig, nur in den Niederungen gibt es dichte Dschungelwälder. Es gab keine Wege und keine Straßen, sondern wir nahmen einen schnurgeraden Kurs hügelauf und hügelab, durch die Sümpfe und durch die Dschungelgebiete. Mir blieb es ein Rätsel, wie man sich in einer derart monotonen Landschaft, die bis zum Horizont nach allen Seiten dieselbe Struktur aufwies, überhaupt orientieren kann. Die offenen Strecken führten durch ein mitunter bis zu zwei Meter hohes Buschgras (Elefantengras), das stellenweise so dicht wuchs, daß man mit vorgehaltenen Armen das Grasmeer teilen mußte. Unsere Spitzenleute mußten oftmals gewechselt werden, weil es enorme Kraft kostete, den Graspfad für unsere Kolonne zu treten. Es gab böse Augenverletzungen und Entzündungen, wenn die scharfen Gräser gegen die Augen schlugen. Es war eine wahre Schinderei, in der prallen Sonne zu marschieren, und jede Dschungelpassage empfand ich darum als reinste Erholung. Mitunter gab es in den Niederungen auch kleinere Bäche oder Flußläufe, durch die man waten mußte und wo man zur Erfrischung schnell einmal den ganzen Kopf eintauchen konnte. Die Angolesen wußten ganz genau, welche Gewässer trinkbar waren und welche man meiden mußte. Marschiert wurde von Sonnenaufgang bis Sonnenuntergang, mittags gab es eine Essenspause. In der Abenddämmerung suchten unsere Pfadfinder immer irgendein Dschungeldickicht unweit eines Gewässers, und sobald die Dunkelheit hereingebrochen war, flackerten zwanzig oder dreißig kleine Feuerchen auf, der Maniokbrei wurde zubereitet oder ein Stück Trockenfleisch gekocht, und die Männer suchten sich im Dickicht einen genügenden Holzvorrat für die Nacht. Palmblätter wurden von der Spitze her gespalten und auf den Boden gelegt, oder es wurde einfach Gras abgerissen, damit wir nicht auf der blanken Erde liegen mußten. Einige Wachposten sicherten das Lager. Tagsüber durfte wegen der Aufklärungsflugzeuge kein Feuer gemacht werden, weil uns sonst der Rauch verraten hätte.

Ich hatte bald die ersten Schwierigkeiten, weil Magen und Darm die radikale Umstellung in der Lebensweise nicht protestlos mitmachten. Nach einer Woche begann ich alles Essen wieder zu erbrechen, es blieb nichts mehr im Magen, und ein unbeschreibliches Durstgefühl überkam mich, als wäre ich inmitten einer endlosen Wüste. Wir marschierten noch immer in der toten Zone, aus der die Portugiesen alle Angolesen mit Sack und Pack ausgesiedelt hatten, damit die Rebellen keine Hilfe und Unterstützung finden konnten. Die Straßen waren für uns die große Gefahr, denn dort patrouillierten die Portugiesen mit ihren motorisierten Einheiten und waren durch ihren massiven Einsatz und ihre Beweglichkeit in der Übermacht. Wir mußten diese Verkehrswege aber oft überschreiten. Das wußten die Portugiesen, und sie hatten darum die Straßenränder vermint. Vorsichtig immer in der Spur des Vordermanns bleibend, huschten wir über solche Gefahrenstellen hinweg und tauchten dann gleich wieder im hohen Gras oder im Dschungel unter. Oft lagen wir nur wenige Meter neben diesen Straßen in Deckung, wenn die portugiesischen Truppen mit ihren Fahrzeugen zum Greifen nahe an uns vorbeifuhren und wir deutlich ihre Zurufe hören konnten. Siedlungen der Portugiesen, Polizei- oder Militärstützpunkte mieden wir selbstverständlich wie die Pest.

Nach zwei Wochen Gewaltmarsch begannen meine Knöchel- und Kniegelenke anzuschwellen und wahnsinnig zu schmerzen. Sie waren glühend rot angeschwollen, und das Schienbein durfte ich nicht mehr berühren. Jeder Schritt wurde mir zur Pein, ich stöhnte vor mich hin, und mein Marschtempo wurde langsamer. Ich hielt so die ganze Kolonne auf, die häufig auf mich warten mußte. Ich vermochte mich nicht mehr allein vom Boden zu erheben, man gab mir einen Stock und wollte mich stützen – aber ich brach vor Schmerzen wimmernd zusammen. Mühsam schleppte ich mich bis zum nächsten Dschungel, wo wir die Nacht verbrachten. Eine Art Sumpffieber kam noch dazu; unser Sanitäter verpaßte mir Injektionen und versuchte mit modernen amerikanischen und deutschen Salben die entzündeten Gelenkstellen zu behandeln. Es war alles vergeblich, ich konnte mich nicht mehr bewegen, und wenn ich am Boden lag, begannen in meinem Fieber die Bäume um mich herum zu tanzen.

Wir befanden uns mindestens 300 Kilometer vom Kongo entfernt illegal in Angola. Ich war verzweifelt wie noch nie, weil ich von dem Gedanken und der Furcht nicht loskam, daß ich bei meinem Zustand vielleicht nie wieder aus dem Dschungel herauskäme.

Wir blieben eine volle Woche im Dschungel liegen, unsere Verpflegung war sehr knapp kalkuliert und ging uns darum aus. Einen jungen Wasserbüffel und einen Elefanten hatten unsere Kundschafter zwar erspäht, aber bis die Jäger in schußsichere Nähe gelangten, flüchteten die Tiere. Wir aßen bereits Wurzeln. Einmal wurde ein kleiner Affe erlegt, den meine Begleiter aufspießten und ins Feuer hielten, bis das wenige Fleisch des kleinen Tieres angebraten war. Der Affe sah aus, als wäre er ein kleines

Kind. In der kühlen Morgenfrische gingen einige Leute auf Schlangenfang aus. In der Kälte waren die Tiere so starr und unbeweglich, daß man sie leicht und gefahrlos erschlagen konnte, und so wanderten auch Giftschlangen mit abgetrennten Köpfen und zerschnitten wie eine Wurst in unseren Kochtopf.

Einer unserer Offiziere – »Papa Panzu« (Papa = respektvolle Bezeichnung eines angesehenen Mannes, Offiziers oder Häuptlings) – wollte schließlich meine Beine einer afrikanischen Behandlung unterziehen, nachdem alle anderen Methoden versagt hatten. Er ging in den Dschungel und kam mit Zweigen von drei verschiedenen Bäumen und Sträuchern zurück, die in einem Topf zu einer dunklen Suppe ausgekocht wurden. Ich mußte mich auf einen umgestürzten Baumstamm setzen und tief ein- und ausatmen, während Papa Panzu mit den heißen Zweigen die Brühe über meine freigemachten Beine von den Knien bis zu den Zehen bestrich. Wenn ich ausgeatmet hatte, fragte mich Panzu: »Toleko?« (Ist es gebrochen?) – ich mußte wieder einatmen und rituell antworten: »To-lekoleko!« (Es ist nicht gebrochen). Diese nächtliche Zeremonie wiederholte sich noch einige Male, und dann wurde mir um mein Gelenk ein Bindfaden mit drei Knöpfen gebunden. Ich belächelte diesen ganzen Hokuspokus und schlief bald danach ein. Am Morgen – ich konnte es nicht fassen – konnte ich wieder gehen und marschieren, wenn auch mit einigen Beschwerden, aber es ging wieder weiter. Vielleicht wäre es auch ohne »To-lekoleko« gegangen, ich weiß es nicht, jedenfalls konnte ich wieder mit meinem langen Häuptlingsstock gehen, den mir Papa Pedro verehrt hatte und der heute noch bei mir daheim steht.

Am Horizont waren endlich höhere Berge zu sehen, die Hügellandschaft hatte ein anderes Gesicht bekommen. Durch eine enge, tiefe Schlucht, abgesichert durch einige Posten, erreichten wir den Bergkamm und das dahinterliegende Land. Mit wenigen Leuten konnten die Rebellen diesen engen Zugang gegenüber

Angreifern oder Eindringlingen verteidigen. Es war das Ende der toten Zone, wir waren in der von Roberto Holden erwähnten »Befreiten Zone« mit kultivierten Äckern, Hüttensiedlungen und gackernden Hühnern, Menschen und wieder Menschen.

Wir stürzten uns über das Essen, das aus großen Mengen gebratener Hühner, Reis, Maniokbrei, Hühnereiern und Papaia-Früchten bestand. Ich aß nicht mehr, ich fraß und hatte mir dabei unwillkürlich dieselben Eßgewohnheiten wie meine Begleiter angewöhnt: Ich zerriß das Huhn mit den Fingern und stopfte mir die Fleischfetzen und Reisklumpen in den Mund. Frisches Quellwasser als Nachtisch – ich fühlte mich wie neugeboren und hätte mit keinem Gast eines Hilton-Hotelrestaurants getauscht.

Während unseres Aufenthalts sah ich mir diese befreiten Zonen sehr genau an, wie die Administration funktioniert, wie man Urwaldschulen und Siedlungen eingerichtet hatte – wir marschierten durch riesige Urwälder, wie ich sie noch nie in meinem Leben gesehen hatte. Es gab dort Urwaldriesen, die einen Umfang hatten, daß man ein Dutzend Männer brauchte, um ihre Stämme zu umspannen. Gelegentlich kamen wir in wasserlose Dschungelgebiete, wo Wasserbäume wuchsen – armdicke Lianen; wenn man sie abschlug, floß aus ihnen reinstes und bestes Wasser, so rein, daß man es auch schon für Batterien von Funkstationen verwendet hatte.

Wir wateten durch Flüsse, bis zum Kinn im Wasser, unser Gepäck auf den Köpfen balancierend und gegen die Strömung ankämpfend, und hatten dabei immer ein ungutes Gefühl, weil Portugiesen und Schlangen an solchen Punkten gern lauerten. Größere Flüsse überquerten wir mit Flößen, die aus einer ganz bestimmten Holzsorte gebaut und mit Lianen zusammengehalten wurden. Ein Mann ertrank bei einer solchen Überquerung, als das Floß kippte und den Ärmsten unter Wasser drückte. Da die reißende Strömung jeden Rettungsversuch unmöglich machte, herrschte eine gedrückte Stimmung in der Schar, in der ich der einzige Weiße war.

Ich hatte mich inzwischen an dieses andere Leben völlig gewöhnt; mir waren Asphalt, Beton, Zivilisation Begriffe aus einer längst vergangenen Zeit geworden. Ich konnte schon die portugiesischen Flugzeugmotoren unterscheiden und heraushören, welche Art von Maschinen über unseren Köpfen dröhnten, die uns aufstöbern, beschießen oder bombardieren wollten, aber ich lernte auch die verschiedenen Ameisenarten kennen, die mitunter durch ihre scharfen Bisse zur reinen Qual werden konnten. Ich konnte gute und giftige Wurzeln unterscheiden und wußte auch, wo man Cola-Wurzeln finden konnte. Nur bei Giftschlangen hatte ich immer ein mulmiges Gefühl, und ich habe diese Biester nie ausstehen können. Unsere Offiziere bastelten sich nach englischer Art kleine Stöcke, über die sie Affenschwänze stülpten. Ich kam auch mit der Zivilbevölkerung in Kontakt, die infolge ihrer Isolierung zu keinen Kleidern und Stoffen mehr kam und sich mit einer bestimmten Baumrinde als einer Art von Steinzeitbekleidung behalf.

So marschierte ich insgesamt an die 800 Kilometer mit den Rebellen, lebte mit ihnen und fand während dieser zwei Monate keine Gelegenheit, eine Nachricht nach draußen zu schicken, weil uns sonst wahrscheinlich die Portugiesen abgefangen hätten.

Nach zwei Monaten marschierten wir wieder in Richtung Kongo (Zaire), auf anderen Wegen und durch andere Flüsse. Ich konnte mir eine andere Form der Nächtigung als die unter freiem Himmel im Dschungel auf ein paar Palmblättern oder Grasbüscheln nicht mehr vorstellen. Bei Flußübergängen stand ich oft tausend Ängste wegen meines Filmmaterials und der Kameraausrüstung aus, weil eine ungeschickte Bewegung meinen ganzen Schatz hätte zunichte machen können. Der Gedanke, daß ich nach diesen zwei Monaten durch irgendeinen Zufall oder eine Ungeschicklichkeit vielleicht mein ganzes Dokumentationsmaterial einbüßen könnte, ließ mich zittern.

Als wir dann wieder an der Grenze angekommen waren und ich zum erstenmal nach langer Zeit in einen Spiegel sah, starrte mir ein ganz anderes Gesicht entgegen. Ich war nicht braun-, sondern schwarzgebrannt, meine Haare und mein Bart wucherten, und die Augen lagen tief in den Höhlen und hatten einen lauernden Blick, als müßte ich auch jetzt noch vor Giftschlangen und Portugiesen auf der Hut sein. Durch Funk verständigt, kam noch nachts aus dem Hauptquartier von Roberto Holden ein Wagen, der köstliche Restaurantverpflegung mitbrachte und mich nach Kinshasa zurückbringen sollte. Roberto Holden und seine Leute hörten die letzten Wochen ständig die portugiesischen Nachrichten ab, um zu erfahren, ob wir durchgekommen oder gefaßt worden waren. Einen ganzen Saal hatte man mit geladenen Gästen gefüllt, die Presse und ausländische Korrespondenten sowie Presseattachés der Botschaften und die Kamera des Zaire-Fernsehens waren anwesend, als ich zu erzählen begann und dann auf Fragen antwortete, die mir gestellt wurden. Am nächsten Tag waren die Zeitungen voll, und man sprach mich auf der Straße an, weil man mich von der TV-Sendung her erkannt hatte.

Ich flog von Kinshasa ab, meinen Häuptlingsstock von Papa Pedro in der Hand. Daß ich es geschafft hatte, freute mich innerlich, doch im Flughafen in Genf gab es peinliche Schwierigkeiten, als ich meine letzten Dollarbanknoten in der Bank umwechseln wollte. Drei Bankbeamte steckten die Köpfe zusammen, tuschelten miteinander und hielten immer wieder meine Dollarbanknoten gegen die Lampe. Bei den Märschen durch die Flüsse und Sümpfe waren die Scheine naß geworden und hatten sich verfärbt, und da ich mit meinem Haar- und Bartwuchs eher einem Banknotenfälscher ähnlich sah, war das Mißtrauen auch verständlich. Ich erzählte den schweizerischen Bankbeamten als Aufklärung, daß ich mit diesem Geld ins Wasser gefallen sei, und konnte so schließlich ohne Polizei den Geldumtausch erwirken.

Mein härtester Auftrag

Im Laufe der Jahre schaffte ich mir ungewollt ein ganz bestimmtes Image in meinem Beruf, weil ich die publizistische Marktlücke mit den schwelenden Krisen- und Konfliktherden aufgespürt hatte. Das war auch der Grund, warum ich wieder einmal einen Telefonanruf von einer ausländischen Fernsehgesellschaft bekam, die mir die Frage stellte, ob es mir möglich wäre, ein ganz bestimmtes Thema aufzuspüren und zu dokumentieren.

In Angola waren insgesamt drei verschiedene Befreiungsbewegungen aktiv, die aber nicht nur gegen die Portugiesen, sondern auch gegeneinander kämpften. Die eine Gruppe von Roberto Holden hatte ich bereits kennengelernt, und das war auch der zweite Grund, warum man mir nahelegte, die dritte und zugleich kleinste Guerillagruppe aufzusuchen. Diese UNITA war insofern ein Kuriosum, als sie damals lediglich vom Weltkirchenrat und von Rotchina, aber von keinem anderen Land anerkannt wurde. Die ganze Thematik hatte aber noch etliche andere Haken, denn angeblich sollte sich diese UNITA in Zentral-Angola befinden. Über eine offizielle Einreise nach Angola konnte man diese »Rebellen« auf keinen Fall erreichen; die Portugiesen hätten das sicher verhindert. Ein einziger dünner Nachschubweg führte angeblich über die Republik Zambia. Andere hingegen bestritten ganz energisch, daß sich die UNITA-Guerillas – diese schwarzen Chinesen – mit ihrem Führer Dr. Jonas Savimbi überhaupt in Angola aufhielten, und wieder andere meinten, dieser Guerillaführer befinde sich in der Schweiz, in Schweden oder sei tot. Allzu hoffnungsvoll sah das Unternehmen also von allem Anfang an nicht aus. Ich fand aber einen Kontaktfaden über London, von wo aus meine Briefe an die UNITA nach Zentral-Angola weitergeleitet wurden. Ich suchte regulär um eine Besuchserlaubnis an und führte all meine Absichten in einer Liste auf. Es dauerte lange Monate, bis ich endlich eine Antwort erhielt, weil schwarze Kuriere von Zambia aus die Post gelegentlich durch das portugiesische Kampfgebiet bis ins Hauptquartier der UNITA, zu Dr. Savimbi, bringen mußten. Dort wurde im Zentralkomitee regelrecht über mein Ansuchen abgestimmt, und zwar mit einer ganz minimalen Mehrheit für eine positive Entscheidung. Bis der nächste Kurier wieder die Post herausbrachte, verging abermals geraume Zeit. Aus London und Paris erhielt ich dann eines Abends die Nachricht, daß ich bis zu einem bestimmten Tag in Lusaka, der Hauptstadt von Zambia, eintreffen müsse, wo man mich am Flughafen erwarten werde. Eine Gruppe der UNITA werde zehn Tage auf mich warten und wenn ich bis dahin nicht eingetroffen sei, ohne mich nach Zentral-Angola marschieren.

Viel Zeit blieb mir nicht, aber auch bei meinem nächsten Schritt hatte ich Pech: Ich bekam kein Visum für Zambia, und nur wenige Tage vor dem genannten Termin erhielt ich meinen Reisepaß von der Zambia-Botschaft visalos zurück. In einem Zambia-Touristikprospekt las ich jedoch einen kurzen Satz, wonach es mitunter auch möglich sei, im Flughafen von Lusaka direkt ein Touristenvisum zu erhalten. Ich stand nun vor der Entscheidung, aufs Geratewohl mit der letzten termingerechten Maschine nach Zambia zu fliegen, selbst auf die Gefahr hin, daß man mir dort kein Visum erteilen und mich postwendend mit der nächsten Maschine wieder nach Europa abschieben würde. Ich mußte also das Risiko auf mich nehmen, das kostspielige Flugticket umsonst zu verfliegen und ein paar Tage später wieder daheim zu landen – ohne Fotos und ohne Filme.

Nach einem kurzen Familienrat mit Budgetdebatte flog ich los und kam in Lusaka mit einem Schwarm jugoslawischer Gastarbeiter für die Kupferminen in Kitwe an. Selten habe ich einen Fluggast so um ein Visum beneidet wie damals diese Jugoslawen. Mit dem Visum für mich schien es auch bei der Flughafen-»Immigration« nicht zu klappen, bis mir schon alles verkorkst vorkam und ich zum letzten Versuch griff, indem ich eine größere Dollarbanknote in den Paß schob und diesen dem Polizeibeamten ein zweitesmal vorlegte. Erstaunlich schnell überdachte der Beamte nochmals mein Anliegen und entschied sich dann schnell für die Erteilung eines Touristenvisums für die Dauer von drei Monaten. Meinen Reisepaß bekam ich ohne die Dollarbanknote, aber mit dem Visum zurück, und da ich durch die Visumprozedur der letzte Fluggast des angekommenen Flugzeuges war, war die Ankunftshalle gähnend leer; nur in einer Ecke wartete ein Rudel Afrikaner auf mich – meine UNITA-Leute.

Damit hatte ich aber noch lange nicht alle Hürden genommen, sondern es war nur der Beginn eines mehrmonatigen Martyriums. Der Führer der Gruppe sah mich zweifelnd an, als er mir erzählte, daß die englische Fernsehgesellschaft BBC London sowie einige kostspielig ausgerüstete Reporterteams einer weltbekannten Millionen-Illustrierten versucht hätten, bis Zentral-Angola durchzukommen, aber alle hätten sie über kurz oder lang wieder umkehren müssen, und ebenso vergeblich wären bisher alle ähnlichen Bemühungen anderer Kollegen gewesen, obwohl diese über unbegrenzte Mittel verfügt hätten, um den Marsch entsprechend auszurüsten und vorzubereiten. Vielleicht war dieser UNITA-Mann ein Psychologe, als er mir dies alles berichtete, denn nun stellte ich mich auf den Justamentstandpunkt. Wenn es die anderen mit ihren schwerfälligen Teams nicht hatten schaffen können, dann mußte mir dies als »Ein-Mann-Team«

doch eher und leichter gelingen – so redete ich mir ein und sprach mir selbst Mut und Optimismus zu, als meine anfängliche Begeisterung dahinzuschwinden begann.

Nachts holten mich meine UNITA-Leute, wie ein Überfallkommando, aus dem Hotelbett zum Flugplatz, wo ich mit Samuel, dem Führer der Gruppe, allein den Flug nach Kalabo antrat und wir die winkende Schar zurückließen. Von einem der Guerilla-Führer bekam ich noch einen ominösen »Paß« ausgehändigt, und nach etlichen Zwischenlandungen und Umsteigeaktionen landeten wir im Tiefflug in der kleinen Stadt im Westen Zambias. Wir wurden bereits von einem dortigen Vertrauensmann empfangen, wobei ich neugierig die Begrüßungsart des Tschokwe-Stammes beobachtete. Man muß zuerst mit beiden Händen klatschen und in die Knie knicken, dann die Hand geben und anschließend wieder klatschen und einknicken. Da von Zambia aus noch eine andere Angola-Befreiungsbewegung operierte, die übrigens zur Zambia-Regierung – im Gegensatz zur UNITA – die besten Beziehungen pflegte, ergab sich eine sehr prekäre Lage. Es dauerte denn auch nicht sonderlich lange, bis im Gästehaus die Spitzen der Zambia-Polizeibehörden aufmarschierten, meinen Paß eingehend kontrollierten und zu wissen begehrten, wohin ich wolle.

Eine Stunde später wußte die MPLA – die Konkurrenzbewegung – bereits von meinem Auftauchen zusammen mit den UNITA-Leuten, was für uns der Startschuß war, schnellstens von der Bildfläche zu verschwinden, weil die MPLA durch Geldspenden die Zambia-Behörden bereits dazu bewogen hatte, mich nach Lusaka zurückzuschicken. Zusammen mit einigen UNITA-Männern tauchten wir vorerst in Warenhausmagazinen und Hütten von Eingeborenen unter, rannten dann wieder zum morastigen Ufer, aber das Kanu, auf das wir warteten, war noch nicht zu sehen. Es folgte eine abenteuerliche Jagd durch Kalabo, wobei wir durch Späher immer erfuhren, wo die Zambia-Polizisten gerade nach uns suchten. Kurz vor Mitternacht gab unser Kanu Lichtsignale, worauf wir nacheinander mit ganz schmalen Einbäumen zu dem im tiefen Wasser liegenden großen UNITA-Kanu gepaddelt wurden. Wir waren insgesamt vierzehn Personen mit ganzen Bergen von Ballen und Säcken – Nachschub für die UNITA in Angola. Der Wasserspiegel war darum nur wenige Zentimeter unter der Bordkante. Zwei Männer stocherten das lange Boot vorsichtig und langsam unter Benutzung schmaler Fahrtrinnen in die unwegsamen Sambesisümpfe hinein, während am nächtlichen Ufer Polizisten mit Autoscheinwerfern vergeblich nach uns suchten.

Tagelang fuhren wir mit unserem Kanu durch die Sambesisümpfe, umschwirrt von Milliarden Stechmücken. Wenn uns ein anderes Boot begegnete, wurde ich mit Decken oder Tüchern zugedeckt und so jeder Sicht entzogen. Nachts suchten wir uns an Land eine verborgene Schlafstelle, aber wir waren noch immer in Zambia und erst auf dem Weg zur Grenze, wo die eigentliche Abholgruppe der UNITA auf uns warten sollte.

An einem Abend versteckten wir das Kanu, die Bootsinsassen luden sich die Lasten auf, und wir marschierten zu Fuß weiter. Einige Tage später langten wir in einem Grenzdorf an, das von UNITA-Flüchtlingen bevölkert war. Dort machte uns der Dorfcapo die deprimierende Mitteilung, daß die bewaffnete Gruppe noch immer nicht eingetroffen sei. Wir mußten warten. Nur wenige hundert Meter von uns entfernt patrouillierte die MPLA mit ihren Bewaffneten, nachts gab es wilde Schreie und Beschneidungszeremonien mit Trommeltamtam der Zambia-Stämme. Der Medizinmann des Stammes wurde über meine Anwesenheit immer wütender, und so faßte Samuel den Entschluß, mit einigen Trägern allein die Grenze zu überschreiten und den Marsch nach Zentral-Angola anzutreten. Dieser Plan war allein schon darum nicht sonderlich verlockend, weil wir nur zwei moderne Gewehre hatten; hinter der Grenze in Angola aber sowohl die portugiesischen Kolonialtruppen als auch herumstreifende MPLA-Verbände auf uns lauerten. Es blieb uns indessen keine andere Wahl, wir konnten nicht noch länger warten. Wir huschten also am späten Nachmittag über die Grenze, und ich konnte dabei einen hohen Betonklotz, den portugiesischen Angola-Grenzstein betrachten. Samuel hatte mir erst kurz zuvor eröffnet, daß er der militärische Oberkommandierende der UNITA-Streitkräfte sei und daß er von Dr. Savimbi den Auftrag erhalten habe, mich zu ihm zu bringen.

Im Gegensatz zu Nord-Angola ist der Osten Angolas eine Ebene, der Boden ist Sand, und die Landschaft wechselt von Buschgebiet bis zu dichten Wäldern und Dschungel. Die Guerillas hatten ein unheimliches Marschtempo von acht bis zehn Kilometern je Stunde auf trockenem Boden, so daß man schon mehr laufen mußte, um mitzukommen. Für einen untrainierten Mitteleuropäer wird solch ein Tempo bei der mörderischen Hitze zu einem riesigen Problem. Muskelkrämpfe, Blasen an den Füßen, Gelenkentzündungen, aufgesprungene Gesichtshaut und verschwollene, eiternde Lippen waren die Folgen. Dazu hatten wir oft kein Wasser. Wir suchten nach verborgenen Wasserlöchern, die aber meistens völlig ausgetrocknet waren oder nur eine dunkelbraune, dicke Brühe am Boden hatten, in der wir Europäer uns nicht einmal die Füße waschen würden; hier aber mußten wir trinken. Samuel trieb uns an, als hätte er eine Sklavenschar termingerecht abzuliefern; wie ein schwarzer Panther umrundete er dabei ständig unsere kleine Kolonne und machte so den Weg x-fach. Nachts fielen wir unter Bäumen auf den Boden und schliefen ein; meine Füße begannen noch im Schlaf – wie die eines schlafenden Hundes – krampfhaft zu zukken. Ich befahl mir immer wieder, durchzuhalten und nicht einfach auf den Boden zu fallen und liegenzubleiben, wie ich es am liebsten getan hätte.

Wir befanden uns wieder einmal in einem völlig entvölkerten

Todesstreifen, in dem es nur menschenjagende Portugiesen und Patrouillen der MPLA-Konkurrenz gab. Im freien Buschgelände mußten wir oft um unser Leben laufen und Deckung vor den im Tiefflug suchenden portugiesischen Aufklärungsflugzeugen nehmen, die nicht nur durch Funk Einsatzgruppen zu aufgestöberten Rebellen dirigierten, sondern auch mit eigenen Maschinengewehren förmlich Hasenjagden nach UNITA-Rebellen veranstalteten.

An einem Tag gerieten wir zwischen zwei scherenartig das Gelände durchkämmende portugiesische Milizpatrouillen und entkamen nur mit knapper Not in dichtere Waldgebiete nach einer Straßenüberquerung, wo neben den Schützenlöchern die kurz vorher entleerten Sardinendosen und noch qualmende Zigarettenstummel der abgezogenen Milizsoldaten lagen.

Unser Eilmarsch wurde allmählich immer beschwerlicher, weil wir die mitgenommenen kümmerlichen Vorräte aufgegessen hatten. Samuel und seine Leute kannten aber das Land und wußten, wo unsere Überlebenschancen lagen. Unter bestimmten Baumarten kratzten wir aus der Erde erdnußartige Schalen, in denen die Mamboa-Raupen mit ihren orangefarbigen Köpfen lagen. Sie wurden am nächtlichen Lagerfeuer geröstet und mit etwas Salz bestreut. Anfangs sträubte ich mich gegen diese neue Verpflegungsart, aber als der Hunger größer wurde, blieb mir keine andere Wahl. In der Dunkelheit begann ich diese Raupen zu essen, wenn ich sie nicht mit den Augen wahrnehmen konnte. Bald hatte ich mich aber daran gewöhnt, nur wenn ich gelegentlich solche Tierchen in den Mund bekam, die noch nicht durchgeröstet, sondern weich und etwas lebendig waren, bekam ich zum Vergnügen meiner Begleiter einen komischen Gesichtsausdruck. Eine andere Hauptspeise war der wilde Bienenhonig. Mit einem Späherblick sondergleichen fanden die Schwarzen die unscheinbaren kleinen Einfluglöcher hoch oben in den Baumstämmen. Die Bäume wurden gefällt, und dann begann der Bienenkampf, der oftmals mit unserer Flucht endete, wenn sich die erbosten Schwärme auf uns stürzten. Wenn es ging, räucherten wir die Bienen aus, und jeder von uns bekam dann ein Stück der Honigwaben, die wir gierig hinunterschlangen – mitunter samt den darin befindlichen verklebten Bienen –, eine Delikatesse in Ost-Angola. Die Rebellen sicherten sich ihre Verpflegung in der Weise, daß sie zahlreiche Rindentrommeln mit Löchern hoch oben in den Bäumen plazierten, in denen sich die Bienen dann mit ihren Stöcken honigproduzierend niederließen, so daß sie zu gegebener Zeit leichter »geerntet« werden konnten.

Schwer zu schaffen machten mir die oft endlos weiten Sümpfe, durch die wir hüfttief waten mußten. Im Morast konnten wir uns nur sehr langsam fortbewegen, und in solchen offenen Sumpfebenen war man sowohl den Schlangen als auch den Suchflugzeugen wehrlos ausgeliefert, wenn man nicht rechtzeitig wieder auf trockenen Boden gelangte.

Nach zwei Wochen Marsch gen Westen wateten wir durch weiße, heiße Asche – die Portugiesen hatten durch Napalmflächenbombardements ganze Waldstücke in Brand gesteckt. Die Baumstrünke rankten bizarr gegen den Himmel. In einem anschließenden dichten Wald kam es zu einer etwas spannenden Situation, als wir von der bewaffneten UNITA-Patrouille eingeholt wurden, die uns an der Grenze hätte erwarten sollen. Wir lagen am Boden hinter umgefallenen Bäumen oder in dichtem Gestrüpp. Samuel stand mit seinem Gewehr im Anschlag, und Kanuelli, der zweite Gewehrträger, postierte sich seitwärts. Rufe in unbekannten Dialekten, Gegenrufe – eine beklemmende Spannung; denn niemand wußte anfangs, wen er vor sich hatte. Erst nach verschiedenen Losungsworten traten die Männer von beiden Seiten aus ihren Verstecken, und es gab eine stürmische Begrüßung mitten im Urwald.

Wir zogen durch einen rostroten, ausgetrockneten Sumpf, durch den nur ein kümmerliches Rinnsal mit öligen Flecken sikkerte, das hin und wieder kleine Tümpel bildete. Bei derartigen Wasserstellen mußte man aufpassen, daß man beim Trinken nicht Blutegel in den Mund bekam, da sich diese Tiere sofort festbeißen und nur unter großen Schmerzen wieder entfernt werden können.

In einem Dickicht standen wir dann plötzlich vor einem regelrechten Schlagbaum. Es schien paradox, daß in dieser Wildnis eine derartige Sperre existierte. Dort begann die erste Zone der UNITA, die erste bewohnte Zone, und es rollte eine Formalität wie an jedem zivilisierten Grenzschlagbaum ab. Ich mußte meinen UNITA-Paß vorweisen, den man mir in Lusaka am Flugplatz noch schnell ausgehändigt hatte, bekam einen »Einreisestempel« mit Unterschrift; und auch in allen folgenden Zonen, die wir dann durchquerten, wurde dieser Paß bei der Ein- und Ausreise gestempelt und unterzeichnet. Auch mein ganzes Gepäck wurde kontrolliert, als wären wir irgendwo in Europa in einem Flughafen. Meine Kameras, Filme und sogar die Kugelschreiber wurden durchgezählt und schriftlich vermerkt. Dann stand mir der Weg in das Camp und das anschließende Dorf offen. Monotoner Gesang und ein Spalier von etwa hundert Menschen, die uns mit Zweigen abklatschten, begrüßten uns. Im Schutz und Schatten der hohen Bäume standen Hütten, Guerillas übten mit ihren Waffen. Überall herrschte eine peinliche Ordnung und eine beispiellose Disziplin. Nach langer Zeit bekamen wir wieder einmal eine richtige Fleischspeise vorgesetzt, und eine Art Honigbier wurde in Krügen herumgereicht. Den Beginn dieser Aufenthaltszeit im Reich der UNITA feierten wir, und ich hatte zumindest den ersten Beweis dafür erhalten, daß es diesen »Staat im Staate« tatsächlich gab und alle Zweifler im Ausland unrecht hatten. Wenn man übrigens von dem Honigbier größere Mengen trank, spürte man die alkoholische Wirkung.

Mitunter mußten wir das Camp fluchtartig räumen, wenn portugiesische Bomber im Anflug waren, aber es vollzog sich alles nach ganz bestimmten Alarmplänen, und jeder einzelne Mann wußte genau, wohin er zu laufen hatte.

Einen Tag später gab es große Aufregung in der Grenzzone der UNITA, weil unsere Späher und Außenposten gemeldet hatten, daß in einer Entfernung von 25 Kilometern portugiesische Helikopter einige Milizeinheiten abgesetzt hatten, die nun systematisch einige verdächtige Planquadrate abzusuchen begannen. Eilig brach unsere Kolonne wieder auf, um keine Komplikationen zu verursachen. Wir hatten an die dreißig Bewaffnete als Begleitschutz, aber Samuel war strikt befohlen worden, jede Feindberührung zu vermeiden und mich so rasch wie möglich in das Hauptquartier der UNITA zu bringen, wo Dr. Savimbi mich erwartete.

Das klang alles sehr gut, aber ich hatte noch immer keine Ahnung, wie weit diese Wegstrecke überhaupt war, die zwischen der Grenze von Zambia und diesem sagenhaften Dr. Savimbi lag, und niemand gab mir eine konkrete Auskunft.

Das Landschaftsbild hatte sich allmählich geändert, die Buschlandschaft und die lichten Pandawälder in den Ebenen wichen sanften Hügeln und kleinen Bergen mit dichten Dschungelwäldern. Ich hatte mich zwar schon erstaunlich gut akklimatisiert und allen Gewohnheiten angepaßt, aber eines Tages begann ein Bein bedrohlich zu schmerzen, und die Gelenke schwollen wieder rot entzündet an. Mein Tempo wurde langsamer, bis Samuel den Auftrag gab, eine Antilope zu schießen. Normalerweise sollte zwar kein Schuß fallen, der uns irgendwelchen Patrouillen verraten könnte, aber diesmal wollte man eine begründete Ausnahme machen. Wir lagerten noch im Gras, und ein Jäger schlich sich allein voraus. Schon nach einer Stunde ballerte ein Schuß durch die lautlose Stille, und wir durften wieder weitermarschieren. Das große Tier mit seinen korkenzieherartig gedrehten Hörnern lag am Boden. Es wurde auf der Stelle zerteilt. In einem sicheren Versteck wurde vollkommen trockenes Holz gesucht, das nur Flammen und keinen Rauch erzeugte, und in einem unglaublichen Tempo wurde die kostbare Verpflegung an die Leute verteilt und über dem Feuer angebraten, geräuchert und so konserviert. Am Boden durfte man die Fleischstücke aber keine Minute liegenlassen, weil sonst Tausende von Ameisen sich darauf stürzten.

Mir briet man die Antilopenleber, die sich als köstlicher erwies als jede Kalbsleber. Die Antilope hat bei vielen afrikanischen Stämmen eine große symbolische Bedeutung, namentlich auch in den animistischen Ur-Religionen, deren Anhänger an die Beseelung der Tiere und die Übertragung von bestimmten Eigenschaften glauben. Wenn man die Leber dieses schnellen Tieres ißt, sollen angeblich auch die Schnelligkeit und Leichtfüßigkeit auf den Leberesser übergehen. Von derartigen animistischen Religionsauffassungen hielt ich zwar wenig, aber die Leber mundete mir, und ich aß den großen Fleischbrocken allein auf. Nach dreistündiger Rast mit Fleischzubereitung und Verpackung der so gewonnenen neuen Vorräte stand ich auf und konnte zu meiner Überraschung wieder marschieren. Die peinigenden Schmerzen waren vorbei, und trotz einiger restlicher Schwierigkeiten vermochte ich den weiteren Marsch durchzuhalten.

Ich habe meine zivilisierte Überheblichkeit in afrikanischen Regionen sehr bald verloren. Auch anerkannte europäische Ärzte und Wissenschaftler haben afrikanische »Medizin« in zahlreichen Fällen analysiert und untersucht, und sie mußten verblüfft feststellen, daß in vielen dieser primitiven Eingeborenen-Medikamente die Grundstoffe unserer modernen pharmazeutischen Präparate enthalten sind. So stellen sich beispielsweise einige Stämme in Angola ein eigenes Antibioticum aus zwei verschiedenen Pflanzen her, und in Nord-Angola wächst eine kleine Baumfrucht, eine Art Nuß, die zerrieben in Wunden und bei Schlangenbissen wahre Wunder wirkt.

Eines Morgens wachten wir durch Motorenlärm auf. Zwei Kilometer vor uns passierte auf einer Sandstraße ein endloser portugiesischer Konvoi, und da man bei solchen Aktionen nie genau weiß, ob nicht Patrouillen abgesetzt werden, bedurfte es besonderer Vorsicht und einiger Umwege, um diesen Verkehrsweg überqueren zu können.

In einer anderen Zone erreichten wir wieder eines dieser UNITA-Camps mit in Reih und Glied stehenden Eingeborenenhütten und einem großen Platz mit Flaggenmast. Nachts trafen noch zwei Kuriere ein, die die Ankunft von Nzau Puna – der Nummer 2 in dieser UNITA-Hierarchie – ankündigten. Wegen dieses hohen Besuches, den uns Dr. Savimbi entgegengeschickt hatte, herrschte im Lager ziemliche Aufregung. Bei flackerndem Feuerschein marschierte dann zwei Stunden später Puna, der Bärtige, mit seiner schwerbewaffneten Eskorte ein; der Ideologe dieser Bewegung, ein drahtiger und harter Bursche, der tagelang ein schmerzhaftes Marschtempo vorlegen konnte. Er erzählte mir von einem Engländer, der sich als Journalist ausgegeben hatte und auf einer mitgebrachten Karte alle Camps einzeichnete und die Dörfer registrierte, die er im UNITA-Bereich besucht hatte. Zwei Wochen nach seiner Rückkehr bombardierten die Portugiesen alle diese Siedlungen, und die UNITA erlitt dadurch schwerste Verluste. Puna war mir gegenüber begreiflicherweise etwas mißtrauisch, was sich in seiner Äußerung widerspiegelte, daß »Freundschaft ein sehr langer Weg der Prüfung sei«.

Gemeinsam setzten wir den Marsch nach Westen weiter fort und hörten immer häufiger und näher die dumpfen Detonationen portugiesischer Bombenangriffe, und wenn wir manchmal auf der Kuppe eines der Hügel standen, überfiel mich wieder ein unsagbares Gefühl der Verlassenheit und Einsamkeit. Soweit das Auge nach allen Seiten reichte, gab es nur Dschungelwälder und vereinzelte Flußläufe, und immer wieder sahen wir die pechschwarzen Qualmwolken der Napalmbomben. Mitunter begann ich zu zweifeln, ob ich überhaupt noch aus dieser grünen

Hölle zurück ins gewohnte Leben kommen würde. Ein ungewollter Tritt auf eine Giftschlange, eine simple Blinddarmeiterung oder eine Infektion hätten für mich unweigerlich das Ende bedeuten können, von einer Begegnung mit den Portugiesen oder einer Bombardierung ganz abgesehen.

Ich hakte in meinem kleinen Taschenkalender zwar die einzelnen Tage ab, aber ich war nicht mehr sicher, ob meine Zeit-Buchhaltung überhaupt noch stimmte. Es war auch nicht so wichtig, denn Zeit spielt in diesen Dschungelgebieten überhaupt keine Rolle. Ein Zeitmaß von einer Stunde kannten die Schwarzen überhaupt nicht, und wenn man einen der Pfadfinder nach irgendeinem Wegziel fragte, so vermochte er nicht die Stunden zu nennen, die man bis dorthin benötigte, sondern er zeigte mit ausgestreckter Hand schräg in den Himmel und bezeichnete die Sonnenhöhe, die erreicht sein würde, wenn man am Ziel angekommen sei. Auch alle anderen Werte unserer zivilisatorischen Welt standen kopf, weil dort Geld nicht einmal den Gegenwert des Papiers besaß, auf dem es gedruckt war, und ein Stück Stoff, eine leere Flasche oder eine Waffe mit einer Handvoll Patronen weit begehrter waren.

Erst wenn es dunkel wurde, suchten wir uns im dichtesten Dschungel eine geschützte Lagerstätte. Nach dem Rezept von »Che« schliefen die UNITA-Guerillas in einer langen Kette; neben einem kleinen Feuer lagen zwei Mann, und anschließend kam das nächste Lagerfeuer. Abseits hockten die Wachposten eingehüllt in ihren Decken an Baumstämme angelehnt. Nachts war im Guerillagebiet jede Marschtätigkeit untersagt, und jeder, der es dennoch wagte, wurde automatisch zum Ziel für die Posten. Auch die Zivilisten benötigten für ihre Märsche von einer in die andere Zone kleine Passierscheine von ihren UNITA-Dorfcapos, so daß man Agenten oder Spione, die von den Portugiesen eingeschleust wurden, leicht herausfinden konnte.

An einem späten Nachmittag trabte unsere lange Kolonne

durch einen lichten Wald, wo hinter einzelnen Bäumen regungslos Schwarze mit Pfeil und Bogen oder auch mit Schußwaffen standen. Sie starrten neugierig auf uns und grüßten respektvoll Samuel und Puna. In der Ferne schien es im Dschungel zu brodeln. Wir hörten Gesänge, die einem durch Mark und Bein gingen, Trommeln und ein Gesumme wie in einem riesigen Bienenstock. Der Wald wurde dichter und düsterer, aber das gesamte Gebiet schien von allen Seiten aufmerksam bewacht zu sein. Bei einem aus Holz zusammengebastelten Zaun und Tor bot sich mir ein unvergeßlicher Anblick. Eine riesige Menschenmenge hatte sich zu einem langen und dichten Spalier versammelt, und ganz vorn stand ein Mann, bekleidet mit einem getigerten Kampfanzug, an seinem Gürtel baumelte eine Handgranate, und in seiner Rechten hielt er ein erbeutetes NATO-Gewehr; bewacht wurde er von einigen ausgesuchten Guerillas. Das war jener rätselvolle Dr. jur. Dr. pol. Jonas Savimbi, der Pastorensohn, der in Lausanne die Universität besucht hatte – das Ziel meiner langen und mühevollen Reise. Er begrüßte zuerst alle angekommenen UNITA-Führer und wandte sich dann mir zu, der ich den stürmischen Szenen zugesehen hatte und eifrig filmte und Fotos machte. Er begrüßte mich und bedankte sich, daß ich all die Mühen auf mich genommen hatte, um ihn – den Totgesagten – persönlich aufzusuchen. Im Triumphzug wurden wir in das Lager eingeholt, die Trommeln begannen wieder zu wirbeln, und der schwermütige Gesang erfüllte erneut die Wälder. Inmitten des Militärcamps lag die Hütte Dr. Savimbis, in der er mit 300 Büchern hauste. Wir nahmen in einer offenen Palaverhütte auf einem kleinen Vorplatz mit Tisch und Bänken für nur wenige Personen Platz. Speisen wurden serviert und das Honigbier gereicht, während gefragt und erzählt wurde.

Ich weiß nicht, wie man meine Gefühle beschreiben könnte, die mich in jenen Stunden erfüllten. Ich hatte unter unbeschreiblichen Mühsalen und Gefahren diesen Mann aufgesucht, dessen

Existenz von vielen angezweifelt worden war. Ich hatte es erreicht, ich stand vor ihm und erhielt dadurch publizistische Gelegenheiten wie kaum ein anderer. Vielleicht lagen diese Gefühle in der Nähe einer Selbstbestätigung, die man als Mann im Beruf ständig sucht, ich eben auf meine Art.

Dr. Savimbi zeigte auf eine aufgehängte bunte Angola-Landkarte, auf der die einzelnen Provinzen verschiedenfarbig eingezeichnet waren, und ich starrte ungläubig auf einen Punkt in der Zentralprovinz Bié – tausend Kilometer von der Zambia-Grenze entfernt, von der Küste nicht so weit entfernt wie von Zambia, woher ich gekommen war. Tausend Kilometer sind ein verdammt relativer Meßwert. Ein modernes Düsenflugzeug kann sie in einer Stunde zurücklegen. Wenn man diesen Weg aber durch portugiesisches Kampfgebiet mit illegaler Grenzüberschreitung, quer durch Busch- und Dschungelgebiete, mitten durch Flüsse und hüfttiefe endlose Sümpfe und Moräste marschieren muß, bekommt alles ganz andere Dimensionen. Dabei kam es mir in dem Augenblick, als ich vor der Angola-Landkarte stand, erst richtig zum Bewußtsein, daß ich diese 1000 Kilometer ja auch wieder zurück bis nach Zambia marschieren müsse, denn die nahen portugiesischen Städte kamen für mich nicht in Frage, weil ich dort zweifellos von den Portugiesen vor ein Militärgericht gestellt und ausgequetscht worden wäre wie eine Zahnpastatube.

Systematisch begann ich nun die innere Struktur dieses »Reiches in der Mitte Angolas« zu studieren. Wir begaben uns wieder auf den Marsch, und zwar noch weiter nach Westen zu den Internatsschulen in den Urwäldern, wo die kleinen Schwarzen das ABC, Rechnen, Geographie und Geschichte lernten. Sie schrieben auf Holzbrettern mit Holzkohle oder Maniokkreide. Jeden Tag mußten die Schüler in den umliegenden Feldern (Maniok, Massanga und Mais) einige Stunden arbeiten. Sie erhielten in der Schulsiedlung Quartier und Verpflegung, und am Wochenende wimmelten die Wälder von den ABC-Schützen, die für zwei Tage zu ihren Familien in die Heimatdörfer pilgerten, um dann am Wochenanfang wieder in der Schule einzutreffen. Da die damalige portugiesische Kolonie nach nahezu 400 Jahren Kolonialherrschaft noch weit über neunzig Prozent Analphabeten besaß, war der Schulunterricht für die UNITA ein Schwerpunktprogramm. Alles schien auf die kleinsten und einfachsten Nenner gebracht worden zu sein. Wenn auch für eine ganze Schule nur ein einziger Lehrer mit einem alten, zerschlissenen portugiesischen Lehrbuch zur Verfügung stand, so klappte der Unterricht dennoch, wobei die Knirpse einen Lerneifer zeigten, wie man ihn auf europäischen Schulen schon lange nicht mehr kennt. Gerade die Methode, die Schüler täglich auch einige Stunden auf den Feldern arbeiten zu lassen, ohne daß dabei ein Zwang ausgeübt werden mußte, wirkte sich erzieherisch sehr günstig aus.

Die UNITA war in Zentral-Angola völlig isoliert, und zwar sowohl politisch als auch vom Nachschub her. Die wenigen Kuriere von Zambia, die mitunter einige Säcke oder Bündel mitbrachten, waren nicht einmal der berühmte Tropfen auf dem heißen Stein. Ein autarkes System war deshalb nötig, und jede Zone mußte sich ihren Nahrungsmittelbedarf selbst erarbeiten. Jeder Dorfbewohner hatte seine privaten Felder, die er bebauen konnte, wie er wollte, aber einige Stunden mußten die Zivilisten auch auf den »allgemeinen« Feldern arbeiten, um auch die Verpflegung für die Guerillas sicherzustellen. In kleinen versteckten Pfahlbauten im Dschungel wurden Vorräte für die Regenzeit angelegt. Kein Soldat der Guerillaarmee, auch kein Offizier, durfte sich erlauben, auf irgendwelchen Feldern einfach Maniokwurzeln auszureißen und zu essen. Das betreffende Dorf teilte dem Hungrigen seine Portion oder Marschverpflegung zu, und es war erstaunlich zu beobachten, wie sehr in dieser Beziehung Disziplin und Ordnung herrschten. Die Hauptnahrung Maniok bildet zwar eine sehr einseitige Ernährung, aber die Menschen sind damit zufrieden. Die weißen Knollenfrüchte haben längliche Formen und erreichen oft beachtliche Größen und Gewichte. Sie werden in allen möglichen Arten zubereitet und auch roh gegessen. Nicht die Frucht selbst enthält Spuren von Blausäure – wie irrtümlich oft behauptet wird –, sondern nur die Blätter über der Erde. Die Pflanzen und Stauden lassen sich auf einfache Weise vermehren, indem ein Zweig abgeschnitten und in die Erde gesteckt wird, wo er wieder anwächst und Wurzeln treibt.

Der Bedarf einer Zone an Lebensmitteln wird errechnet, und danach werden dann die Anbauflächen gerodet und die Bäume verbrannt, deren Asche als Dünger dient. Die Bäume werden etwa eineinhalb Meter über der Erde gefällt, damit die Baumstrünke Helikopterlandungen verhindern. Die Wohnsiedlungen wurden oft weit von den Feldern entfernt errichtet, weil die Portugiesen nicht nur mit »Entlaubungsaktionen« begannen und chemische Mittel absprühten, sondern auch die danebenliegenden Wälder bombardierten.

Lange blieben die Dörfer nie bestehen, sondern nach einigen Monaten wanderten die Bewohner in andere Gegenden, was kein Problem darstellte, weil eine Grashütte innerhalb weniger Stunden aufgestellt werden kann und der ganze Hausrat ohnehin nur kümmerlich ist und auf einem Kopf Platz findet.

Wir zogen weiter nach Westen; Dr. Savimbi, Puna und Samuel waren dabei, und es ergaben sich stundenlange Diskussionen und lange nächtliche Debatten am Feuer. Irgendwie wurden wir Freunde – nicht etwa für diese Wochen und Monate, sondern wahrscheinlich für unser ganzes Leben. Wir besuchten in völlig entlegenen Verstecken schwerbewachte Gefangene der UNITA, portugiesische Soldaten, und wir trafen eines Tages im Zentralhospital der UNITA ein, wo Tausende von Verwundeten und Kranken mit ihren Familien in riesigen Wäldern ein gigantisches Camp errichtet hatten. Das Ganze war ein einziger Aufschrei einer gequälten Menschheit; soviel Elend auf einem Haufen hatte ich schon lange nicht erlebt. Der »Chefarzt« war ein schwarzer Sanitäter, der einst in der portugiesischen Kolonialarmee gedient hatte und eines Tages mit seiner ganzen Station in den Dschungel zur UNITA übergelaufen war. Der »Papa Doktor« hatte an jedem Morgen eine lange Menschenschlange vor seiner Hütte wartend stehen, und mit auseinandergebrochenen Aspirintabletten versuchte er zu mildern, oder er reinigte Wunden und verschrieb – wenn er nichts anderes mehr hatte – »Africa-Medizin« in verschiedenster Form. Erschütternd waren die Operationen und Amputationen anzusehen, bei denen ohne Narkose und ohne Antibiotika Füße abgeschnitten wurden, wo schwerste Wunden mit Flußwasser ausgewaschen und mit bunten Kleiderfetzen verbunden wurden. Und die meisten überlebten. Mit Stangen und geflochtenen Rindenstreifen oder Decken wurden Verwundete Hunderte Kilometer durch den Dschungel und durch die Sümpfe bis in dieses Urwaldhospital geschleppt. Verwundete mit Dutzenden von Splittern im Bauch überlebten nach langwierigen Behandlungen. Im Ausland sammelten Angola-Flüchtlinge Medikamente, und in Europa taten dies einzelne Ärzte, aber alles das war nur ein kümmerlicher Versuch zu helfen, mehr eine symbolische Geste als tatsächliche Hilfe.

In dem riesigen Areal sah ich auch eine improvisierte Kirche, die sich die Angolesen selbst errichtet hatten – mehr ein primitives Bethaus, in dem sich die Christen jeden Sonntag zusammenfanden. Es war kein Priester und kein Missionar mehr vorhanden, aber ehemalige Missionsschüler hatten die alten Bibeln, Gebet- und Gesangbücher rechtzeitig in die Wälder gerettet, und so zelebrierten sie allein ihre Andachten, Messen, Taufen und Begräbnisse. Sie wußten zwar ganz genau, daß die Bomberpiloten ebenfalls Christen waren und zum selben »Himmelpapa« beteten, aber darin sahen sie keinen Widerspruch.

Aber wir hatten bei unserem Marsch noch immer nicht den westlichsten Punkt erreicht, und mir stand noch ein besonderes Erlebnis bevor . . .

Manchmal geht es fast ins Auge

Irgend etwas hatten die UNITA-Führer vor, denn es wurden Kundschafter und Kuriere vorausgeschickt, und die ganzen anderen Vorbereitungen deuteten auf eine gezielte Aktion hin. Ich hatte mich nicht getäuscht, obwohl man mir anfangs noch keine konkreten Auskünfte gab. Eine starke Patrouille, die mit den besten Waffen ausgerüstet wurde, sollte ich als Augenzeuge begleiten. In ihrem »Gepäck« war mir schon am ersten Tag ein ganzes Bündel großer Schraubenschlüssel aufgefallen, wie sie die Bahnarbeiter beim Gleisbau verwenden.

Nach drei Tagen Eilmarsch stolperte in unsere alarmierte Gruppe, die rechtzeitig in Deckung gegangen war, ein altes schwarzes Ehepaar mit einem Hund, der zu kläffen begann und unsere Anwesenheit verriet. Um nicht verraten zu werden, wurde der Mann mit der an einer Seite losgeknüpften Sehne seines Bogens so gefesselt, daß er wie an einer Leine hinter dem Träger des Bogens mitlaufen mußte; Frau und Hund folgten willig und verzweifelt. In einem dichten Waldstück trafen wir auf zwei unserer Kundschafter, die in der Zwischenzeit die genauen Uhrzeiten der in beiden Richtungen vorbeifahrenden Züge der Benguelabahn festgestellt hatten. Vor diesen Zügen auf der eingleisigen Bahnstrecke, die nur in den Bahnhöfen für den Gegenverkehr ausweichen konnten, fuhr im Abstand von fünf bis zehn Minuten immer eine Panzerdraisine zur Sicherung. Diese Schienenpanzer waren mit Maschinengewehren und anderen automatischen Schnellfeuerwaffen ausgerüstet, die aus kleinen Schießscharten hervorlugten und von schwarzen Milizsoldaten bedient wurden.

Am späten Nachmittag sollte ein fahrplanmäßiger Güterzug vorbeikommen, was terminmäßig günstig gewesen wäre, weil wir dann in der hereinbrechenden Dunkelheit ungeschoren hätten entkommen können. Aber während wir uns noch durch das Unterholz arbeiteten, hörten wir schon von weitem – lange vor der Fahrplanzeit – die schrillen Pfiffe der Panzerdraisine, und wenige Minuten später donnerte der Benguela-Zug durch den Urwald. Wir waren zu spät dran und mußten uns wieder zurückziehen. In einem Dickicht übernachteten wir, und mir fiel wieder einmal auf, daß man die Lagerfeuer im Dschungel schon aus einer Entfernung von hundert Metern nicht mehr sehen kann. Eine besondere Wache bekam unser Ehepaar mit dem Hund. In aller Ruhe informierte mich Samuel, daß die UNITA am nächsten Morgen versuchen wolle, die Panzerdraisine zu knacken, und daß man zu diesem Zweck den Schienenstrang mit Dynamit sprengen werde. Da sich in diesen Draisinen eine Menge Waffen befand, wurde dieses lohnende Ziel auserkoren. Noch bei völliger Dunkelheit donnerte der nächste Güterzug in voller Fahrt durch die Provinz Bié und brachte mich aus meinen Träumen wieder in die Wirklichkeit zurück.

Noch vor Sonnenaufgang machten wir uns auf den Weg zur Bahnlinie, während zwei Wachposten bei unseren Gefangenen zurückblieben. Zu beiden Seiten der Bahnlinie hatten die Portugiesen die Wälder Hunderte von Metern breit abgeholzt, und in regelmäßigen Abständen waren die Grasebenen angezündet worden, um den Rebellen keine Deckungsmöglichkeit zu geben. Parallel zum Schienenstrang lief eine schmale Straße für motorisierte Militärpatrouillen, die die Bahnlinie abzusichern hatten. Die weißen Bahnwärterhäuser waren schon lange nicht mehr bewohnt und auch nicht besetzt, weil sie ständig Opfer von Überfällen gewesen waren.

Unsere Kundschafter hatten hinter einer Schienenkurve eine weite Grasebene ausfindig gemacht, die schon lange nicht mehr abgebrannt worden war. Drei Gruppen verteilten sich, die die eigentliche Explosionsstelle absichern sollten, während Samuel mit einigen Leuten die Schienenstöße losschraubte und unter einer Schwelle eine kleine Kiste mit Dynamit im Schotter eingrub. Einen Handgranatenabreißzünder hatte man im Sprengstoff eingebaut und mit einer langen Nylonschnur versehen, die man vorsichtig bis zu einem zwanzig Meter entfernt liegenden morschen Baumstamm zog. Antonino hatte sich diese Schnur um die Hand gewickelt und bekam den Befehl, die Leine erst dann zu ziehen, wenn sich die Draisine kurz vor der Mine befand.

Es war ein Sonntag, der mir aus verschiedenen Gründen bis in alle Details in Erinnerung geblieben ist. Gegen acht Uhr morgens sollte angeblich der nächste Zug kommen, wie die Beobachtungen der letzten Tage ergeben hatten. Es kam aber weder um acht noch um neun Uhr ein Zug, dafür kreiste aber in weiter Entfernung ein Flugzeug über der Bahnlinie. In der prallen Sonne begann es heiß zu werden, und wir hatten keinen Schluck Wasser mitgenommen. Es wurde zehn und elf Uhr – und nichts rührte sich auf den Schienen. Ich steckte mir ein Rindenstück in den Mund, damit sich Speichel bildete, denn schon begann die Zunge am Gaumen zu kleben. Die Reißleine lag gespannt, und meine Kameras waren schußbereit. Die Luft flimmerte, alles lag wie in tiefstem Frieden da, niemand rührte sich, und viele von uns dösten verzweifelt in der immer ärger werdenden Bruthitze.

Plötzlich zerriß ein langer, dünner Pfiff die Stille, und wie elektrisiert waren wir alle wach. Wir hörten dann die hochtourige Maschine der Panzerdraisine, die sich uns – immer wieder pfeifend – näherte. Alle waren sie auf ihrem Posten, und ausgerechnet in diesem Augenblick kam mir ein Vergleich in den Sinn:

Hatte ich nicht auch einmal in einem gepanzerten Fahrzeug gesessen und war durch eine Explosion in die Luft gejagt worden?! Damals saß ich drinnen und kam noch als einziger Überlebender total verbrannt heraus und mit dem Leben davon. Heute hockte ich als untätiger Zuschauer draußen und sollte mitansehen, wie sich einst um ein Haar mein Schicksal vollzogen hätte?! Aber für Vergleiche und Gedanken blieb nicht mehr viel Zeit, denn um die Kurve brauste bereits die Draisine, und durch das schüttere hohe Gras konnte ich ganz deutlich und unangenehm nahe die gewölbte Panzerkuppel auf dem Draisinendach, die Schießscharten und einige MG- und Gewehrläufe erkennen. Nun war das Panzerfahrzeug kurz vor dem losgeschraubten Schienenstrang, Antonino riß an der Leine – doch nichts geschah, er hatte den ganzen Zünder herausgerissen. Da sprang ein Guerilla-Leutnant auf und feuerte wie verabredet mit seiner Panzerfaust (Bazooka) aufgerichtet auf die Draisine. Eine Stichflamme und Rauchwolken schossen rückwärts aus dem Rohr der Bazooka heraus, die Draisine schien von einer mächtigen Faust einen Schlag bekommen zu haben, rüttelte in den Schienen und blieb stehen. Nun waren wir alle gespannt, denn getroffen war das Fahrzeug – aber, wie man später aus portugiesischen Rundfunkmeldungen erfuhr, nur rückwärts an einer ungefährlichen Stelle. Wir lagen alle im Gras und lauerten auf irgendeine Reaktion, die denn auch nicht lange auf sich warten ließ. Bedächtig langsam fuhr die Panzerdraisine zurück und begann aus allen Öffnungen wie verrückt zu schießen. Die Schützen sahen zweifellos unsere Schar nicht, aber den Bazookaschützen hatten sie durch das Rückstoßfeuer ausgemacht.

Samuel brüllte das Kommando zum Rückzug. Kriechend und gebückt laufend – je nach der Höhe des spärlich Deckung gebenden Grases – hetzten wir über den ausgeholzten Schneisenstreifen zum schützenden Wald zurück. Wir rannten um unser Leben, und immer wieder mußten wir uns zu Boden werfen, wenn die MG-Garben allzunahe bei uns einschlugen und kleine Staubfontänen aus der Erde rissen. Selten ist mir eine Strecke von zweihundert Metern so endlos lang vorgekommen.

Nach zehn Minuten hatten wir uns wieder im Wald versammelt, wo wir, ohne zu verweilen, samt den Gefangenen weiter in die Wälder hineinliefen. Bald wußte ich den Grund dieser Eile. Die Schienenpanzer standen durch Funk immer mit dem nächsten Einsatzflughafen in Verbindung, und so brausten denn zwanzig Minuten später Bomber im Tiefflug über die Dschungelwälder hinweg und legten einen Napalmgürtel, um uns den Rückweg abzuschneiden. Es war die reinste Hölle um mich herum. Ich hielt mich immer dicht bei Samuel, der anscheinend den besten Riecher und den kühlsten Kopf besaß. Durch die brennenden Wälder rannten wir um unser Leben, denn Motorenlärm an der Bahnstrecke ließ uns nicht im Zweifel darüber, daß die Portugiesen bereits ausschwärmten und unseren Spuren folgten.

Drei Stunden später hockten wir außer Atem an einem spärlich fließenden Bach und steckten die Köpfe ins Wasser. Wir hechelten wie abgetriebene Jagdhunde, aber Samuel zuckte nur die Schultern und meinte, daß es nicht immer klappen könnte. Nachdem wir einige Honigwaben samt Bienen verzehrt hatten, ging die Rückzugsoperation weiter. Wir waren entkommen, und ich war innerlich irgendwie froh und erleichtert, daß der Schienenpanzerbesatzung mein einstiges Schicksal erspart geblieben war.

Ich hatte nun meinen entferntesten Punkt auf dieser »Reise« erreicht, und nach einem Ruhetag kam nachts die große Verabschiedung. Nacheinander kam man in meine Hütte, die ich mit Hauptmann Kaula teilte. Alle wollten sie mir die Hand drücken, und sie bedankten sich auf eine erschütternd einfache Weise dafür, daß ich zu ihnen gekommen sei und alle Schwierigkeiten auf mich genommen hätte, um ihren Kampf mitzuerleben. Manche brachten mir ein paar Hühnereier, eine alte Frau drückte mir ein lebendes Huhn als Marschverpflegung in die Hände, und dann kam der bärtige Dr. Savimbi zu mir und übergab mir noch eine kleine Dose Milchpulver, die von einem Überfall auf eine portugiesische Polizeistation stammte. Er bat mich nicht zu schweigen, sondern sprach im Gegenteil den Wunsch aus, ich möchte über alles, was ich gesehen und erlebt hatte, berichten. Lange sah er mich beim flackernden Feuerschein an, als wollte er sich vergewissern, ob er sich in mir auch nicht getäuscht habe. Zuletzt kam Samuel, der mich vom Flughafen Lusaka bis nach Zentral-Angola begleitet hatte. Mit allen diesen Menschen bin ich heute noch verbunden. Puna hatte den Auftrag, mich bis zu den ersten Zonen zurückzubringen. Nachts zog eine kleine Karawane los, in stockdunkler, mondloser Finsternis – erstmals nach langen Wochen und Monaten wieder nach Osten, nach Zambia.

Ganz so einfach ging aber auch der Rückmarsch nicht vonstatten. Die Strapazen des Laufmarschtempos machten mir zwar nichts mehr aus, aber es gab noch andere Hindernisse. An einem Morgen erreichten wir ein Schlangengebiet abscheulichster Art, in dem mir die Haare zu Berge standen. Ein alter Weg mit zwei tiefen Rillen, fast zugewachsen, weil keine portugiesischen Fahrzeuge mehr bis dahin kamen, wimmelte von diesen Reptilien. Puffottern lagen im Sand und fuhren hoch, aber auch auf den Ästen der Bäume lagen Schlangen, die böse zischten und sich fallen ließen. Aber im Gegensatz zu mir machte den Schwarzen dieser Schlangenslalom Spaß, sie sprangen lachend zur Seite, und alle Nachfolgenden taten dasselbe.

Solange wir in der Kolonne marschierten, ging alles einigermaßen glatt, aber sobald irgendwelche Spuren von portugiesischen Patrouillen am Boden zu erkennen waren, schwärmten wir aus und durchkämmten die Wälder, wobei jeder auf sich selbst aufpassen mußte.

Puna mußte einmal, als unser Weg versperrt war und wir eine Straße nicht mehr überqueren konnten, mit einer Gruppe einen

Ablenkungsangriff unternehmen, während wir schnell die gefährliche Stelle passierten.

Die Portugiesen hatten inzwischen erfahren, daß sich ein Europäer bei der UNITA befand, und wollten mit allen Mitteln verhindern, daß ich Angola verließ. Die Trennung von Puna war rührend, wir diskutierten und stritten oft halbe Nächte, aber wir verstanden uns wunderbar. Mit einer kleinen Gruppe zog ich weiter. Wir gerieten einmal beinahe in eine Aktion von drei Helikoptern und konnten uns erst im letzten Augenblick in Sicherheit bringen. Eines Abends zündeten wir zu früh unsere Feuer an und wurden von einem portugiesischen Bomber ausgemacht, der uns aber nach der Kehrtwende in der Dunkelheit nicht mehr genau finden konnte und seine Bomben an falschen Stellen abwarf. Nach drei Wochen durchwateten wir einen schmalen, aber tiefen Fluß, bis zum Kopf im Wasser, passierten einen vollkommen niedergebrannten Landstrich, in dem wir fast knietief in der heißen Asche marschieren mußten, versteckten uns in den dichtesten Wäldern und machten keine Feuer mehr. Wir erreichten die Grenze von Zambia, und zwar bei der gleichen Ortschaft, in der einst die nächtlichen Beschneidungsorgien stattgefunden hatten. Gleich darauf mußten wir wieder in den Büschen verschwinden, weil wir erfuhren, daß sich gerade eine schwerbewaffnete MPLA-Guerillapatrouille den Hütten näherte. Da die UNITA-Guerillas auf dem Staatsgebiet von Zambia, im Gegensatz zur MPLA, keine Waffen tragen durften, hätte dies höchst unangenehm werden können. Ich zitterte um mein kostbares Material, das ich mir in den vorangegangenen drei Monaten erschwitzt und erarbeitet hatte. Für die MPLA wäre es ein Fressen gewesen, mich abzufangen, aber diesen Gefallen wollten wir ihnen nicht tun.

In der Nacht setzten wir dann unseren Marsch fort. Die Führung hatte der Chefkurier der UNITA, Kanuelli, der schnellste Läufer und vor allem der beste Weg- und Auswegkenner auf der ganzen Strecke. Wir machten einen weiten Umweg und durchquerten endlose Sümpfe, Schilfwälder und Flußläufe, wir bekamen Hilfe und Lebensmittel von verschiedenen Stützpunkten und Dörfern, die mit der UNITA sympathisierten. Nachts setzten wir oft in schmalen Kanus über, stapften durch Morast und dann wieder durch tiefen, weichen Sand.

Aber selbst in Zambia gab es noch Schwierigkeiten. In einer größeren Ortschaft, wo wir uns in einem kleinen Laden einige Lebensmittel kauften, wurden wir von einem Lehrer angezeigt und dann von einem Zambia-Polizisten festgenommen. Unsere Gruppe hockte verzagt am Boden, als der alte Richter erschien, um in einem Schnellgerichtsverfahren festzustellen, wie »der Weiße« zu bestrafen sei. Der greise Salomon mit Regenschirm prüfte alle meine Papiere und befragte mich eingehend, wo ich gewesen sei und was ich vorhätte. Dann fällte er einen weisen Urteilsspruch und ließ uns weiterziehen, weil weder er noch irgendein anderer ein Recht dazu hätte, mich aufzuhalten, wenn ich den Brüdern in Angola helfen wollte.

Es folgte dann der fürchterlichste Teil des ganzen Marsches durch eine baumlose, wüstenartige Ebene. Als der Mond unterging, tapsten wir hastig den fußbreiten, schmalen Rillenpfad entlang. Tagsüber vermag man diese Strecke nicht zu bewältigen, weil es kein Wasser gibt und die Sonnenhitze dort einen Menschen um den Verstand bringen kann. Im Morgengrauen sahen wir endlich weit vorn einen schmalen, dunklen Streifen, das Ende dieser Wüste, einen Wald. Wir zogen weiter durch Ortschaften und Dörfer, schliefen aber immer in dichten Wäldern. Bei Chavuma erreichten wir den Sambesifluß, setzten mit einem Plastikboot über und landeten bei einer UNITA-Vertrauensstelle, die bereits durch Kuriere über unsere Ankunft unterrichtet war. Da etliche MPLA-Camps in der Nähe waren, mußte ich zuerst auch dort versteckt werden, um dann am nächsten Tag mit einem Lieferauto nach Kitwe, der Kupferhochburg von Zambia, gebracht zu werden.

In Lusaka, als einziger Weißer in der schwarzen Passagierschar des Eisenbahnzuges angekommen, vereinbarte ich mit den UNITA-Leuten die Flucht nach vorn. Eine große Presse- und Fernsehkonferenz fand statt. Auf den Titelseiten der Tageszeitungen erschien ich völlig verwildert aussehend, und die Schlagzeilen gehörten meinen auch für afrikanische Verhältnisse sensationellen Mitteilungen. Ich gab TV-Interviews und deckte zum erstenmal die Tatsache auf, daß die UNITA tatsächlich in Zentral-Angola eine Art von eigener Republik geschaffen hatte. Afrikanische Zeitungen bestellten bei mir Bildreportagen über meinen 2000-Kilometer-Marsch, und Nachrichtenagenturen tickerten die Meldungen in alle Richtungen, während ich mich zum Flughafen begab, um endlich heimzufliegen. Die Zambia-Polizei- und -Zollkontrolle machte trotz meiner ganzen publizistischen Aktivität keine Schwierigkeiten, und ich werde wohl diesen Abschied im Flughafen nie vergessen, wo das Häufchen UNITA-Leute, Kanuelli an der Spitze, auf der Flughafenterrasse stand und mich winkend verabschiedete, als ich in die große Maschine stieg.

Ich flog die Nacht hindurch über das schwarze Afrika, ich saß endlich wieder einmal in einer Maschine mit Kondensstreifen, zu denen ich die letzten Monate hindurch aus dem Dschungel und den Sümpfen immer sehnsüchtig hinaufgestarrt hatte. Ich hatte noch die Schreie und anfeuernden Rufe meiner schwarzen Begleiter, das Kreischen der Urwaldtiere, das Zischen der Schlangen, die aufpeitschenden Schüsse und die dumpfen Detonationen der Bomben in den Ohren.

Die amerikanische Fernsehgesellschaft NBC New York kommentierte meine abenteuerliche Angola-Reise mit: »Das größte journalistische Abenteuer der letzten Jahre . . .«, aber was mir weit mehr gefiel, war die Tatsache, daß die internationalen Institutionen die Befreiungsbewegung UNITA in Zentral-Angola nunmehr offiziell zur Kenntnis nahmen und daß zahlreiche Hilfsaktionen anliefen, die das Leid dieser Ärmsten linderten. Noch nie zuvor empfand ich nicht nur eine solche Genugtuung darüber, daß ich das mir selbst gesteckte Ziel auch wirklich erreicht hatte, sondern gewann auch die Überzeugung, daß man als Journalist eine Verpflichtung und Berufung hat, nicht nur zu informieren, sondern womöglich auch zu helfen. Ich hatte das Glück gehabt, aus dem Abenteuer wieder heil herauszukommen, ich hatte aber auch das stolze Bewußtsein, ein wenn auch nur winziges Teilchen der Zeitgeschichte miterlebt und mitgeschrieben zu haben, als erster und einziger Reporter über dieses Problemthema.

Randolph Braumann
Auf den Spuren von Karl May
Reisen zu den Stätten seiner Bücher
265 Seiten, 36 Abbildungen mit zahlreichen
Vignetten, 5 Plänen, gebunden

»Romantische Vergangenheit und realistische Gegenwart begegnen sich in diesem Buch, das dem Leser faszinierende Landschaften erschließt, Landschaften, die heute jedermann zugänglich sind. Die einzelnen Beiträge sind darüber hinaus informative und reizvolle Reise- und Erfahrungsberichte für jeden Touristen.«

Ruhr-Nachrichten

»Eine Fundgrube für alle Karl-May-Fans und analog den Werken des berühmten Sachsen ein spannender Reisebericht, mit dem Unterschied, daß dort die Phantasie und hier die Realität die Handlung bestimmte.«

Westfälische Nachrichten

»Wer May-Fan ist oder noch einmal zu seinen Jugendträumen zurückkehren möchte, der wird an diesem Buch Freude haben.«

Aachener Volkszeitung

Hans-Georg Behr
Nepal – Geschenk der Götter
Begegnungen in und mit dem erstaunlichsten
Land der Welt
304 Seiten, 11 Farbabbildungen,
49 Zeichnungen, gebunden

»Der Autor, der längere Zeit in Katmandu lebte, beschreibt Land und Leute wie ein Liebender, ohne daß ihm die tiefen Schatten in der exotischen Farbenprächtigkeit Nepals entgingen. Behr schildert die altbackene Monarchie des Landes, die religiösen Riten der Hindus und Buddhisten, die sozialen Nöte und nicht zuletzt – deftig, anschaulich und humorvoll zugleich – die oft recht wunderlichen Alltagsgewohnheiten der Nepalesen. Wen es einmal als Touristen nach Nepal zieht, sollte dieses Buch vorher lesen. Er hat mehr vom kleinen Land am Fuße des mächtigen Himalaja.«

Berliner Morgenpost